ミネルヴァ日本評伝選

自由に公論を代表す

陸羯南

松田宏一郎著

ミネルヴァ書房

刊行の趣意

「学問は歴史に極まり候ことに候」とは、先哲荻生徂徠のことばである。

歴史のなかにこそ人間の智恵は宿されている。人間の愚かさもそこにはあらわだ。この歴史を探り、歴史に学んでこそ、人間はようやくみずからの正体を知り、いくらかは賢くなることができる。新しい勇気を得て未来に向かうことができる。徂徠はそう言いたかったのだろう。

「ミネルヴァ日本評伝選」は、私たちの直接の先人について、この人間知を学びなおそうという試みである。日本列島の過去に生きた人々の言行を、深く、くわしく探って、そこに現代への批判を聴きとろうとする試みである。日本人ばかりではない。列島の歴史にかかわった多くの異国の人々の声にも耳を傾けよう。

先人たちの書き残した文章をそのひだにまで立ち入って読み、彼らの旅した跡をたどりなおし、彼らのなしとげた事業を広い文脈のなかで注意深く観察しなおす――そのとき、はじめて先人たちはいまの私たちのかたわらによみがえってくる。彼らのなまの声で歴史の智恵を、また人間であることのよろこびと苦しみを、私たちに伝えてくれもするだろう。

この「評伝選」のつらなりのなかから、列島の歴史はおのずからその複雑さと奥ゆきの深さをもって浮かび上がってくるはずだ。これを読むとき、私たちのなかに新たな自信と勇気が湧いてきて、その矜持と勇気をもって「グローバリゼーション」の世紀に立ち向かってゆくことができる――そのような「ミネルヴァ日本評伝選」にしたいと、私たちは願っている。

平成十五年（二〇〇三）九月

上横手雅敬
芳賀　徹

陸羯南（弘前市立郷土文学館蔵，青森県近代文学館提供）

欧州旅行中，妻てつに送った絵葉書（明治36年）
（弘前市立郷土文学館蔵，青森県近代文学館提供）

はじめに

陸羯南――ナショナリズムとジャーナリズムの交差　本書の主人公、陸羯南《くがかつなん》といえば、明治時代に『日本』という新聞を主宰し、鹿鳴館《ろくめいかん》に象徴された藩閥政府主導の「欧化主義《おうか》」を批判し、それに対抗する「国民主義」を鼓吹《こすい》した反骨の政論記者というのが一般的なイメージだろう。いわば、明治期のジャーナリズムの世界から現れたナショナリズム、しかも藩閥や「官」といった政治権力の外側にあって、「民」と世論の側からのナショナリズム思想を体現した人物とされる。

さらに、政治思想史の研究者の間では、単に反欧化主義を主張した人物としてではなく、むしろ明治になって急速に導入された西洋の思想や政治制度などを深く理解し、またいわゆる近代の国民国家の理念を深く理解した上で、排外主義とははっきりと区別される、建設的なナショナリズムの主張をしていたという点が強調されてきた。こういった解釈の代表例は、戦後まもなく発表された丸山眞男の「陸羯南――人と思想」という論文である。丸山は、羯南の国民主義の主張の中に、明治前期の思想の世界で、近代的国民国家建設のための政治的統合と政治参加拡大が相互に補強しあうような国民像を見いだし、そこに明治初期の健康なナショナリズムの論理があるとして、その点を称揚していた。

羯南の「国民主義」には、政治に責任感をもつ主体としての意識と「われわれ日本人」という統合の意識とが「国民」という概念でまとめられて表現されており、それによって、排外的意識や伝統による束縛とは離れて、理性的に統合された国民国家をつくろうとする思想があらわれているというのである。

丸山が提示したこのような羯南像は、戦後のナショナリズムに対する一般的な否定の風潮に対して、むしろ民主主義の定着のためには健康なナショナリズムを思い起こすことが重要であるという狙いがこめられていた。この羯南像は意外な魅力を放っていたため、その後『陸羯南全集』（以下『全集』と記す）が出版され、あるいは羯南に関する専門的な研究論文が出され続けていく動機づけとなった。すなわち戦後の民主主義への期待の中で、明治期のナショナリズム思想に何か思想として評価すべきもの、西洋にしか本当の民主主義は現れないといった西洋中心主義に対抗し、軽薄な西洋追随だけの進歩主義を批判し、政府指導型の「上から」おしつけられた近代化に対抗するための思想的基盤を発見できないかという関心を、歴史家や政治思想研究者の間に喚起するものとして羯南はとらえられてきた。

しかし、戦後の政治的気分が投影された期待は、心情的には無価値ともいえないが、歴史の中で実在した羯南が、言論や政治の世界で果たした役割をどう位置づけるかという点では、残念ながらほとんど意味がない。

本書では、そういった「明治期の健康なナショナリズムの可能性」の代表格としての陸羯南というような、既に手垢《てあか》にまみれ思想的喚起力の失われた枠組みで羯南論をもう一本増やすということはしない。そうではなく、本書が目指すのは、羯南の生涯とその言論活動を通じて、明治期の「政論記者」という仕事がどのようなものであり、どのように確立され変容していったのかを追い、「政論記者」の成立を可能にした歴史的な条件は何だったのか、それが明治時代の言論・思想の全体像とどのように関連しあっているのかを描くことである。

明治時代の新聞と政論の役割

徳川時代と明治時代とは、政治思想においても社会や経済の実際のありさまにおいても、当然のことながら連続する要素はたくさんある。しかし、政治思想の展開にとって一つ決定的かつ明らかに劇的な変化がある。それは、定期刊行物を媒体とし不特定多数の読者を想定した「政論」の登場である。

もちろん徳川時代には、かわら版や「実録」として一種の政治的事件に関する情報が民衆の間で流通したり、演劇によって表向きは架空の設定や歴史的な物語の姿をとって当世の統治を批判したりすることはあった。あるいは政治を憂いた人物が、それについての考えを私的に書き記し、それが写本で伝わったり、場合によっては印刷されてしまうこともあった。しかし、統治者を名指しにし、その失政を批判することは禁じられており、そのような見解を印刷して流通させることはとても危険なことだった。また、武士階級内部での身分の壁と、また武士と一般庶民との間での身分の壁は厳格に守られ、政治的議論の公開された流通をはばんでいた。たとえ批判的な議論ではなくても、政治の善し悪しを論じることはそれ自体秩序への挑戦であり、ましてや政論書きが職業として成立することなどはほとんど想像の外にあった。

徳川体制が崩壊することによって、不特定多数の読者を想定した政治コメンテーターの登場が可能になった。幕末には渡辺崋山《わたなべかざん》や福澤諭吉が西洋の新聞の果たしている役割を紹介していたが、明治になってそれが実際に政治の世界に大きな影響力を持つようになった。さらには、新聞に政治論を書くことが職業として成立することとなった。陸羯南はその役割を自覚的に引き受けた人物の一人である。

明治初期は「立身出世」を目指す上昇志向が異常に昂進した時期であったため、明治期の新聞論説で活躍した人々の多くは、言論人であること自体に意義を見いだしたというよりも、新聞で名前が知られることを通じて官職についたり、政治家の知己を得たり、あるいは自身が高い権力を振るえる地位を目指すものと考えることが少なくなかった。ところが羯南の場合、自己の政治的影響力に対する冷徹な計算はそれなりにおこなっていたものの、新聞論説を手段とするというよりは、新聞論説それ自体の影響力を維持・確保することの意義を信じていた。新聞が政府や政党などの政治勢力とは独立した一つの影響力として立ち現れていく時代を、いわば羯南は体現した人物であった。

羯南の政論の特徴

羯南の主たる活動舞台は、明治二二年（一八八九）創刊の新聞『日本』であった。羯南の主要な政論はほとんど『日本』に掲載されたものであり、日刊新聞の社説である。しかしその社説というのは、しばしば『日本』に対して抱かれることの多い、鋭い政府批判と愛国心溢れる悲憤慷慨的なイメージには必ずしもとどまらない。むしろイメージとは裏腹に、羯南の文章は多くの西洋の学術的な書物からの引用をまじえ、当時学術関係の雑誌などに載る論文とそれほどスタイルが違わないものも多いうえに、そのメッセージも慎重なものであった。『日本』がしばしば発行停止処分を受けたことからその論説が政治的に激烈な批判精神に満ちたものと想像する向きもあるかもしれない。しかし、実は羯南による社説の多くは、どちらかというと政治的主張の鼓吹よりは、政治の世界で起きていることの分析にあてられていたことが多かった。その点で、明治一〇年代に自由民権運動の頃に現れては消えていった「藩閥政府打破」を主眼とした政党関係の機関新聞とはまったくスタイルが異なると言ってよい。

『日本』でジャーナリストとしての経歴を開始し、後に大正デモクラシーの思想に重要な役割を果たした長谷川如是閑《はせがわにょぜかん》は、羯南の文章が学問的だという印象を持ったと回想している（長谷川如是閑『ある心の自叙伝』二一八頁）。たしかに羯南の政論の書き方には、直截に政治的意見を述べるというよりも、冷静に問題を分析しようとするアカデミックな雰囲気があった。特に明治二〇年代の羯南の文章には、おそらく当人のプライドとして学者と張り合う意識が見られる。当時の学問の世界でのアカデミックな論文の書き方がまだ確立されていないという事情もあるが、私たちが生きている現代では新聞論説と学術誌とはまったく異なる文体が用いられていることと比較すると、興味深い現象である。明治期には知的水準と政治的関心の特に高い読者層が存在し、専門家に対してと言うよりも、そういった読書層に向けて書かれた新聞論説の文体が存在していたことがわかる。羯南の言論活動を理解するためにはそういった文体の読者層の存在を考えておく必要がある。

羯南のこういったスタイルが影響したためかもしれないが、羯南の言論活動に対するこれまでの評価は、しばしばかなり理想主義的にゆがめておこなわれてきたきらいがある。つまり、政界の汚れたパワーゲームに巻き込まれることなく志操をもって言論人として生きた、といった類の賞賛である。本書では、そのようなありきたりの賞賛に叙述を費やすことは控えたい。また、羯南の実際の行跡をたどると、そのような褒め方はそれほど妥当なものとはいえない（褒めるべきことだとも思わないが）。羯南は明らかに、いくつかの政治家とのコネクションを積極的に利用しながら言論活動をおこなっていた。しかし、そのことは羯南の政論家としての存在意義をおとしめることになるだろうか。

羯南の選択した方針は、当時の日本にとっては新しいメディアである活字の日刊新聞を用いて、政治を論じ社会を論じることにプロフェッショナルなプライドと利益を見いだす、新しいタイプの知識人の出現を示していると考えられる。また、『日本』のような新聞は明治末には衰退し、より大衆的な読者層を持つ大手の新聞がジャーナリズムの主役になっていった。その衰退の意味も、ビジネスとしての新聞の盛衰としてではなく、政治と言論との関係の変化という意味で考えてみたい。

また本書では、基本的に羯南の手になると思われる論説を紹介しながら、その議論を支えた羯南の知識・着眼点とその背景となる政治的活動・人脈、社会的背景を見ていくことにしたい。言論人の評伝であるため、行動の記録そのものよりも、思想の表現である新聞論説の分析に比重があることをあらかじめ断っておきたい。

＊　羯南の文章の引用については、ほとんどみすず書房版『陸羯南全集』（以下『全集』と記す）に依拠したが、実はこの全集は、羯南の名で著作としてまとめられたものや、署名や証言により羯南作であるとされる文章以外は、『日本』の無署名社説を集めたものである。したがって、『陸羯南全集』に収録されているすべての論文を羯南作と見なすことはできない。実際読んでいても羯南の筆によるとは思われないものも多い。本書では、無署名社説については、主張の内容や引用している文献の傾向から羯南であろうと判断したものを羯南の議論として引用することにした。またそれとは別に『日本』の新聞としての論調をとらえるのに必要と判断した社説も引用した。その場合は「『日本』の主張では」といった書き方をした。いずれにせよ、語彙や仮名遣いなどを分析した結果ではないので、今後研究が進むにつれて羯南の筆とはされないものが混入する可能性は排除できない。しかし、羯南に焦点をあてて明治期の政治的言論の一つの特徴と変遷をつかむという点では、羯南以外の手になる無署名社説もまた必要な材料となるだろう。なお『日本』では、新聞のトップにある無署名の社説以外に、署名のある「論説」という欄があるが、本書では、「論説」を、一般に新聞雑誌に掲載された論文という意味で用いた。

なお本書では、研究者ではない読者の読みやすさを考えて、明治期の史料を引用するときには原意を損なわないように注意し、できるだけもとの表記を残しながらも、現代語に書き換えることにした。必要に応じて改行を施した箇所もある。また、引用文中の〔　〕は松田による補足、（　）は原文による。専門的な研究のための引用が必要な場合は原史料にあたられたい。

陸羯南——自由に公論を代表す

目次

図版写真一覧

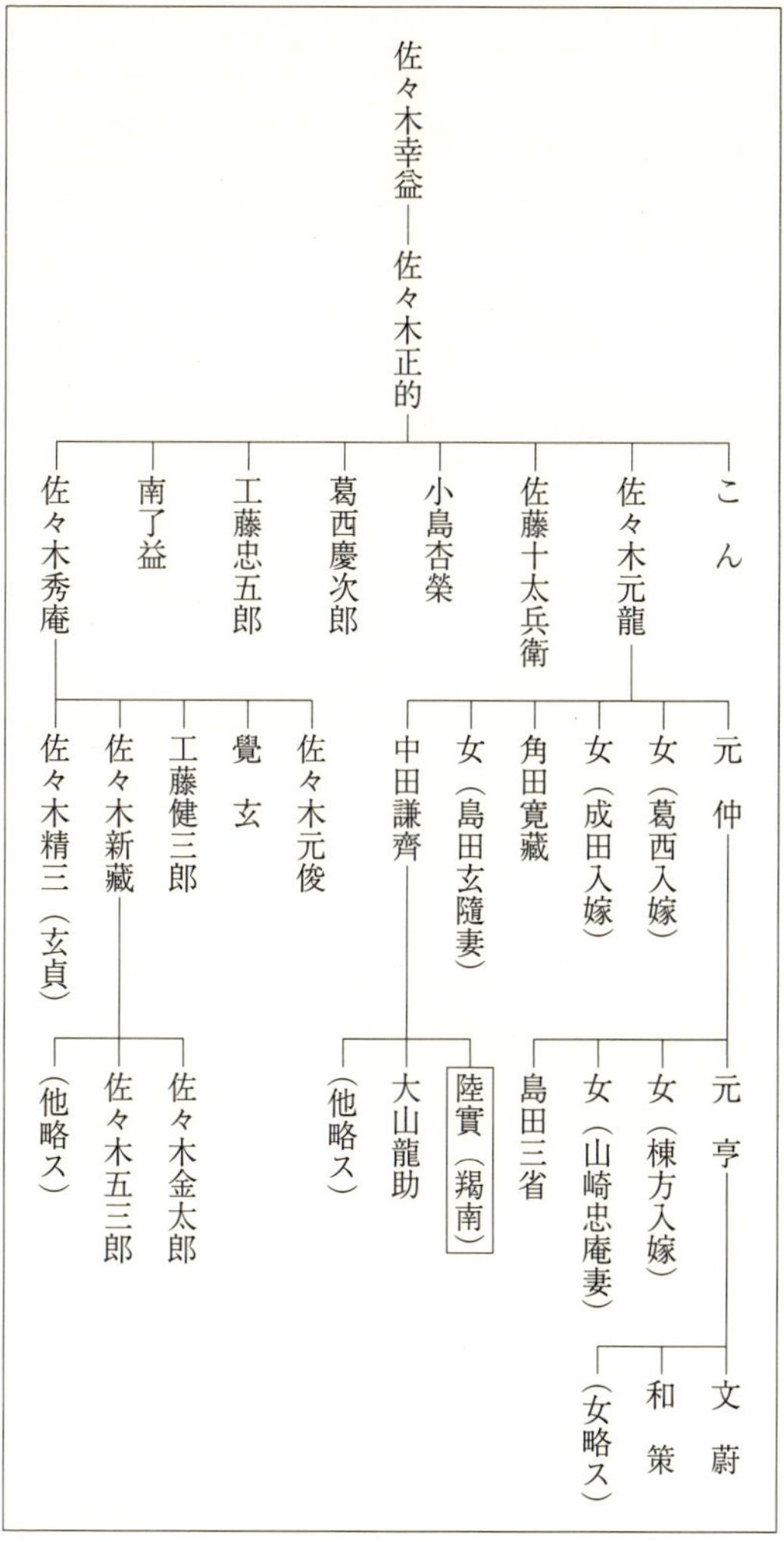

佐々木家系図

出所：竹内運平口述，相木司良編纂『佐々木元俊先生　郷土叢書第六輯』より。

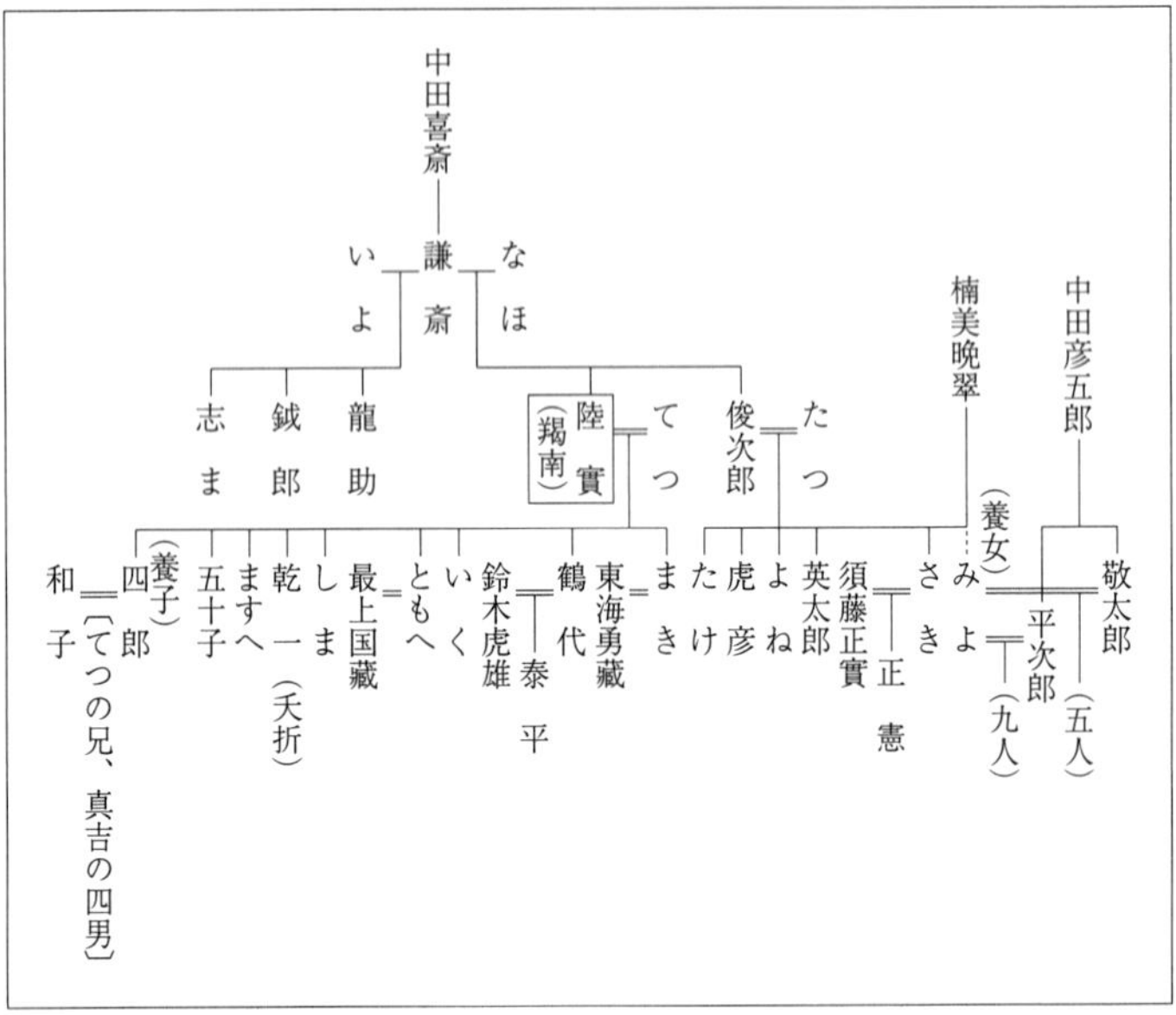

中田・陸家系図

出所：弘前市教育委員会編『新聞で国民主義をつらぬいた人　陸羯南』（弘前市教育委員会，2002年）より。

第一章　生い立ちから官僚生活まで

1　弘前時代と少年期の教育

弘前に生まれる

徳川時代の末期に生まれ明治初期の激動の時代に活躍をはじめた人々の経歴を眺めると、今さら言うまでもないことだが、当時の日本の地方都市において、いかに豊かな教育環境があり、新しい時代状況に対応できる柔軟な人間を育てたかに驚かされる。陸羯南《くがかつなん》が生まれた弘前《ひろさき》もそのような地方都市の一つである。

徳川時代後期にあたる一八〇〇年代前半というのは、全国的に教育への関心が高まった時代でもある。日本の多くの地域で教育を充実させようとする大きな波が広がった。この波は一種の公教育を拡大しようという波であった。すなわち、各地方で藩政府によって学校を開き武士の子弟に教育を与えようとする気運が強まり、またそういった学校の教授が並行して民間の私塾を主宰し、制度的に藩校などに入ることの許されない下級武士や民間人の子弟にも教育を広めた（辻本雅史『近世教育思想史の研究』）。

弘前藩においても、寛政八年（一七九六）に藩校稽古館《けいこかん》が開設され、藩士への制度的な教育がはじまった。弘前藩の伝統的な学風は、藩にそれまで仕えた儒者を見ると、懐徳堂の学者五井蘭洲《ごいらんしゅう》（一六九七〜一七六二）や、徂徠学（元禄期の思想家荻生徂徠《おぎゅうそらい》）系統の山崎蘭洲《やまざきらんしゅう》（一七三三〜一七九九）などであり、徂徠学的な博学と朱子学な道徳学を折衷するものであった。山崎は実学の知識もあり、医学・暦学にも通じていたという。

藩校稽古館の教育方針は、宋学（朱子学）中心主義に切り替えようとした動きも見られたものの、徂徠学の影響が強く残り、さらには古典解釈と詩文を重視する漢学のみならず、実用の学を重視しており、学問を特定の道徳学や解釈論にしばりつける傾向はそれほどなかった。特定の学統や朱子学的な厳格な哲学と道徳の理論に固執することなく、比較的柔軟に知識をとりいれようとする傾向は一般的に日本の藩校教育で珍しくないが、弘前においても基本的に厳格な道徳論よりは実践的で幅広い知識を尊重したと考えられる（小島康敬「徂徠学の実践――津軽藩の事例を中心として」）。

弘前藩は幕末には蘭学にも力を入れていた（弘前市史編纂委員会『弘前市史　藩政編』（四七三頁以下）。森鷗外《もりおうがい》の小説で知られる渋江抽斎《しぶえちゅうさい》は弘前の医官である。この伝記的小説の中に佐々木元俊《げんしゅん》という医者の名前が出てくるが、この人物は藩が設置した蘭学堂の教授であり弘前に種痘を普及させたことで知られる。この佐々木元俊は羯南の父の従兄弟にあたる。このように羯南は、弘前における実学的な知識人のネットワークの中に生まれた。

羯南の父、中田謙斎《なかだけんさい》は明治二年の秩禄調べによれば茶道格、一五両四人扶持とされる。家格三〇石、近侍茶道役御坊主頭と記述する伝記もある。謙斎は藩医佐々木元龍《げんりゅう》の三男であり、元龍と佐々木元俊の父秀庵《しゅうあん》が兄弟である（竹内運平口述『佐々木元俊先生　郷土叢書第六輯』）。謙斎は茶道役の中田家に養子に入った。羯南は、その謙斎の長男として安政四年（一八五七）一〇月一四日に生まれた。ただし謙斎が養父中田喜斎《きさい》の実子俊次郎《しゅんじろう》を自分の長男として養子縁組みしたため戸籍上は二男とされた。そのため最初巳之太郎《みのたろう》（巳年生まれの長男であることがわかる）と命名され、後に実《みのる》と改めた。したがって幼いときの名前は中田実《なかだみのる》である。陸《くが》姓を名乗るのは後のことである。羯南という号は後に漢学塾で学んでいた時に使い始めたものだが、本書では羯南という呼称で通すことにする。

羯南が生まれた安政四年は、徳川政府とアメリカ総領事ハリスによる下田条約調印の年であり、日本が開国の動揺の只中にあった時である。かつて弘前藩は異国船に対する警戒が高まった文化年間に北方警備の任務が与えられており、弘前藩士の間にある種の対外的危機意識が共有されていたことが、教育における西洋の技術に対する関心と関わっており、そしてそれが羯南の育った精神的環境ともなっていたかもしれない。

また、羯南の父がどのような人物であったかはほとんど伝わっていないが、弘前での中田家をとりまく親戚関係と知的な雰囲気が、羯南のある種の知的な下地を形成したと考えても無理はないであろう。すぐ近くに住む佐々木元俊のところに幼い羯南はよく出入りしていたといわれる。羯南が単純な西洋嫌いのナショナリストとはならなかった背景に、西洋医学や技術の存在を自然に受け止める環境がなにがしかの作用をはたした可能性もある。

工藤他山塾で学ぶ

戊辰戦争の時に、弘前藩は情勢がはっきりするまで徳川からの出兵要請も京都朝廷からの要請にも慎重を期して応ぜず、時間をかせいで軍備の洋式化などにつとめていたが、結局は新政府側へつくことに決した。新政府側に味方することは藩が生き延びるためのぎりぎりの決断であっただろうが、盛岡藩との戦闘や、箱館戦争の際前線基地として対応するなど戦争の負担が藩財政に大きくのしかかることになった。明治二年には勤王殊功藩として恩賞なども得たが、藩の債務は歳入の一・四倍にもなっていたという。藩士の生活は困窮し、明治三年一〇月には、領地の豪農・地主から農地を強制的に買い上げるか献納させ、これを藩士に分配して藩士の自作農化をはかる「帰田法」を実施したが、実際には効果をあげなかった。

藩財政の危機は中田家にも大きく影響したと思われる。廃藩置県の翌年明治五年頃に、中田家は佐々木元俊が火薬の調合などを行っていた仕事場のある九十九森《くじゅうくもり》に家を移している。そこで、水車を利用した精米業や養蚕によって家計を維持したと伝えられる。藩士として中田家は三〇石取りであったと言われるが、実際には自力で生活をたてる必要があったのであろう（相沢文蔵『郷土の先人を語る（一）陸羯南』）。

羯南は、明治四年（数えで一五歳）には当時藩校稽古館の教授でもあった工藤他山《くどうたざん》（当時古川姓）の私塾に入学した。学問を始めるにはやや遅い年齢であるが、中田家の経済状況から、なかなか本格的に学問をさせることが難しかったのであろう。しかし、羯南はそのような条件からも、新しい時代に何とか学問を元手に身をたてていく方法を考えたのではないだろうか。

羯南の最初の本格的な漢学の師であった工藤他山は、弘前藩士古川儒伯《ふるかわじゅはく》の二男、稽古館に入学後、同館典句、助教となり、弘化二年に江戸・大坂に遊学した。嘉永五年に津軽に帰り中里村《なかさと》で寺子屋などを開いた。この頃吉田松陰が中里を訪れたと伝えられているが、両者が会った記録はない。慶応三年稽古館に招かれ再度助教となり、他方、弘前市五十石町《ごじっこくまち》に私塾として思斎堂を開いた。明治三年には稽古館の一等教授となったが、同五年には稽古館が廃止され翌年これを引き継ぐものとして東奥義塾が開校された。稽古館の廃止以降、しばらく私塾経営に専念したが　明治一〇年には東奥義塾の教授に就任し、それを一七年に辞して後、『津軽藩史』編纂に専念した。『津軽藩史』は全編漢文によって歴代藩主の事蹟をつづったもので、子であり文部省・宮内省で史料編纂にたずさわった外崎覚《とのざきさとる》らの校訂により没後の明治二三年に出版されている（「工藤他山と思斎堂―学問を求める心を教える　弘前」牧野昇・会田雄次・大石慎三郎監修『江戸時代　人づくり風土記2　ふるさとの人と知恵　青森』）。

工藤他山の学風は明らかでないが、江戸では朝川善庵《あさかわぜんあん》、大阪では頼山陽《らいさんよう》との交遊で知られる篠崎《しのざき》小竹《しょうちく》のもとで学んだという。朝川善庵は、徂徠学から分かれ、いわゆる折衷学（朱子学と徂徠学のどちらからも折衷的に学ぶ立場）に進んだ片山兼山《かたやまけんざん》の子である。善庵は折衷学・考証学者としてよく名を知られており、多くの門人がいた。篠崎小竹は、その養父篠崎三島《さんとう》が徂徠学系統だが、当人は尾藤二洲《びとうにしゅう》・古賀精里《こがせいり》など昌平黌《しょうへいこう》の朱子学者のもとでも学んでいる。小竹もまた大阪で多くの弟子をもった、知名度のある学者であった（中村真一郎『頼山陽とその時代』）。おそらく工藤他山の学問は、硬い朱子学的な道徳論を保持するタイプではなく、古典を読む知識としての漢学に重点を置くものだったのではないだろうか。

羯南が工藤他山塾に入った時点では、まだ藩校があくまで武士の子弟のための教育制度として存続しており、百石取り以上あるいは目見得以上の長男しか入学をゆるされなかった。そのため、藩校の教授である他山の私塾に入ったと考えられる。他山の塾で羯南がどのようなものを学んだかについては残念ながら具体的な史料がない。しかし「羯南」という号をつけるきっかけがこの頃あったと言われている。鈴木虎雄編『羯南文録』の年譜によれば、羯南がつくった「風濤《ふうとう》靺羯《まっかつ》の南より来る」という句が褒められたことから「羯南」の号をつけたとされている。

少し奇妙なのは「靺羯」という字である。通常は「靺鞨」と記し、北は黒龍江中・下流域、東はウスリー川流域、南は朝鮮半島北部に勢力を振るったツングース系諸族の一派をさすといわれる。この「靺鞨」は歴史的に津軽地域との関係が深く、『続日本紀』（養老四年正月丙子条）に、「渡嶋津軽津司従七位上諸君鞍男等六人を靺鞨国に遣わして、其の風俗を観せしむ」という記述がある。靺鞨族は高句麗人とともに渤海国を建てたと言われ、津軽の港と渤海国との関係が「靺鞨国」の記述につながったと考えられる。したがって、羯南が「靺鞨」を詩に使ったのは、こういった故事を意識したものであろう。また弘前藩にとって中国東北部や朝鮮半島は比較的距離が近いため、比較的その動向に関心が向きやすかったという事情もあるかもしれない。ところが、羯南の「羯」の字は中国の五胡十六国時代（四世紀頃）の「五胡」の一つで、匈奴を構成する一族をさすので、「靺鞨」としたのではおかしい。なぜ「鞨南」ではなく「羯南」なのかについては、はっきりした証言などは残されていない。

東奥義塾での英学教育

藩校稽古館は再編されて、まず明治五年五月に弘前漢英学校となるが、同年八月の旧府県学校廃止を指令した文部省布達第一三号があり、これに対応するために、さらに私立学校東奥義塾として再出発した。東奥義塾の財政的基礎になったのは旧藩主津軽承昭《つぐあきら》の寄付五〇〇〇円であり、その後も津軽家の重ねての寄付に依存しながら厳しい財政状況で教育が続けられた。当時、新しい教育に力を入れようとする津軽の人々の意欲がうかがえる。羯南は、明治六年二月、東奥義塾の開校にともない同校に入学した。

「義塾」の名をつけたのは、藩校のように中級以上の武士などを対象にするのではなく公に開かれた塾という意味もあろう。実際、羯南はかつての藩校としての稽古館には入学できる身分ではなかった。同時に「義塾」という名称については、直接的には慶應義塾とのつながりもある。東奥義塾の設立にあたって尽力した一人に吉川泰次郎《よしかわたいじろう》がいる。吉川は明治四年青森英学校の教師として慶應義塾から来たが、青森英学校の閉校にあたり弘前の私立学校である東奥義塾の設立のために官庁との諸々の交渉などにもあたったと言われている。また同様に東奥義塾の設立メンバーで、外国人教師ウォルフ夫妻の招聘に功のあった成田五十穂《なりたいそお》は、弘前出身で幕末に藩外留学生として慶應義塾に学んだ一人である。北原かな子『洋学受容と地方の近代――津軽東奥義塾を中心に』によれば、東奥義塾でのカリキュラムは次のようなものであった。

上等中學科程

明治十一年		漢文	英語	史學	數學	作文記簿	物理經濟	博物	化學
第二年第一級	第二期	前期ノ續		ギゾー氏 文明史 終ル	代數幾何 終	前期ニ同シ	前期ノ續キ終ル	前期ノ續キ終ル	前期ノ續キ終ル
	第一期	唐宋八大家文 要處		萬國史 近世ノ部 終	三角法 終 代數幾何	和洋互譯 漢文	ウエランド氏 經濟書	アガシズ氏 動物書	ウエル氏 化學書
第一年第二級	第二期	正續 文章軌範 要處	前期ノ續 終	萬國史 中古及近世千六百年代 終ル	ロビンソン氏 三角法	前期ニ同ジ	前期ノ續キ終ル	生理書 終 植物書 終	演舌并文章朗讀ハ文學社會ニ於テ講習ス
	第一期		クエッケンボス氏 修辭書	清史擥要 ウヰルスン氏 萬國史 上古史	ロビンソン氏 幾何 終	横文并和譯 和文ニヨリ漢文	クエッケンボス氏 物理書	ヒッチコック或カットル氏 生理書	

出所：東奥義塾蔵『東奥義塾一覧』1878年，北原かな子『洋学受容と地方の近代——津軽東奥義塾を中心に』より。

下等中學科程

明治十一年		史學	數學	修身	英語文法	地學	作文	習字	講學体操
第三年一級	第二期	元明史略 終 マーカム氏英國史 終	代數 終		前期ノ續終ル	前期ノ續終ル	前期ニ同シ		演舌幷文章副讀ハ文學社會ニ於テ講習ス
	第一期	十八史略 終 萬國史 終	代數 前期ノ續		ブリオン氏英文典	ガヨー氏天然地理	國 紀事論說 洋		
第二年二級	第二期	續日本外史 終 十八史略 パーレー氏萬國史	前期ノ續筭術 終 代數方程式ニ至	前期ノ續 五六七八	前期ノ續終ル	前期ノ續終ル	前期ニ同シ		
	第一期	續日本外史	前期ノ續	勸善訓蒙 後編 一二三四 要處諳記	第四讀本	ミッチェル氏或ハコルネル氏ハイスクル地理書 要處 參考 輿地誌畧	國 論說 洋 尺牘		
第一年三級	第二期	前期ノ續終ル	ロビンソン氏ハイカル		サーゼント氏第三讀本 終 文典前期ノ續	前期ノ續終ル	前期ニ同シ	前期ニ同シ	
	第一期	漢文 日本外史 要處諳記	ロビンソン氏算術初步 終		サーゼント氏第三讀本 ピネオ氏英中文典	コルネル氏地理初步 地圖暗寫	國 漢文和解 論說 洋 雜文 作文初步	細字草書 尺牘	

東奥義塾「明治十一年　教育課程」

東奥義塾外人教師ジョン・イングを囲んで
（明治９年７月，羯南は既に退校）（東奥義塾高等学校蔵）

羯南はここで初めて本格的な英語教育を受けたと考えられる。東奥義塾における英学教育はアメリカからやってきたオランダ改革派宣教師のウォルフとその妻がおこなった。ウォルフの教育は「正則」の英語会話・文典と「ロセングの合衆国史」（おそらくBenson J. Lossing, *A History of the United States, for Families and Libraries*, 1867）や英文聖書などであった。ただし、羯南は入学時にすでに一七歳であり、在学期間も一年ほどであるため、東奥義塾での教育はいわば英語と西洋の学問への入り口としては役立ったであろうが、十分にそれを深めていくことはできなかったのではないだろうか。

東奥義塾の教育が本格的に発展したのは、ジョン・イングと、弘前出身で国内留学により横浜で英学を学んだ本多庸一とがやってきた明治七年以降と考えられる。羯南はその頃には東奥義塾をやめていた。羯南と同時期に東奥義塾に入学した者の中には、イングの紹介によって明治一〇年にアメリカ留学を果たした学生が五名いた。彼らは英語のみならず、ギリシャ語・ラテン語なども学んでおり、アメリカの大学に入学してからの成績も優れたものであったといわれる。この時インディアナ州のアズベリー大学に留学した学生の中には、羯南と同年代の者として珍田捨巳《ちんだすてみ》や佐藤愛麿《さとうなるまろ》がいた。珍田も佐藤も、後に外交官として活躍した。珍田はアメリカにおいて排日運動への対処に取り組み、佐藤は明治四〇年六月にハーグで行われた第二回万国平和会議で日本の全権委員をつとめている。また東京大学医学部に進み、後にダーウィニズムと健康論を混淆させた「養生学」を唱える医学者伊東《いとう》重《じゅう》も、東奥義塾以来の羯南の親友となり晩年まで親交があった。

明治一一年に東北・北海道を旅したイザベラ・バードの『日本奥地紀行』には、「すばらしく知性的な顔」で「少しばかり英語の話せる」クリスチャンの学生が弘前から会いに来たという記述がある（イザベラ・バード『日本奥地紀行』三二三頁）。羯南も数年在籍していれば外交官や官僚としての出世コースに乗れたかもしれない。しかしこの後の羯南の足跡を見る限り、こつこつと秀才型のキャリアを積み上げるのには向いていなかったと思われる。また、当時留学は大変費用がかかり、東奥義塾から留学した者も、資金には苦労している。かりに羯南が東奥義塾に残ったとしても、羯南の家の経済状況では留学費用の工面は難しかったであろう。羯南は、むしろ早く世に出る方法はないかと考えたのかもしれない。

2 司法省法学校での学問から官僚生活へ

司法省法学校への入学と放校事件

羯南は在学一年で東奥義塾を離れ、明治七年には官立の宮城師範学校に入学した。官費で小学校教員の資格が得られることがここに入学するメリットであろう。ただ、羯南はあまりそのような資格に魅力を感じていなかったのかもしれない。明治九年に卒業を前にして退校してしまう。校長との対立が原因であったという。ちなみに羯南の入学時における宮城師範学校の校長は、後に『言海』を編纂する大槻文彦《おおつきふみひこ》であったが、羯南が対立したという校長は大槻の後任である松林義則という人物であった。宮城師範学校は二年のコースなので、もう少し我慢すれば卒業であったと考えられるが、在学中の「志業嘗《しぎょうかつ》て治国の策無し（学問事業を志すも、いまだ前漢の賈誼《かぎ》のごとき治国策をなすこともできない）」（『全集』第一〇巻、一九〇頁）という詩作に現れる一九歳の若者の野心と焦燥には、師範学校の教育はしっくりこなかったのであろう。

羯南は、一緒に宮城師範学校を退校した春日慶之進《かすがけいのしん》（後の名を春日粛《しゅく》）、相川勝蔵《あいかわかつぞう》とともに上京し、明治九年三月にあった司法省法学生徒募集に応募し受験した（鈴木啓孝「司法省法学校『放廃社』にみる個人と結社――陸羯南と原敬を中心に」）。司法省はそれまでの直轄の法学校であった明法寮《めいほうりょう》を廃止し、あらたにフランス語によるフランス法の「正則」教育（外国語でおこなわれる教育。日本語での西洋学問教育は「変則」であった）をおこなう学校を設立したところであった。この入学試験にあたっては、まず出身県からの推薦書をもとに書類選考があり、ついで筆記試験があった（東京大学図書館、司法省法学校入学関係文書）。羯南と同期の原敬《はらたかし》の日記によれば、試験は七月にあり、志願者は約二〇〇〇人、実際に筆記試験を受けた者は三五〇名程度であるという。原は合格者中二番の成績であったと誇らしげに日記に記している（「不窺園録」『原敬日記』第六巻）。筆記試験は漢文に訓点をつけるものであった。原によれば『論語』の「子謂子産、有君子之道四焉」の章が出題され内容および語義などを説明することと、『資治通鑑』に句点をつけることが要求されたという。

司法省法学校は全課程八年という長いコースで、前期四年がフランス語と教養、後期四年がフランス法の専門教育であった。前期課程のカリキュラム表を見ると、朝八時半から三時まで、土曜日は午前中であった。授業はすべてフランス語でおこなわれたという。法学校の在校生によれば、午前六時から午後七時まで時間割が組まれ、その間規則は厳しく、その束縛の厳しさは言語に絶するもので、あらゆる挙動が管理された（露崎弥編『吉原三郎追懐録』小宮三保松談）というほど、大変規律もうるさく、学習時間も長かった。日本には伝統のない法学教育を、語学などの基礎から専門知識まで徹底的に詰め込もうという狙いであった。たしかにその教育は充実しているが、まず基礎教育として語学と数学や地理・歴史ばかりを前半四年間というのは長すぎる感もある。成績評価も厳しく、六カ月一期制で、毎期末試験ごとに成績順位が付けられ成績不良者は退学とする規則であった。また学期中の毎週末「仮試験」と呼ばれる小テストがあり、この成績上位者も掲示された。ここに集まった学生は留学経験がなく、立身への意欲と勉強への熱意だけが元手であって、語学はもちろん、法学の基礎とな

司法省学校時代（正岡明氏蔵）
左から福本日南，国分青涯，羯南，加藤拓川。

る西洋社会に関する基礎的教養も乏しかった。そのためにこのように厳しいカリキュラムが組まれたということであろう。

司法省法学校時代に羯南が親しくなった友人として、加藤恒忠《かとうつねただ》（拓川《たくせん》。後に外交官、衆議院議員、貴族院議員、松山市長）、国分豁《こくぶとおる》（高胤《たかたね》、青厓《せいがい》。後に『日本』社員）、福本巴《ふくもとともえ》（日南《にちなん》。後に『日本』社員）らがいる。加藤は正岡子規の叔父にあたり、後年の子規と羯南の交わりの端緒はここにある。原敬とは、当初は親しいつきあいとは言えなかったようである。

初年度の一学期の考科表によると羯南は一〇一人中の五三番目であった。原敬はなかなかの秀才らしく一〇番、福本日南が四〇番、国分が五一番、加藤（当時の名は大原恒忠）は八八番である。成績によって教場が南北二つに分けられていたが、羯南は一応良い方の南組にいたといわれる。

司法省法学校におけるフランス語教育は、羯南が後に記者として活躍する際に非常に役だった。このおかげで、留学する機会や財力をもたなくても、かなり高度な仏文を読解する力が身に付いた。羯南は後に『日本』社説の中に、フランス語で読んだ政治・経済関係の書物や雑誌記事からの知識をたくみに折り込んでいた。また羯南の社説は英語の雑誌などからも引用をしていることがあるが、英文の読解力についても、東奥義塾での学習のみならず、司法省法学校でフランス語を徹底的にたたきこまれたことが役立っていると思われる。

羯南もようやく学校エリートのコースに乗ったかに見えたが、明治一二年春におきた「賄征伐《まかないせいばつ》事件」に関連して、司法省法学校を放校になる。「賄征伐」とは要するに学生による寮の賄方への抗議をこめた嫌がらせである。ただし、この騒ぎそのものに羯南が加わったのではなく、事件のために外出禁止になった学生の処分が過重であるという不満が学生の間の「輿論《よろん》」（日南の表現）となり、そのために原敬が大木喬任《おおきたかとう》司法卿に直訴にいったと言われている（福本日南「原敬」『日南集』）。大木は訴えを聞き入れたが、学生による直訴を不快に思った学校当局がこの学期末に羯南、原、加藤、国分、福本らを放校処分にした。羯南はこの事件で原を見直したという（加藤恒忠談「故陸実氏」『朝日新聞』明治四〇年九月五〜七日、『全集』第一〇巻）。羯南はおそらく、学業優秀で機転の効く原があまり好きではなかったようだが、この放校事件に際しては一種の同志となる。

羯南は、この処分に対して特に法学校に残るための運動などはしなかったという。既に法学校での課業に飽きていたのではないだろうか。放校処分後、羯南、原、国分、加藤ら四人は一緒に下宿し就職活動をした（前田蓮山『原敬伝』上巻、一八八頁）。この頃、放校になったメンバーで「放廃社」という親睦会のようなものを組織している。詩作などをして会合を持った様子が原敬の手紙に見られる（鈴木啓孝「司法省法学校『放廃社』にみる個人と結社」）。

彼等は新聞記者の職を求めて動いた。その文筆の力に自信があるものの、官僚となるには当面つてがなく、学者になるには学業が中途である若者が、その立身の階段として新聞記者を目指すのは当時自然な発想であった。羯南もまた、この「放廃社」時代に新聞記者になろうとする意思を明白にもって就職活動を始めたのであろう。原敬は比較的すぐに『郵便報知新聞』に、また国分青厓は『朝野新聞』に職を得た。しかし、羯南の就職はうまく運ばず、失意のうちに結局いったん弘前に帰ることになった。

『青森新聞』、紋鼈製糖所 そして再度東京へ挑戦

法学校は政府が法曹を育成するための学校なので給費があったが、それをやめれば羯南に収入はなかった。帰郷した羯南は、実家が困窮を極めている事態に直面せざるを得なかった。実家は俊次郎が戸主となっていたが、大家族で収入は少なく羯南に居場所はなかったと思われる。明治一二年夏頃、羯南は何とか『青森新聞』に編集長という肩書きで職を得た（『東奥日報百年史』）。これは編集長とはいえ、実質的な文筆活動などができたわけではなかった。羯南は『青森新聞』への就職を、「婦女子がよんどころなき場合に至り遊郭によせるが如き」と嘆いていた。中田家の債務についても相当困っていることは、宮城師範時代の同期生であった相川勝蔵宛書簡に記されている（『全集』第一〇巻、二四五頁）。

当時は全国的に自由民権運動が盛り上がり、政治的熱気が地方でも高まっていた。青森でも民権運

青森新聞

第百五十六號

明治十三年二月十日發兌

官令

雜報

『青森新聞』第156号（明治13年２月10日）（青森県立図書館蔵）

動の気運があり、明治一三年に東奥義塾の本多庸一らが国会開設の建白書を起草した。羯南も東奥義塾との関係からか、この起草委員に加わっている。また同じ年四月には讒謗律《ざんぼうりつ》によって罰金刑を受けている。ただし羯南は、民権運動自体にはそれほど熱心ではなかったと思われる。羯南は後の著作『近時政論考』で、自由民権の政論があまりに輸入学問的で、その理想の高さはともかく現実政治の指針としては役に立たなかったと論じていたが、当時の羯南の挫折感と経済的苦境のために、民権運動の理念が疎遠なものに感じられたのではないだろうか。

またそれより少し前の明治一二年九月、絶家であった陸家《くが》を再興するということで、「陸」姓にかわり戸主となった。ただし羯南は後年の回想で、陸家などというのはつくったものでもともと存在していないといった発言をしている。羯南の政治論の雰囲気から推測して、唐の官僚陸贄《りくし》（宣公）からとったという説がある。陸贄はその「奏議」が有名で、日本でもよく読まれていた。また羯南が漢詩好きであったため南宋の詩人陸游《りくゆう》（放翁）からとったのではないかとする意見もある。ともかくこの戸籍により羯南は徴兵されるおそれはなくなった。羯南が徴兵逃れのために陸姓の家を興したのかどうかは見解が分かれるが、当時の状況から見ればそれほど不自然でも不道徳でもない。むしろ羯南が何とかして再度立身の方策を立てねばならないと切実に考えていたことの反映であろう（稲葉克夫「羯南と徴兵のがれ」『青森県の近代精神』）。

おそらくそのフランス語の力が何かの形で知られたのであろう。明治一三年九月には、官営の甜菜（ビート）による製糖所である紋鼈《もんべつ》（今の紋別）製糖所に技術翻訳の仕事を得ることができた。この製糖所は、札幌農学校のウィリアム・クラークが北海道へのビート栽培を導入することに熱心だったことから、明治政府が北海道の開発にあたって北海道産のビートを原料にした製糖工業の開発を考えたことで始まった施設である。紋鼈は、土地の開拓が進んでいたことと、港が近かったことから選ばれ、明治一三年に原料処理日量一万貫（約三八トン）の工場が作られた。ビートを摺りおろして搾汁するという方式のフランス製の機械を用いていたが、この機械の精度が低く、故障が続出し、期待された生産高の〇・一％も出せず操業はうまくいかなかったという。この時に羯南のようなフランス語の翻訳ができる人材が必要とされたのである。所長もフランスで土木技術を学んだ山田寅吉であった（稲葉克夫「羯南と紋鼈製糖所」『青森県の近代精神』）。

紋鼈製糖所（山田寅吉『甜菜製糖新書』明治14年，より）

　羯南はこの仕事に満足だったわけではない。この頃の羯南の詩に次のようなくだりがある。

眄瞥《べんべつ》いたずらに過ぐ廿四秋。疎狂俗に違い、荒陬《こうすう》に客たり。
風雲寂寞《せきばく》たり池龍の志。山海隔離す籠鶴《ろうかく》の憂

（大意：あちこち見回すうちに二十四年が過ぎた。うかつで世俗に

あわないため、僻地にとどまっている。風雲に乗れない池の中の龍や、山海から離された駕籠の中の鶴のように憂いに沈む――「偶感」、羯南の詩集「寒帆余影」、高松亨明『陸羯南詩通釈』）

「疎狂」というのは唐の有名な詩人白居易に典拠があり、「世事にうとく、常規に外れる」といった意味である。自分が世事に疎いために池に閉じこめられた龍や籠の中の鶴のような状況にあることを嘆いたものである。

三年後の明治一六年には、製糖所はフランス方式をやめてドイツから技術者を招聘し、ドイツ製の機械を導入してやりなおすことになるが、羯南はそれよりも早い明治一四年五月には、所長であった山田寅吉と共に職を辞して東京に戻った。おそらく紋鼈製糖所に勤めた際に農商務省勧農局長品川弥二郎《しながわやじろう》とのつながりができ、山田と共にそのつながりをあてにして上京したのであろう。製糖所に展望がないこともこの素早い転身を後押ししたに違いない。この品川とのつながりが、以後の羯南の官僚生活だけでなく、後に『日本』新聞で活躍するようになってからも、政界との関係に大きな影響を持ってくることになる。

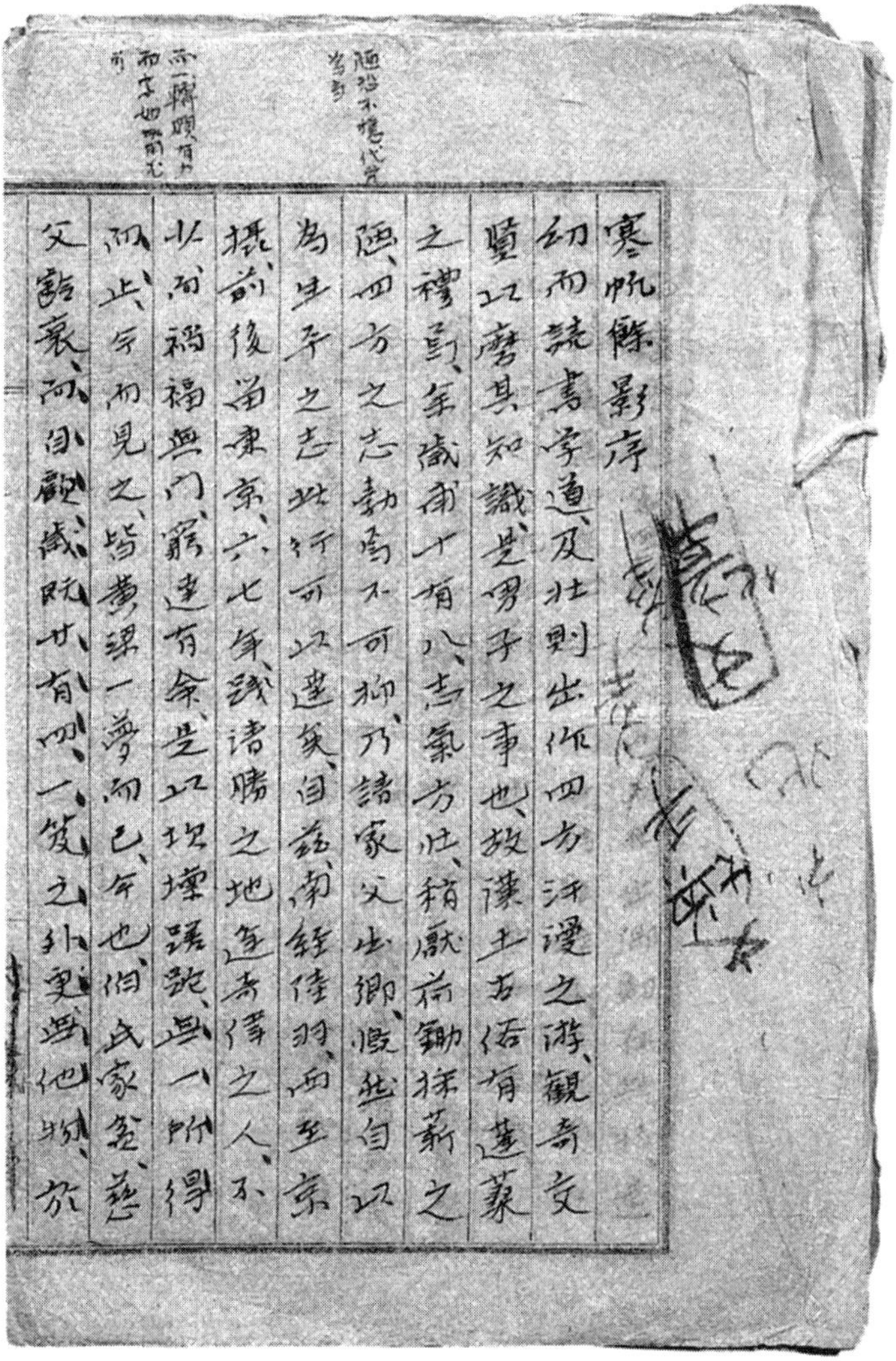
寒帆餘影序
幼而読書学道、及壮則出作四方汗漫之遊、観奇文
覧以磨其知識、是男子之事也、故漢土古俗有蓬蒿
之禮焉、余歳甫十有八、志気方壮、稍厭荷鋤採薪之
陋、四方之志勃焉不可抑、乃辞家父出郷、慨然自以
為生平之志始行可以遂矣、自茲南経陸羽、而至京
摂前後留東京、六七年、識諸勝之地、逢奇傑之人、不
少、而禍福無門、窮達有命、是以坎壈蹉跎、無一所得
而止、今而見之、皆夢裡一夢而已、今也但以家貧、慈
父齢衰、而自顧、歳既廿有四、一笈之外更無他物、於

陸羯南原稿「寒帆餘影」（弘前市立郷土文学館蔵）

3　フランス書の翻訳と官僚としての仕事

東京に戻ってしばらくは、品川から依頼された翻訳の仕事をしながら職を探していたようである。これ以降羯南と品川との関係は、羯南が政府関係者や政治家・官僚の世界に持つことになる人脈を理解する上で重要である。

品川弥二郎との出会い

品川弥二郎（一八四三〜一九〇〇）は、萩藩の卒族の子で、松下村塾の出身者である。品川は後に明治政府内部にあって開明的な政策を批判する官僚として活躍するが、その若い時代は尊王攘夷運動と戊辰戦争の血なまぐさい戦いの連続であった。品川は、はじめは急進的な尊王攘夷論者で、文久二（一八六二）年四月上京して京都所司代の襲撃を計画（寺田屋騒動のため中止）、また江戸に行き高杉晋作らと英国公使襲撃を計画した。こういった活動のため藩から謹慎を命じられたが、高杉晋作、久坂玄瑞らの同志と尊王攘夷の結社である御楯組《みたてぐみ》の血盟に参加した。御楯組は文久三年に英国公使館焼き討ちを決行した。元治元年（一八六四）の「禁門の変」では八幡隊の隊長として幕府軍と戦った。さらに山田《やまだ》顕義《あきよし》らと御楯隊を創設し、四カ国連合艦隊の下関攻撃（馬関戦争）でも戦ったが、この時に西洋の軍事力を実感した。その後、薩長同盟のために力を尽くし、戊辰戦争では奥羽鎮撫総督参謀として奥羽を転戦し、函館戦争にも参戦した。戊辰戦争のとき、新政府軍が歌った「トコトンヤレ節」（「宮さん宮さん」）は、品川による作詞とされている。

新政府発足後は、むしろ品川は西洋事情に明るい知識官僚（ただし開明的とはいえない）として活躍した。明治三年に政府の命令で渡欧して普仏戦争を視察、さらに兵部省留学生に採用されベルリンに滞在した。普仏戦争の勝利でその国力が評価されたプロイセンには、軍事学・医学などを学ぼうと多くの日本人が集まりつつあった。特に長州藩出身者は、品川や青木周蔵《あおきしゅうぞう》がベルリンにおける日本人留学生グループの中心となっていた（森川潤『ドイツ文化の移植基盤』）。独逸《ドイツ》学協会の発足に尽力したのも留学経験とその時の交友関係が背景となっている。帰国後、農商務省大輔《たいふ》などを勤めて殖産興業政策にたずさわり、その一環である北海道の製糖業開発がきっかけとなって羯南と出会ったわけである。明治一七年には子爵、翌年駐独日本公使、明治二〇年宮中顧問官などを勤め、二四年六月第一次松方内閣の内務大臣となった。

品川弥二郎
（『近世名士写真』其１，より）

内務大臣の時には、そのドイツ学の知識を活かして信用組合法案を第二議会に提案した。これはドイツで政治経済を学んだ官僚の知識を動員して、ドイツのような協同組合を日本に導入しようとする案であった。これは日本における一種の社会政策的法案として先駆的なものであった。ただし品川は、ドイツ学を誇る知識官僚にとどまったわけでは決していない。政治的野心は強く、議会内部に政府の影響を強めるべく積極的に動いた。明治二五年に選挙干渉問題で内相を辞職し、西郷従道《さいごうつぐみち》と国民協会を結成し議会に政府支持の党派をつくる運動を進めることになる。これ以降羯南との関係は政治的立場の違いが現れて微妙なものとなる。議会政治をめぐる羯南と品川とのやりとりについては、後に詳しく触れたい。

仕官へのてがかり

東京に戻った羯南の様子に話を戻したい。

明治一五年と思われる羯南の品川宛の書簡では、「仕官云々の御話ですが、帰途よくよく考えたところ、実におっしゃるように翻訳だけでは何ともやっていけないので、何か使っていただける話があればどうぞよろしくお計らいください」とある。他方、同年の暮れあたりに加藤恒忠に出された書簡には、「僕はこの頃身辺が忙しく、帰県して政党の結党に加わらないかという依頼があったり、あるいは在京で就職の勧めがあったりするが、経済的問題にもあいかわらず困っている」とある。おそらく品川から官職につける可能性が打診されていたようである（羯南の差出の住所が根岸金杉村とあるので一五年一二月以降と思われる。『陸全集』第一〇巻）。

加藤宛の手紙にある「帰県結党」が具体的に何を指すかはよくわからないが、『青森新聞』時代に少しかかわったように、青森でも民権結社の動きがあり羯南にも東奥義塾や青森新聞関係から声がかかっていたということかもしれない。青森の政治運動の様子を見てみると、明治一四年頃から東奥義塾の教員が中心となって「共同会」という結社をつくり、弘前における民権運動の拠点となっていたことが一つの焦点である。当時の県令山田秀典は民権派にも妥協しながら県議会を運営しようとしていたが、県議会では保守派と民権派が対立し、一五年九月には保守派によって東奥義塾を廃する請願などもも出された。東奥義塾は私学だが津軽家の補助を受けており民権運動の唱導などはけしからんという非難であった（北原かな子『洋学受容と地方の近代——津軽東奥義塾を中心に』一三六頁以下）。
羯南は青森の民権運動にそれほど深く関わってはいなかったと考えられる。当時青森の政界に影響力があった笹森《ささもり》儀助《ぎすけ》と羯南は交流があり、後年まで手紙のやりとりは続いた。この笹森は反民権派であった。笹森は比較的家格の高い藩士の家の出で、廃藩置県後は県内で行政にたずさわり、明治一一年から一四年まで中津軽郡郡長をしていた。前記の山田県令との対立があって一四年に郡長を辞している。後に笹森は日本各地の島を探検することで知られているが、明治三五年には青森市長に就いている。

　ともかくも、羯南は青森での政治活動にはあまり強い興味を示さなかったと考えるのが妥当であろう。そうこうしているうちに品川の周旋が効いたのであろう、明治一六年六月にようやく太政官文書局のポストを得る。これ以降しばらく、羯南はフランス語の法律・政治関係の翻訳を主たる仕事として官僚生

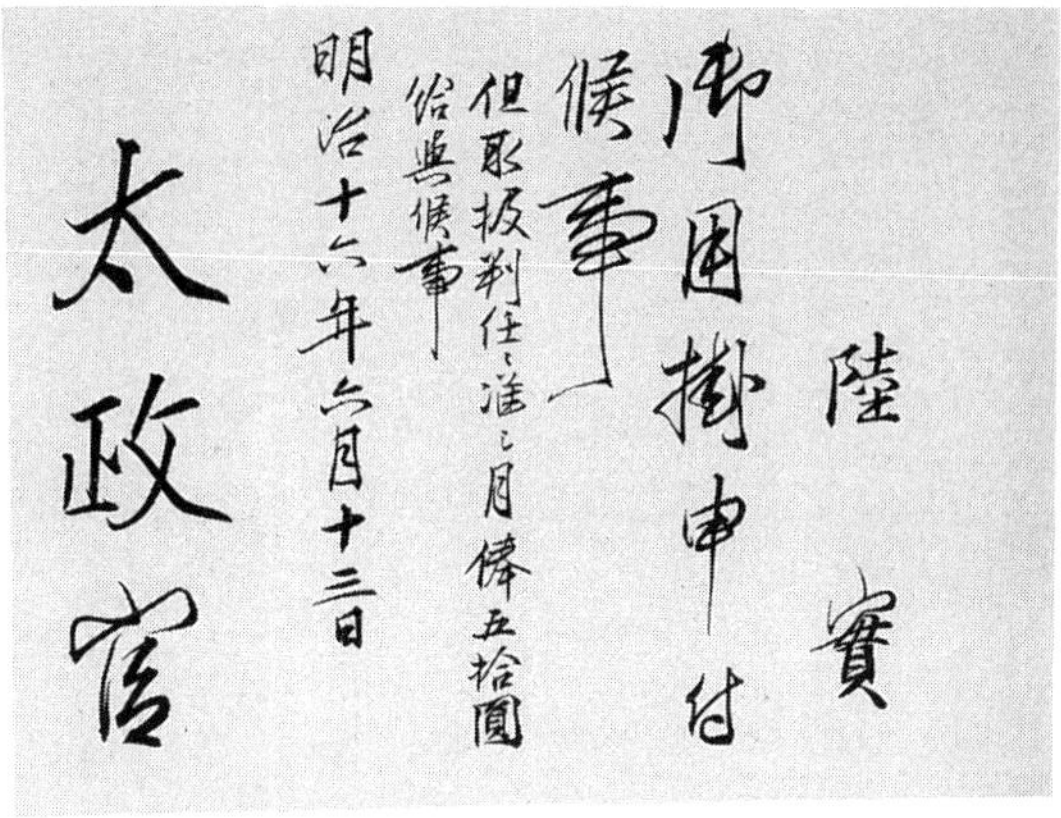

陸實
御用掛申付
候事
但取扱判任ニ准シ月俸五拾圓
給與候事
明治十六年六月十三日
太政官

太政官御用掛辞令（明治16年６月13日）
（弘前市立郷土文学館蔵）

活を送ることになった。この時の文書局局長は、ドイツ法学の普及に力があり、後に山県有朋系の官僚・政治家として力をもつ平田東助《ひらたとうすけ》であった。平田は、羯南も後にしばしば引用する法学者ブルンチュリの翻訳を手がけており、その知識は羯南が政治・法理論を学ぶにあたって強い影響があったと考えられる。羯南はこれまで本格的に学問に取り組む機会を逸してきたが、この翻訳の仕事がいわば羯南にとっては貴重な学問的基礎となったのである。

井上毅のもとでの法・政治文献の翻訳作業

一般に、英語を使うと英国風の穏健な自由主義、フランスを使うとフランスの哲学的な急進主義や抽象的な理論、ドイツ語を使うと保守的な制度論や権威主義の思想の影響を受けやすいのではないかという印象があるかもしれない。しかし、当時限られた時間と人材でできるだけ西洋先進国の制度を学ばなければならなかった日本の政府は、使える人材を徹底的に利用した。また西洋においても、重要な著作や辞典などは、英仏独相互の翻訳が比較的すぐになされたので、とりあえず一つの語学がこなせれば、多様な知識を得ることが可能であった。羯南もまたフランス語を手がかりに、フランス人による著作のみならず、ドイツ、英国の政治論を学ぶことができた。

まず羯南の政治思想形成に関連する点で重要と思われるのは、明治一六年に、バジョット『英国の国家構造』（*The English Constitution*）の翻訳にかかわったことである。バジョットのこの本は、特に自由主義的な立場から立憲政体の理論を学ぼうとする人々によく読まれた。明治政府の側でバジョットに関心がもたれたのは、民権運動の理論に対抗する必要があったことと、実際に憲法制定の作業が始まろうとしていたからであろう。特にこの文書局での翻訳作業は、福澤諭吉の『帝室論』に危機感を覚えた井上毅《いのうえこわし》が、バジョットを勉強しようとしたことから発している。バジョットは国王をあくまで国家の統合を象徴的に表現する存在ととらえ、実質的な国政の担い手は議会にあるとしていた。福澤は、バジョットに学びつつ、皇室が直接国政に権力を行使し責任を問われるようなことがあっては、立憲政体はうまくいかないと考えていた。

　これに対して、井上毅にとっては、皇室はあくまで日本の政治的統合の中心にあるべきものであった。皇室を政治的権力と切り離された文化的権威として位置づけようとする福澤の議論は、君主制の根幹を否定するものに思われた。そこで井上は自らもバジョットの理論を研究しようとしたのである。

　しかし、多忙な井上は自らバジョットを読んでいる余裕はなく、フランス語のできる部下であった大森鍾一《おおもりしょういち》に、同書の仏訳版からの重訳を命じ、さらにその訳の校正を羯南に命じていた（小松原英太郎宛井上毅書簡、明治一六年八月一三日、『井上毅傳　史料編』第四巻、四〇五頁に、「大森訳英国憲法論、陸実へ校正嘱托いたし置候」とある）。井上自身もフランス語が読めたが、この頃には必要な外国語文献は若手に命じて翻訳させていることが多い。『井上毅文書』の中に『バシュホー氏英国憲法論』という手書きの原稿があり、その訂正部分の書き込みが羯南のものであろうかと思われる。仏訳本をよく調べた上で、

井上毅（『憲政五十年史』より）

細かい点までチェックしていることがわかる。

羯南による後年の政治論は、決して英国型の議会中心主義に共感を示さなかったが、立憲政体における権力バランスが制度そのものだけでなく歴史的背景に強く規定されていることがバジョットから読みとれたのではないだろうか。

羯南は明治一七年に一時期制度取調局勤務になった。特にこの時に井上毅の指揮下に様々な法律文献の翻訳に携わったと考えられる。『井上毅文書』に残っているボアソナードの答議書の翻訳にも羯南は関わっている。井上毅からの羯南宛書簡によれば、「公法中、局外中立の部、専ら取調べ置かれたく候」（明治一七年八月二四日）、「別紙ボアソナド氏答議書、御休暇中ながら、至急御翻訳くだされたく候」（年度不明八月五日）などとある（『陸羯南全集』第一〇巻、一一二～一一三頁）。こういった専門的な文献の翻訳の仕事は、羯南の語学力と法学や政治学の知識を高めるのに役立ったであろう。また、羯南が後に新聞論説を書くときにアカデミックな教養があることを示し、その主張に説得力を増すことにもなった。

鋭い人物評で知られるジャーナリストの鳥谷部《とやべ》春汀《しゅんてい》は羯南の新聞論説を評して、「羯南の政治の論じ方は、まるで学者が講義の壇上に臨むように、一言一句極めてしかつめらしく真面目であった。それが故に羯南を純粋なる政論記者ということができる」と述べていた（鳥谷部春汀「三新聞記者」明治二九年四月、『春汀全集第二巻　明治人物月旦』二七二頁）。また長谷川如是閑は、「社長の陸羯南という人は当時のインテリ・タイプの人でネ、元来は政治学者だが古典に通じていて、詩も歌もやって非常な

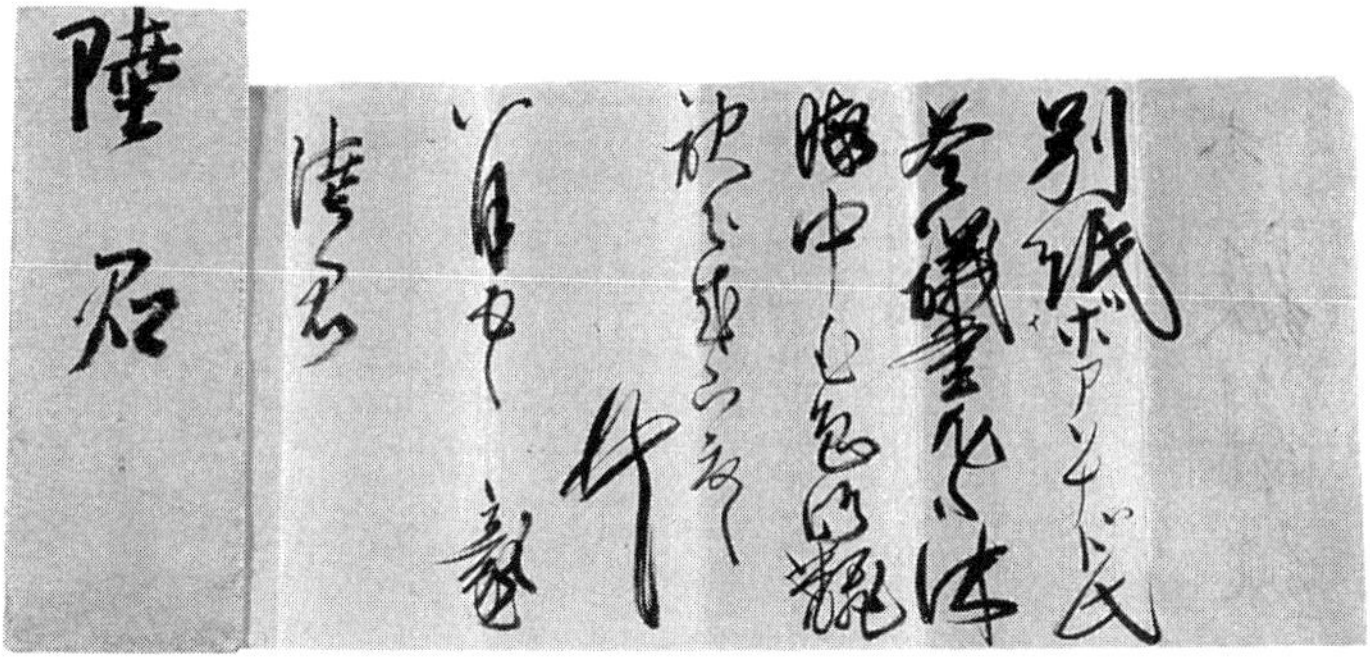

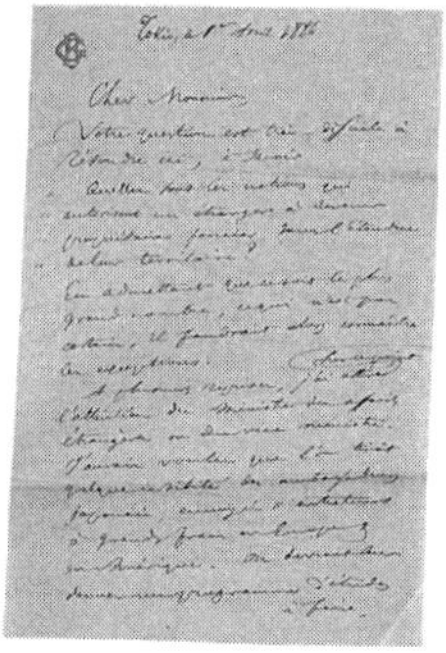

陸羯南宛井上毅書簡（明治17年8月5日）
右はボアソナードの答議書（仏文）。
（最上義雄氏蔵）

知識人でそして文化人でネ……」と回想している（辰野隆対談集『忘れ得ぬ事ども』）。古典や詩歌の教養ももちろんそうだろうが、学問人のような印象を与えることができた専門的知識の基礎は、西洋法学・政治学の翻訳を主たる仕事とする時代に培われたのであろう。

西洋の法思想との出会い

この当時の羯南の仕事に関連して、羯南の政治思想の骨格に影響を与えたドイツ国法学との出会いという点で注目すべきは、F・J・シュタールの『法哲学史』の翻訳作業である（F. J. Stahl, 1802-1861, *Die Philosophie des Rechts, Bd. 1: Geshichte der Rechtsphiloso-*

phie, 1847 の仏語訳 *Histore de la philosophie du droit*, 1880 からの重訳）。シュタールはドイツ（プロイセン）の保守派の法学者で、自由主義を批判する一方、国家の統治のために厳密な法の体系を求める法治国家の理論は大きな影響力をもった（玉井克哉「ドイツ法治国思想の歴史的構造」（一）〜（五））。羯南は仕事としてシュタールの翻訳を依頼されたようだが、明治一七年一月一三日の笹森儀助宛書簡の中で、「内閣より委托された法理沿革論という書の翻訳料」が入ることをあてにしているという記述があり、本来の職務とは別に翻訳料をもらえる話だったのかもしれない（『全集』第一〇巻、四八頁）。

ちなみに、羯南はこの頃になってもそれまでの負債の整理に苦労していたようであり、この笹森宛の書簡は、その翻訳料が近いうちに入るので、それまでに当面の借金整理のための融資斡旋を依頼したいという内容である。しかしながら、この書の翻訳は出版されていない。それでも、このシュタールの学説に羯南が強い印象を受けたことは、後に羯南が新聞論説においてしばしば引用することからも確実である。シュタールの著作との出会いは、羯南にドイツ法学系統の知識をもたらしたという点で重要である。

この当時、明治政府は法典整備に当たってドイツ法学の導入に力を注いでいた。広範囲な知識をもって大きな貢献を果たしたドイツからのお雇い学者として法学者ロエスラーがいる。ロエスラーは法治国家論の権威であるシュタールの学説をしばしば紹介していた。ロエスラーは、井上毅の「政治学の各科に現時何等の学派あるか」という質問に対する答議（明治一六年）の中で、シュタールを「宗教政治派」に分類し、その「政治上の主義」については「国家を治めるために法律的制御を必要とし、これを君主固有の権利として認め、政府の権力を重んずる君政主義・貴族政治主義の立場をとるもので、実定法重視かつ君主の権威重視の立場（「積極ホシチーフエ又威権アウトリテーレ派」、positiv＝実定法、autoritär＝権威）と紹介していた。またシュタールが、キリスト教会の権威を重視する点が特徴であることも紹介している（「ロエスラー答議」第六号、梧陰文庫C–21）。おそらくこういったやりとりを通じて、井上毅がシュタールの著作に関心をもったことが、羯南への翻訳の依頼につながったのではないだろうか。

井上毅がシュタールに関心をもった理由は、実はバジョットの議論が気になった事情と同様に、議会政治の開始にともなって、国民意識がバラバラにならないよう皇室を中心とした国家の権威への信服を確立したいという構想にかかわっていた。当時井上毅に限らず、明治政府の中には、議会開設に向けた政府批判の高まりに対抗して、政治的安定と国力の伸張のために、日本国民共通の精神的基軸を打ち出す必要があるという考えがあった。憲法などの法的制度の整備だけでは、本当に安定した社会秩序と国民の一体性が確保できないかもしれないという危惧があったからである。たとえば、憲法調査から帰国した伊藤博文は西洋諸国の近代化の背後にあるキリスト教がもつ精神的な基軸としての力を実感していた。伊藤は、日本人にとってキリスト教のかわりになるものは皇室への敬意であると考えた。こういった国民道徳確立の必要性は、指導的な政治家や知識人の共有する認識であった。ただし、そのような認識の共通性があるとはいえ、天皇側近の学者元田《もとだ》永孚《ながざね》のように儒教的な徳治論的君主観に基づく天皇親政の主張から、実務的な政府の権力と天皇の精神的権威とは別と考える福澤諭吉のような立場まで、非常に異なった国家観が存在し、対抗しあっていた。政府としては、皇室と政府の国民に対する権威を確立しながらも、立憲政体をとりいれることによって、近代的で合理的な権力機構としての仕組みを打ち立てなければならないという、バランス取りが非常に難しい決断を迫られていた。

井上毅自身は、保守的な立場に近い発想の持ち主であったが、明治政府の知識官僚のまとめ役として、バジョットに見られる英国君主が国家統治に果たす役割に関心をもつと同時に、シュタールの法理論から、国家体制としての憲法と宗教的権威との関係を明確に論理化する方法を学ぼうとしたのではないだろうか。またそれが立憲政体における皇室の権威の法学的な説明をするために役立つと判断したのであろう。

以上のような政治的背景があって、政府の抱える知識人官僚の末端にいた羯南はシュタールの著作を学ぶことになったわけである。シュタールの『法哲学史』は、羯南にヨーロッパ政治思想史の見取り図を与えると同時に、議会主義、自由主義とナショナリズム思想との関係を理論的に整理する手がかりをあたえた。この点については、後の章で詳しく検討したい。

また、明治一八年九月には『主権原論』と題して、フランスにおける反革命の理論家ジョゼフ・ド・メーストルの論文「人民主権について」(Joseph de Maistre, 'De la souverainet de people', 1794-1795) を翻訳している。羯南訳『主権原論』の「小引」に「スタール氏の法理沿革論に拠るに」とあるように、この論文への着目は、そもそもシュタールが革命思想批判をしている箇所にあると考えられる（『全集』第一巻、二二七頁）。これは、自由民権思想から提起された主権論に対抗したもののようにも見えるが、民権派の『東京横浜毎日新聞』と政府派の『東京日日新聞』などを中心に起きた「主権」の所在をめぐる論争は明治一五年のことで、すでに終息していた。おそらくこの書物の訳出は、君主制と主権概念の関連など、具体的な憲法草案づくりに関連して必要とされたものと考えられる。

なお、羯南訳『主権原論』の中に「レーゾン・ナショナール」といった言葉がカタカナのまま引用されており、ここから羯南が「国民精神」といった発想を学ぶきっかけがあったのではないかと見ることも不可能ではないが、そもそもド・メーストルは反革命の立場で君主主権と教会の権威を強調し、その限りでは国民主義というよりも、キリスト教の権威を中心に据えた反・理性中心主義者である。ここから「国民精神」の積極的な意味づけを読み出すのは適切ではないし、またもしそうであるとしたらやや誤読となってしまう。羯南の訳を見る限り、『主権原論』の翻訳が後年の「国民主義」思想に結びついたようには思われない。

さらに井上毅との関係で羯南がかかわった翻訳として、井上毅訳として出版されたビュフォン（Henri Nadaule Buffon, 1831-1890）『奢是吾敵論』（明治一八年刊、原書 *Notre ennemi le luxe*, 1868）がある。これについては、晩年に欧米旅行をした際、わざわざパリで原書を探して中途であった翻訳を完成させようとしたと言われており、井上に頼まれた仕事というよりは、羯南自身の関心にもある程度沿ったものであったかもしれない（八太徳三郎「吁嗟陸羯南先生」『日本及日本人』明治四〇年九月一五日、『全集』第一〇巻、二二九頁）。ただし、この翻訳がどういうルートから着目されたかのは謎である。この著作はそれほど知られたものではないし、著者は有名な一八世紀の博物学者ビュフォンの血を引くようだが、『奢是吾敵論』のビュフォンの方は、当時フランスでは科学者として多少知られてはいたものの、歴史に残るほどの業績はない。

羯南にとって制度取調局での仕事は、新しい人脈の開拓にもつながった。たとえば同僚として、後に『日本』に加わった国友重章《くにともしげあき》がいた。国友は熊本出身で、西南戦争の当時一五歳ながらも佐々友房《さっさともふさ》の下で戦争に加わった。そして同郷の井上毅とのつながりから制度取調局に入ることができた。国友は後に三浦梧楼《みうらごろう》らによる閔妃《ミンピ》暗殺事件に関与したように、羯南の友人の中でも積極的にアジア主義運動にかかわった人物である。

国友は当時の羯南を回想して、明治一七年頃に羯南が「王権論」という文を漢文でつくったことを紹介している。それによれば、羯南のその文は、「陸君がフランス学の学識を、漢文によって論述したもので、冒頭に『王道に三権あり』という句を以て書き起こし、滔々と数万言をつくして、立法・行政・司法三権の鼎立を説き、これを統ぶるに天皇の最上権を主張した」といったものであったという。羯南が当時比較的穏健な立憲君主政体を支持していたことが窺える（「鳴陸羯南」『全集』第一〇巻）。

ともかく、官職を得ることによって、ようやく羯南の生活も安定した。明治一七年二月には、海軍軍医今居元吉の長女てつと結婚した。ちなみに、媒酌人は文部省にあって漢文教科書編纂と国歌制定にたずさわった依田学海《よだがっかい》および大山要蔵であると『全集』年譜にはあるが、これは誤伝らしい。学海が羯南と知り合ったのはずっと後の明治三一年である（有山輝雄『陸羯南』）。

官報局勤務、高橋健三との出会い

西洋の法制度を日本に導入するために、さまざまな書物を翻訳することは当時の明治政府にとって必要な作業であった。羯南はいわば法制官僚の末端として、明治国家を作り上げる基礎作業をしていたわけである。

そして次に羯南は政府の官報編集の仕事にたずさわることになった。明治政府は、立憲政体への移行の準備の一環として、政府の政策や法の広報、必要な情報の提供あるいは世論操作などのために官報発行を計画した。初め福澤諭吉に助力を求めたが、政府内部の調整がつかないまま明治一四年の政変のために伊藤博文や井上馨と福澤との関係がこじれてしまい、福澤による官報という計画は頓挫し、福澤は別に『時事新報』を発刊した（木野主計「官報創刊と福沢諭吉の官報新聞発行の挫折——井上毅の画策を中心として」『出版研究』二〇、一九八九年）。政府は、明治一六年に『官報』を発刊し、当初は羯南も勤務していた太政官文書局がその編集を担当していた。

ちなみに、文書局文案課には原敬がいて、文案課審査掛で准奏任である（鈴木栄樹「『官報』創刊過程の史料分析」山本四郎編『日本近代国家の形成と展開』一三〇頁）。原は新聞記者から官僚に転身し、その能力を認められていった。司法省法学校を放校になった後、『郵便報知』の記者をしていたが、井上毅らが意図する政府系新聞の立ち上げにからんで、『大東日報』創刊でその主筆となり、明治一五年一〇月に外務省に採用され、さらに一六年七月に太政官文書局に移っていた。明治一六年一一月の時点で、羯南は太政官文書局翻訳課仏文掛におり御用掛准判任であり、原の方が地位が上である。羯南から見ると、原の方が抜け目なく出世しているという感じだろうか。

高橋健三
（『村上龍平傳』より）

明治一八年、内閣制度の発足とともに『官報』編集の担当部署として新たに官報局が設置され、羯南は編輯課長に任ぜられた。この時の局長が後に羯南が『東京電報』を発刊する時に助力した青木貞三であり、局次長が高橋健三《たかはしけんぞう》であった。羯南は組織での上下関係に気を遣うことを嫌い、上司との交際を好まなかったと回想しているが、高橋とは意気投合し、後年に至るまで強いつながりが生じた（「自恃庵の書柬」川那邊貞太郎編『自恃言行録』）。

高橋健三（一八五五〜一八九八）は、曽我野《そがの》藩の貢進生として大学南校（後に開成学校、東京大学となる）に入り、大学卒業の少し前に中退した。大学では法科にいた。農商務省、文部省などを経て文書局、官報局と官僚の道を歩んできた。高橋の父は元尾張藩士の浪人で、高橋は江戸の生まれである。父がたまたま曽我野藩に仕官することができたため学問の機会を得たが、徳川側出身であり政官界では出世に限界があることに不満をもっていたであろう。官僚としての官報局の設備や組織を近代化する仕事に積極的に取り組むと同時に、大学南校以来の友人である杉浦重剛《すぎうらじゅうごう》らと共に乾坤社《けんこんしゃ》という一種の知識人結社を作り、政治的な活動にも関心を持ち続けた。またその法学の知識から英吉利《イギリス》法律学校（現在の中央大学）の設立（明治一八年）にも参加した。やがて明治二五年には官報局を辞職し、翌年『朝日新聞』主筆となった。政治だけでなく岡倉天心とともに美術誌『国華』を創刊するなど文化面でのナショナリズム運動にもかかわった。

高橋が在職した当時の太政官文書局は次のような様子であったという。

高橋健三が太政官権少書記官に任せられて文書局に入ったのは、明治一七年三月であった。もっぱら原稿のチェックが任務であり、特に外報には力を入れていた。当時の局員中には、新聞記者であった者や書生上りの者が多く、そのために磊落粗放《らいらくそほう》で、庶務会計の事よりは、むしろ天下国家を語り、新聞の論説や演説を批評し、やがて政界に雄飛しようという抱負を抱くものばかりであった。当時、政治思想の傾向として英学派あり仏学派あり独逸学派ありという状態だったが、高橋は英学派として認められていた。もともと文書局は官報の編集及発刊に関する事務を担当する所であったが、他にも法律勅令の原本の保存、内閣記録の編纂、所管図書の類別、購買、保存および出納等の事務も取り扱っており、そのかたわら民間における政論の傾向を視察してこれを内閣に具申するという、言論思想の情報収集的事務も担っていた。したがって、その掌理する事務は、今の印刷局官報部の事務と内閣記録課の事務とを兼ね、それにあわせて民情視察の機密事務を扱っていた。

（川田徳二郎「逸事の三十九、故高橋健三君」川那邊貞太郎編『自恃言行録』二〇三〜二〇四頁）

局内は政治的野心をもつ若者が集まり、しかも非常に実務的な資料管理の仕事と、民間世論の情報収集という生臭い仕事を同時に担当していたわけである。そこが、単なる書生的議論の場ではないことが重要である。高橋健三は実務的にも有能な上司で、『官報』の印刷技術から売捌人選定にいたるまで様々な改革・合理化をおこなったうえ、編集についても紙面の体裁を改善、送りがなのルールの取り決め、外国電報を活用して迅速に外報に反映させるなどの改革をおこなったという。

高橋の指揮した官報局は、合理的な編集組織の確立と、情報収集機関としての活動によって、政治的野心と壮士的気分を幾分か抱えた若者たちに新聞作りの専門家としての知識と内外の政治的・社会的事情に関する詳しい知識を与え、またそういった情報を丹念に集め分析する経験を積ませることになった。

ちょうど二葉亭四迷《ふたばていしめい》が明治二二年に官報局に入り、高橋の下で仕事をした。この時の様子について、坪内逍遙は「二葉亭はしきりに現実に善処することの必要をたびたび論じた。同時に学究が現実ばなれしていることを笑い、空論を振り回す輩の古臭さを嘲った」と述べ、かつての二葉亭の「ロマンチシストでアイデヤリスト」が大きく変貌したことに驚いたという（坪内逍遙『柿の蒂』六七頁）。

壮士的な資質の若者を実務の面で訓練するという雰囲気は、この高橋のいた官報局の中にあったのではないだろうか。後年の羯南が壮士的な血気あふれる政治談義に対して批判的態度をとり、現実的問題に即した提言を好んでいたのは、羯南の個人的資質のみによるのではなく、官報局での経験と無関係ではなかろう。

他方で高橋は、同じ大学南校の貢進生の出身であり政教社の中心的なメンバーでもあった杉浦重剛と親しかった。羯南と政教社グループとを結びつけるきっかけは、高橋がもたらしたものであろう。杉浦は、政府の欧化政策や日本側が大幅に譲歩をする条約改正案に対して世論が沸騰した明治二〇年に、小村寿太郎など大学南校貢進生出身者と共に乾坤社を結成し、政府の外交方針を批判する雑誌の創刊を構想していた。高橋健三も乾坤社のメンバーであった。乾坤社の活動はまず資金を出し合って印刷所を開設することから始まっていた。

杉浦重剛（一八五五～一九二四）は、近江膳所《ぜぜ》藩士の子であり、大学南校に進み英国に留学して化学を学んだ。その後、東京英語学校の設立など教育に広くかかわりをもった。政教社と『日本人』で活躍する若い論客の多くが、学校教育にもかかわっていることは、杉浦の影響が大きい。杉浦達を中心とする明治二〇年代初頭のナショナリズムは教育者とジャーナリズムが協働して拡げていった言論活動でありまた政治運動であった。

杉浦重剛
（『近世名士写真』其２，より）

高橋や杉浦は、羯南のほんの二歳上に過ぎないが、大学南校・開成学校という国家によるエリート教育を受けるチャンスがあったために、比較的人脈と資金源に恵まれていた。ただし薩長閥ではないために、教育やジャーナリズムといった分野に活躍の場を求める必要があった。羯南はこういった人々とのつながりの中で、何とか自分も世に認められる機会を得たいと考えたことであろう。

羯南は、明治二〇年から杉浦重剛・高橋健三等が始めた書評雑誌『出版月評』にいくつか書評を書いた。創刊号では、徳富《とくとみ》蘇峰《そほう》の『将来之日本』に対して好意的な評価をしていた。また羯南の学究肌の雰囲気を感じさせるものとしては、マキャヴェリの『君主論』の邦訳二種（永井修平訳『君論』と杉本清胤訳『経国策』）を書評し、この際フランス語訳と対照しながら検討している。こういったアカデミックな知識を用いながら、学問の専門家にではなく、一般の教養ある読者に向けて文章を書くことは、後の羯南の言論活動の原型をなした。

第二章　政論記者の世界へ

1　「政治熱」と政論の活性化

官を去り、『東京電報』の発刊へ

羯南は、明治二〇年の条約改正問題をめぐる人心沸騰に刺激された時、官吏をやめて浪人仲間に入ろうかと高橋健三に相談したという。高橋や杉浦重剛は羯南の意欲を認め、当時政府の条約改正案反対の急先鋒であった谷干城《たにたてき》の援助を得て、新聞を立ち上げることになった。羯南は、明治二一年三月に官報局を退職し、四月に『東京電報』という新聞を発刊した。官僚時代以来の友人である国友重章や杉浦が紹介した古島一雄《こじまかずお》らがこれに協力することになった。この『東京電報』は、羯南の上司であった青木貞三名義になっていた『商業電報』を改名した形で創刊された。また、谷干城から援助を得るにあたっても青木が関係したといわれている。

これ以降羯南の側近となる古島一雄（一八六五〜一九五二）は、豊岡藩の家格の高い武家出身である。

羯南（左）と古島一雄（明治21年）
（大山謙一氏蔵）

しかし、エリート教育のコースには乗っておらず、東京の私立学校で学ぶうちに杉浦の学校に入り、杉浦に気に入られた。『東京新聞』の立ち上げから始まり、羯南の晩年に至るまで『日本』新聞を懸命に支え、『日本』が買収され羯南が没した後は衆議院議員へと転身し、昭和にいたるまで政界に影響力を持ち続けた。戦後も吉田茂の相談役として「政界の指南番」などと呼ばれるようになった。

『東京電報』とほぼ同時に、政教社による雑誌『日本人』も創刊されている。いわば明治二一年の春は、乾坤社同人らが新聞と雑誌というメディアを使って言論の力で政府批判を展開し始めた時であった。『日本人』を発行した政教社も一種の知識人結社である。ここでも杉浦重剛がその設立に重要な役割を果たし、こちらは志賀重昂《しがしげたか》・三宅雪嶺《みやけせつれい》といった札幌農学校や東京大学出身の「学士」がその活動の中心となっていた。

政治新聞ラッシュの時代

ここで、羯南の新聞記者への転身の歴史的な背景を知るためにも、当時の政治的ジャーナリズムの活況について見ておきたい。政教社についてのもっとも詳細かつ包括的な研究である中野目徹『政教社の研究』によれば、明治二一年は新聞雑誌の創刊ラッシュの年で、新聞雑誌が一八六種もこの年に創刊されたという。しかもこれは政治的な温度の上昇を背景にしていた。内務省の文書が報告するところによれば、「国会開設の時期がまさに近づいたことと、地方自治制度である市町村制度の発布を以て、これまで沈静していた各地の政党も自然と活発の傾向を呈し、続々と競って新聞紙、雑誌を発行し、政党の言論機関となし、時事論説を載せる新聞雑誌が多数発行されるようになった」としている（中野目徹『政教社の研究』一二六、一四三頁）。

徳富蘇峰が主宰する『国民之友』は、ちょうど明治二一年四月に、「これまでの小説の世の中が一変して、雑誌の世の中となった。とりわけ、近来は政治雑誌の世の中となった。今月中にも既に東京では、『日本人』といい、『日本之時事』といい、『社会之顕象』というが如き雑誌が創刊され、その他これから産み出されようとする政治雑誌も多数ある」と報道していた（「雑誌の世の中」『国民之友』明治二一年四月二一日）。

このような政治的ジャーナリズムの活況は、かつての自由民権運動が華やかな時代に、「政府」対「民権」の間で闘われた言論戦とは違う性質のものであった。憲法発布と議会開設の方針が定まり、民権運動が農村の経済的疲弊もあって衰退した頃、新聞や雑誌が果たす役割も大きな変化を見せていた。政治的主張を提供するメディアとしての役割は、新聞に期待される役割の一部分になってきていた。まず、いわゆる従来の新聞の性格を大きく二分していた「大新聞《おおしんぶん》」と「小新聞《こしんぶん》」の区別が次第に不明瞭になり、政論中心型新聞の紙面構成・販売戦略における狙いが大衆化する一方で、それまで社会の風評や娯楽読み物を売り物にしていた「小新聞」が本格的な政治言論に力を入れ始めた。また、新聞の作り手、特に論説の書き手が専門的な職業として現れてきたことである。つまり書生の当面の生活のためとか、政官界に入って出世する最初の足がかりとしてではなく、新聞記者自体が目指すべき職業として意識されるようになりつつあった。

明治一〇年代前半までは、民権運動の政党としての組織化と同時にそれらによる新聞の系列化が進み、政治的メッセージを盛り込んだ「大新聞」は、高い政治的関心と社会的地位を持った固い読者層を獲得し、教養ある「上等社会」向けの「大新聞」と「下等社会」向けの「小新聞」とははっきりと区別されていた。高級政論紙の読者層は、娯楽的読み物を好む庶民的読者層と別のものと考えられていた（山本武利『新聞と民衆』五四頁）。

ところが、民権派の言論活動に対する、新聞紙条令（明治一六年）に代表されるような政府の締め付け強化や、議会開設を視野に入れた自由・改進両党が相互に泥仕合的な攻撃をおこなったことによる読者の離反、さらには松方デフレの影響による読者の購買力低下といった諸事情のため、明治一〇年代半ばから「大新聞」の発行部数は激減した。新聞が政治運動から自立して、より多くの読者を獲得するための紙面の工夫と販売網を確保する競争が始まったのである。そこで「大新聞」は従来の論説による政治的メッセージ重視のスタイルから、休刊日を減らし、報道記事に力を入れるといった報道機能充実化への改革を始めた。さらに「小新聞」に比べかなり高かった価格を引き下げる競争が諸「大新聞」間に起きた（西田長寿『明治時代の新聞と雑誌』一四九〜一五一頁）。「大新聞」が自己の活動をビジネスとして捉え直すことになったのが明治一〇年代後半の状況である。

たとえば矢野龍溪《やのりゅうけい》が、明治一九年に『郵便報知新聞』の改革をおこない、編集担当者の責任や権限の確立とともに、営業面で原料紙から販売にいたるまでを見直し、価格の引き下げ等によって部数増大に成功したことはその好例である（『龍溪矢野文雄君傳』二三〇～二四二頁、小野秀雄『日本新聞発達史』一八四～一八七頁）。また矢野は、これからの論説は「士君子」用と「婦人」用の二種を両方掲げるべきであると主張していた（矢野文雄「改良意見書」『郵便報知新聞』明治一九年九月一六日、西田長寿編『明治文学全集　九一　明治新聞人文学集』四頁）。依然高級読者層と大衆読者層が区別されているとしても、それまで論説の対象とは考えられていなかった読者層が視野に入ってきたことがわかる。

これと呼応するように、代表的「小新聞」のひとつである『読売新聞』の編集長であった加藤瓢乎《かとうひょうこ》は、明治一七年に編集方針として「しだいに読売新聞の記事を高尚の域に進めて、いやしくも世に益あるものはもらさず記載すべきである」と述べたという。この方針からか『読売新聞』は明治一七年に改進党系の理論的リーダーの一人であった小野梓を論説執筆者として迎え、さらに一八年には杉浦重剛・高田早苗《たかたさなえ》等も迎えられた。彼等は「雑譚」欄で活躍し、明治二〇年に「雑譚」欄は「社説」欄となり高田は主筆となった（『読売新聞百年史』一五九頁、一六七～一六九頁）。同じく当時「小新聞」と見なされていた『朝日新聞』でも、京都の政論紙『中外電報』にいた織田純一郎を主筆として連日第一面に社説を載せることになった。織田は、英国留学経験があり弁護士の資格をもっていた（『村山龍平傳』一八一～一八三頁、『上野理一傳』二八六～二九六頁）。このように「小新聞」が政論を充実させていく方針は、従来政治への関心が薄かった層が政治や外交問題に触れる機会を作った。またこれにより

「小新聞」の社会的評価が上昇し、「大新聞」との区別は次第に解消されていった（山本武利『近代日本の新聞読者層』八六頁）。

明治一六年の『朝野新聞』によれば、「傍訓つきの新聞の如きも、四五年前までは専ら痴情紛紜等を記載するばかりのみであったが、今日に至っては、次第に進歩して傍訓新聞といえども政治上の事実を掲載するようになった。これもまた社会人民の政治思想が進歩した一証ではないだろうか」と述べている（「政治思想の改良を論ず（続）」『朝野新聞』明治一六年一一月二四日）。

高田早苗は、明治二〇年に「大新聞と小新聞」と題する論説で、「今の世の中は、かつての大新聞であっても小説を載せ傍訓を施し、つとめて通俗的にしようとする世の中である。今の時勢は、かつての小新聞が政治に注意し時勢に注目し、上流の読者にも役立とうとする世の中である。いまだに過去の習慣に拘泥し大小新聞の区別をするのは、余輩のはなはだ不当とする所である。……世の人々は、この四五年の間にいわゆる小新聞なるものの記事が大いに改良されて、はなはだ大勢力を社会に占めたことを記憶すべきである。またこの四五年にいわゆる大新聞なるものがつとめて通俗を主義とするようになった事に注意すべきである。世人は右の二事に注意して、その脳裏から新聞に大小の区別ありといった思想を取り消すがよい」と記していた（『読売新聞』明治二〇年一〇月一二日、『明治文学全集九一　明治新聞人文学集』一五〇頁）。

不偏不党を掲げる新聞

このように、限られた読者を対象として言論中心にやってきた「大新聞」はより広い読者層を獲得する努力を始め、他方「小新聞」は社説欄の充実等によって上層読者をつかみ始めた。また、地方自治制度の制定、憲法発布、議会開設といった国家の大きな制度的改革を焦点として諸新聞が記事の充実に競争したことは、政論に関心を持つ読者の拡大と活性化をもたらした。こういったジャーナリズムの新たな活性化は、ターゲットとなる読者層を、特定党派もしくは政府支持を明らかにしている固定的な読者から、より政治的立場の不確定な読者に切り替えていく意味をもっていたのではないだろうか。

もちろん、ただちに新聞や雑誌が政党や政治家との関係を一切断ち切って当人たちが掲げるほど「不偏不党」になるなどということはなかった。しかし、ジャーナリズムが自前の経済的な基盤と社会的信用を確立するためには、その発信する政治的メッセージや政治分析の独立性を強調することは動かしがたい趨勢であったと考えられる。

『日本人』（明治三一年一〇月二〇日）に掲載された「内国に於ける新聞紙の変遷」という回顧的な論説が記すところによれば、明治二〇年代初期には多くの新聞人が「政党の機関たること明治十五年の際の如くであつては決して新聞紙として安全を求むべき道ではない。意見が近いために同情をあらわすことは良いけれども、完全に政党の機関として存立するのは極めて危険である。政党の機関として存立することになれば読者の範囲がどうしても一党の内に限られてしまい、しかもそういった読者は多くは代金を滞納してはばからず、それに加えて執筆者自身もまたいつも政党の方針に拘束されて、自己の意見を書こうとすると、しばしば党議に背くことになり、何かと面倒を惹起するおそれがある。政党の方針を助けている間は政党の機関として存立することができても、政党による新聞保護の資金が足りなかったり、出資が途絶えたりすることがあれば、新聞の維持がどうしても困難になってしまう」と考えるようになったという。

この指摘の通りであるとすれば、羯南が新聞の世界に入った頃には、政党の「機関」としての政論執筆は書き手にとって拘束を感じさせるものとなっていた。政党による意見発表と新聞における政論との間に性格の違いのあることが自覚され始めていた。

他方、広がりつつある読者層を獲得する競争は、新聞・雑誌にとってはそれなりに厳しくもあった。紙面・経営改革に努めた古くからの新聞も、あるいは新規参入組もそのすべてが成功したわけではなかった。たとえば『朝野新聞』は明治一〇年代終わりからの低落傾向を止められず、明治二三年一一月には『大阪毎日新聞』社長渡辺治の手に渡り、犬養毅《いぬかいつよし》・尾崎行雄《おざきゆきお》等多くの名の知られた記者が連袂退社した。このとき『日本』は「朝野新聞の末路」と題した文を載せ、成島柳北《なるしまりゅうほく》から尾崎に至る一時代が終わることを嘆いていた（鵜飼新一『朝野新聞の研究』四七頁）。『朝日新聞』の経営者であった村山龍平《むらやまりゅうへい》・上野理一《うえのりいち》は政論紙創刊ブームに乗じて『大阪公論』『東京公論』といった政論紙を始めたが、『朝日新聞』の順調な伸びとは対照的に、これら「純然たる政治新聞」（「大阪公論発行の主意」にある言葉）はすぐに廃刊に追い込まれた（『村山龍平傳』二一七〜二二七頁、『上野理一傳』三五七頁）。「政論」市場の拡大は、同時に「政論」が競争的市場に投げ込まれることをも意味していた。

傍訓、是か非か

羯南の『東京電報』もそういった競争を意識していたと考えられる。その投書欄では、読者間に傍訓（ルビ）の是非をめぐる論争があったが、これは当時の読者層の広がりと変化を示すものである（『東京電報』明治二二年一一月二二、三〇日、一二月一三日）。

ある投書は『東京電報』では雑報欄以外には傍訓がないことを誉めていた。そして、東京電報を購読する人々ならば挿画新聞を購読する人々よりは、教養の高い人がきっと多いであろうから、雑報欄の傍訓も廃止すべきであるという。ところがこれに対し、賛成・反対双方の投書がいくつか寄せられ一種の論争となった。たとえば傍訓必要論には、「中等以下」の家庭では大新聞と小新聞の両方を購読する経済的余裕がないため、主人が読んだ後で「下男下女」が雑報を読むのに傍訓は必要であるという。また別の投書では、自分は「無学者」だが社説でも理解できるものもあるので「大新聞」を読み続けたいというものもあった。「中等以下」の家庭でも使用人がいるわけなので、現代の我々の感覚で「中等」や「無学」がどの程度のものかを感じ取るのは難しいが、新聞は高価であり、しかも需要はかなり広いということを示している。一方傍訓廃止の主張には、傍訓なしで困るような者は「小新聞」を読むべきであり、「小新聞」でも「三度に一度は」よい社説も載るため教養のない者が政治記事を読みたい場合でも「小新聞」ですむと述べているものがあった。

基本的にこの論争に加わった読者は、『東京電報』は「大新聞」に分類できるという前提に立っている。しかし、傍訓賛成派は経済的余裕や教育レベルがそれほど高くはない階層が、「大新聞」の読者の中にもいることを主張していた。他方、傍訓反対派は従来ならば「小新聞」読者であったはずの階層による「大新聞」読者層への侵入に嫌悪感を抱きながら、そういった新参読者を「小新聞」に押し戻すための議論をするうちに、昨今の「小新聞」の社説のレベルがかなりの程度上昇したことを認めざるをえないのである。

ちなみに『東京電報』は一部一銭五厘、一カ月講読で三〇銭であった。当時新聞の一部あたりの値段は高級紙・大衆紙の間が接近してきており、大体一銭から二銭の間であったので、平均的な値段といえよう。ただし、所得格差の大きい時代で、巡査や小学校教員の給料が八円くらいといわれるからそれなりの負担ではある。ちなみに羯南の文書局時代の俸給は月俸五〇円であった。

結局『東京電報』は、社説には傍訓なし雑報は傍訓付きという紙面構成を廃刊まで変えなかった。ところが、『東京電報』の後継紙として出発した『日本』では、雑報だけではなく、社説にも部分的に傍訓が付くようになった。このことは少なくとも旧「小新聞」型読者を積極的に排除する意思が、羯南を中心とする『東京電報』『日本』の作り手にはなかったことを示すのではないだろうか。

2 『東京電報』の政治思想

「主義」の政論から「実業」の政論へ

『東京電報』創刊号の社説は「実業者の政治思想及び改題の主意」（明治二一年四月九日）と題するものであった。わざわざ「実業者」に訴えているのは、単に『東京電報』がもともと相場情報紙であった『商業電報』を引き継いだというだけの理由ではなかった。むしろ、この社説はその後の羯南の社説の基軸となるものを考える点で重要な意味をもっている。

その社説では、「最正の政治思想は学者の脳中より出るにちがいないが、最強の政治思想は必ず実業者より起こる。何となれば政治の利弊を感じること、最も深切にしてかつ最も適実なる者は、これ実業者」であり、「実業者と共に最強なる政治思想を滋養」することを目標とするとしている。「学者の脳中」の権威は認めながらも、「政治思想」の源泉は実社会の担い手である「実業者」にあり、「実業者」の支持によって政論の切実さと説得力が試されるのだという主張である。ここから、羯南の言論活動は開始された。

この当時、「実業」は時代の思潮を表現するキーワードとして浮上してきており、「実業」と「政治思想」との結びつきを論じることは、新しい時代における政治的議論がいかなるものであるべきかという問題に読者の注意を向けさせるものであった。

明治一四年の政変と国会開設の詔勅によって政治的言論の雰囲気は大きな変化を遂げた。世論の関心は次第に単純な藩閥政府攻撃よりも、地方の経済的状況と国政の場における具体的な利益代表の可能性に移動していった。たとえば『朝野新聞』(明治一六年一一月二二・二四日)に掲載された「政治思想の改良を論ず」という論説では、政党政治家がひたすら自分の定めた政略を墨守して、全く世の中の変化と民心の動向を顧みようとしないために、国全体の幸福利益を増進することができず、「社会人民の政治思想の進歩」に対応しきれていないと批判している。そして、「今の政治家は、四、五年前の政治思想と今日の政治思想とを比較して、新しい政治思想に対応する手段をとらなければならない。もしも、旧時の方略を墨守し、社会の人心に背を向けるならばついにはその勢力を失うことになるだろう」と論じていた。

明治一七年の『郵便報知新聞』によれば、経済的低迷のため民権運動を支持していた層なども「自家の生計に追われて、余裕がなくなり、公共の事を考える暇がない状態に陥った」と述べている（「地方有志の処世の法如何」『郵便報知新聞』明治一七年一〇月二八日）。尾崎行雄は、後年この時期の言論思潮の変化を振り返って、「いかにも政党が弱体化し、明治一三年から一五年頃までの勢いは全く烟散無消してしまい、演説会を開いても、傍聴に来る者がろくにないという、実に意気地のない惨状に陥った」という（尾崎行雄『学堂回顧録』四五頁）。しかしこういった政治的言論の冷却化現象は次の変化への助走的な意味をもっていた。この状況こそが、知識人と「青年子弟」が没頭している「政談議論」を「空々たる」ものと批判する思考態度を生み出したのである。したがって、たとえば民権の「主義」の争いで紛糾した府県会などでは、次第に地域に密着した経済的利害と地方議会における委員ポストの争奪に関心の重心が移動し、新たな形で政治的対立を抱え込むようになった（升味準之輔『日本政党史論』第二巻、七〇頁）。

徳富蘇峰率いる民友社系の政論家山路愛山《やまじあいざん》は、「民間不景気にして政論衰へ、民間景気善くして政論盛んなり」と当時の状況を説明している。松方デフレによる経済的調整が一段落すると、確かに経済的状況の好転と連動して政治的活動の再活性化が起きた。その新しい政治的関心の担い手として、かつての地方名望家層に限定されない、「実業者」という階層が意識されるようになった。愛山は、明治二〇年代初期の「実業家」と「虚業家」を類型化している。

安息の後には活動がある。貯蓄の後には使用がある。明治十四年以来不景気に泣いた世界も今は光景一変し、明治二十、二十一、二十二の三年間に、合本会社の実際払い込み資金は四千三百万円に達し、工業会社も善い、鉱山も善い……あたかも春の野に百花の一時に咲きそろったが如く民間の繁昌を見るに至った。今の世に流行する実業という言葉もその頃より社会で使われるようになったものであって、今までは政論の以外何も知らない壮士だったものが、急にそろばんを持って商売の世界に奔走し、人はその急変の滑稽を笑い、これは虚業家か、実業家かなどと言うようになったのもこの時からである。

（『現代金権史』明治四一年、『明治文学全集　三五　山路愛山集』）

そして「実業者の政治思想」が問題化する形で「政論」の枠組に変化が起きた。愛山によれば、政治家は富豪に経済的に依存するようになり、富豪はその初めこそ習慣に従って好んで政治家の台所を勉めたが、今や政治家の運命を制するものは自らの経済力であることを知り、逆に政治家を利用する考えを抱くようになったという（山路愛山『現代金権史』明治四一年、五〇～五一頁）。

ちょうど国会開設を目前に控え、民党の連帯を試みた大同団結運動が広がりつつあったが、この運動では、地方豪農商層の要求をくみとり、それを政治的主張として掲げようとする動きが強まった。この運動の看板となって全国を遊説した後藤象二郎《ごとうしょうじろう》は、明治一九年の演説で、「各地の有志は皆一致団結して共に尽力しなくてはならない。豪農豪商は最も政事社会に勢力を有するものであり、欧米各国では豪商等が特に強い影響力をもっている。我国においていまだこれらの人々が政事社会に力をもたないのは遺憾である」として、地方経済と「政事社会」とが無関係ではありえないというメッセージによって、地方有志者の政治的関心を喚起しようとしていた（鳥海靖「帝国議会開設に至る『民党』の形成」坂根義久編『論集日本歴史 一〇 自由民権』）。

また大同団結運動に積極的であった政論家の末広鉄腸《すえひろてっちょう》は、これまでの政論が、財産ある者や中等社会の人々に好まれない「激烈にして破壊の性質をおびる言論」であったと批判し、「激烈な言論によって下等人民の熱心を引起すことは、政事家の一時の方便なれども、このために毒害を後日に流し、ややもすれば予想外の弊害を生ずるにいたる」と警戒していた（末広鉄腸『政治小説 雪中梅』明治一九年、『日本近代文学大系 二 明治政治小説集』三四五頁）。

地方実業者と国民的運動の構想

羯南が『東京電報』紙上で「実業者の政治思想」を強調する背景には前記のような時代思潮の変化があった。羯南が大同団結運動に対して好意的な立場を示したのは、この思潮を肯定していたからである。「政治運動の傾向、全国有志懇親会」（『東京電報』明治二一年六月三日）と題した論説では、大同団結運動の傾向は、地方に根拠をもって着実なる方向をとっており、この形勢は「政治上の一進歩」であるとした。そして、その勢力が伸長することは「理勢の当然」であり、「一般人民即ち地方実業者が、政治思想を発達してその運動を顕すことは国会開設という一大潮流の波瀾」であって、「国民が立憲の途に上るの発程」であると肯定的に評価していた。

羯南の見方では、旧来の民権派による政治運動は「いたずらに中央に馳せ集り、いたずらに地方に逃げ戻るの事業」といった形で、いわば中央政界に機会があれば入り込もうとする野心ばかりが先行していたが、新しい「政治運動の傾向」では「地方実業者」の「政治思想」を発達させる基礎条件が整ってきたという。その条件とは「倶楽部《くらぶ》」・「新聞雑誌」・「演説」・「県会議員選挙の競争」という四つである。「倶楽部」（地方の集会や結社など）は「政治思想」の「以心伝心」の場であり、「新聞雑誌」・「演説」は「政治上の意見を公布するの手段」であり、「県会議員選挙の競争」も地方での具体的な争点を巡る政治的運動の場を提供している。いわば政治的コミュニケーションの場と媒体が地方で活性化し、それが「一般人民」・「地方実業者」の「政治思想」発達を促進していることが強調されているのである。これにより、従来の政治運動における「中央―地方」関係は変化し、中央と地方拠点を点と線で結ぶだけの従来の狭く粗い政治的網の目とは異なる、「政治思想」の広がりと浸透、そしておそらく質の向上が生じたと羯南は考えている。

しかし羯南は、「実業者」という社会層にそれほど楽観的見通しをもっていたのであろうか。羯南の議論の随所に、「実業者」の政治的意識の発達を促すための「政治思想」の指導的な担い手の必要性が実は論じられていた。

羯南は、一方では、今日の人民はもはや政治の得失について自己の利害と痛痒を感じないような無知無精神の人民ではなく、「地租の重きを知覚している者は農民」であり、「商工業の権力がどこに握られているかをわかっているものは商工人民」であり、「警察権の厳重なることを知覚している者は、一般人民」であるとしていた。税、経済力、治安維持といった政治的権力の実際の問題点を理解しているのは一般人民であるという。しかし他方では、一般人民はこのような「政治上の知覚」を有してはいても、「政治上の議論に慣れず」（「壮士の方向如何」『東京電報』明治二一年五月二九日）として、政治的な意見形成にあたっては特別な知識や技量のようなものが必要であることを論じていた。

また、羯南が「実業」や「地方」とセットになった概念として「国民的」という言葉をしばしば用いている点も重要である。これは、一般人民の政治的関心の広がりを強調するための表現であって、反欧化主義的な意味合いだけを念頭に「国民」といっているわけではなかった。羯南は全国的な展開を見せた三大事件建白運動（租税軽減・外交失策の挽回・言論集会を政府に要求する運動）を「国民的勢力」の発達と高く評価した。

日本人民は十年前より、ようやく国民的勢力の必要を感じ、その感覚は現われて、立憲政体の建言となり、国会設立の請願となり、政党組織の計画となり、ついに昨年に至って、三大事件の建白となり、外務大臣をしてその職を去らしめ、政府をして保安条例を発布せしめ、在野の有力者をして内閣に入らしめ、内閣首相をして交迭せしめた。これこそ国民勢力の発達したという兆候ではないか。

（「国民の勢力、功利家と愛国家」『東京電報』明治二一年一〇月二一日）

もちろん、「国民的勢力」は同時に西洋に対抗する国家意識の意味合いを同時にもたされていた。明治二一年一二月七日、後藤象二郎が東海・北陸遊説に出発するにあたっての社説では「国民的運動」が抵抗しがたい「天下の大勢」であるとして次のように述べている。

国民的運動は今日における天下の大勢である。この大勢は国民政治上の知覚が発達するにしたがって次第に成長し、藩閥的勢力が政権を左右するのを見て大いに奮起し、外国勢力が国民の権理利益を圧抑し、かつ国民の性格を蹂躙せんとするにあってははなはだ激発した。ゆえに今日において藩閥の宿弊を除こうと欲するなら、この大勢によらざるを得ない。官吏の陋習を破らんと欲するなら、この大勢によらざるをえない。外国の圧力に抵抗しようと欲するなら、この大勢によらざるをえない。

（「後藤伯出発、国民的運動の大勢」『東京電報』明治二一年一二月七日）

羯南は、西洋列強の圧力に対抗する「国民の性格」（ナショナル・キャラクターの訳語として意識されていると思われる）と藩閥政府批判をたくみに組み合わせ、対外的独立と国民による政治参加をナショナリズムの論理として統合し、一つの歴史的趨勢（「発達」・「大勢」）として提示していた。

さらに地方的利益と「国民」としての利益を密接な関係をもったものとして結びつけるという困難な課題が存在することも論じていた。羯南は「在野の政事家」の役割を重視し、「国民的勢力」の重要な担い手として「一地方、一種族、一人物の私益に供用」されることなく「国民的利益」を図ることを要請した。そして、大同団結運動においてそのような「在野の政事家」のリーダーシップが発揮されることを期待すると述べている。「在野の政事家」の重要な役割は「私益」の代表ではなく、その統合のための調整であり、大同団結が地方利益要求をそのエネルギー源としているだけに、かえって噴出する利益要求に運動の指導層が翻弄されることは警戒しなければならない。「地方各利益」を

「全国一般の利益に混用する」変換能力を示してこそ、きたるべき議会において政府と交渉するだけの政治的信用が獲得できると羯南は考えていた。

したがって、大同団結運動に期待されるべきことは、「地方各利益のために調和団結をなし、そうしてからその団結を全国一般の利益に統合するため、地方交互の大団結をなす」ことが重要であるとしていた。すなわち大同団結運動も地方のバラバラの利益を束ねるだけではなく、それを「全国一般の利益」としてまとめていく働きを求められていた。大同団結運動によって「姑息なる各地方小軋轢」が調停され、地方利益要求の中央への直接的な噴出が抑制される効果が強調されていたのである。

それゆえに羯南は、大同団結運動を、地方的要求が単に中央政府を追いつめるため運動として位置づけられることには反対であった。明治二一年に交付された市制・町村制についても、羯南は「国民的勢力」の養成において大同団結運動と地方自治制度は相互補完的な関係にあると論じていた。すなわち、「地方自治制は実に人民の公義心を養成し、実に社会の調和勢を馴致《じゅんち》する。そして公義心と調和勢とは実に能く国民勢力の発達に資するものである」とその「国民勢力」形成への重要性に着目していた（「地方自治と大同団結」『東京電報』明治二一年一〇月二四日）。ここで、「社会の調和勢を馴致す」という言葉に表現されているように、羯南が地方自治制に期待したのは地方レベルでの政治的要求を統合する担い手の養成であった。地方自治制によって養われるべき「公義心」とは、「公務に習熟し国益を知」ることであり、一郡・一府県・一国の「公務の難易」・「公務の軽重を推知」し「終《つい》には自己の頭上の利害より考察して、朝権（国家主権）のはなはだ尊厳かつ重大なることを承認するに至る」

ことであった(「帝政の下に於ける自治制」『東京電報』明治二一年一〇月二六日)。小さく身近な地域レベルでの「公義心」が十分に成熟するならば、全体として調和のとれた国民レベルでの「公義心」が形成されるはずであるという論理である。

こういった羯南の発想は、自由党系列の運動論に見られる地方利益を国政へといった発想とは対抗的に、むしろいかに地方の多様性を中央政府と対立させずに国政の場に統合していくかという、内務官僚的な考え方に近いものであった。したがって羯南の「地方分権」に対する関心は、地方の多様性や地域に固有の利益を自ら追求するための自治という点よりも、むしろ地方の自発的な秩序形成にあった。「吾輩が特に(地方自治制度に)賛成を表する所以は、分権よりも寧ろ自治に在り」としているように、地方における秩序が国家の過大な管理に依存せずに安定することが望ましいとされた(「分権及び自治の制度」『東京電報』明治二一年四月二九日)。

地方自治と国家有機体論

羯南は、これまで学んできた西洋の国家論についての知識をいかして、「国民」論に積極的に新しい概念を取り入れようとした。特に地方自治に関する議論については、「有機体的な国家」という概念を組み込んだ。国家有機体論はしばしば加藤弘之のようなドイツ流の国家主義といったイメージでとらえられることが多いが、羯南の議論は、加藤に見られる社会進化論的な立場とは少し違った視角からのものであり、日本の国家制度の組み立ての問題と、現実の地方社会からの政治的要求がどうすれば結びつけられるのかという関心から論じられている。

羯南は、中央からの干渉が強い集権的な国家組織は、「器械《マシニ》主義」・「官治専制」であるとして批判し、そのような国家においては、「地方自治の生活」を考えることがないために「人民は常に利己心の奴隷」といった状況から脱することができないという（「分権及び自治の制度」『東京電報』明治二一年四月二九日）。そのような「器械《マシニ》主義」の国家では、以下のような事態に陥ると警告する。

国民と国家とは、直接の関係となることによって、国民の政治熱はすべて中央政府に集まるだろう。なぜならば地方固有の行政事務をも中央隷属の官衙が支配する時には、国民はそれぞれ地方の一局部における不平といえども、すべてこれを中央に帰せざるを得ないために、議院がある国においてはフランスのように議院において中央の変革を希望し、議院がない国においてはロシアのように革命の変乱を図るだろう。

（「器械的国家及び機関的国家」『東京電報』明治二一年一一月一一日）

そして、この逆に地方における自治制度とその担い手がよく組織された国家を「機関《オルガニシー》主義」という。この「器械的」・「機関的」という対になった概念は、羯南がドイツ系の国法学・国家学に用いられるものを応用したものである。特に地方自治と「機関主義」の理論は、直接的にはドイツの国法学者シュルツェ（Hermann Johann Friedrich von Schulze-Gävernitz, 1824-1888）による『プロイセン国法学』（*Das Preussische Staatsrecht auf Grundlage des Deutschen Staatsrechts*, 1872）から借りてきたものである。この書は、早くから木下周一・荒川邦蔵訳『孛漏生国法論』（明治一五年）、木下周一訳『国権論』に分けて翻訳されており、またその地方分権制度に関する章は、明治一九年に『独逸学協会雑誌』に部分訳もでていた。その翻訳を見ると、「官府主治の独裁あるは即ち器械主義」、「機関主義の国においては全く之に反対し、その統一のため欠くべからざるものに限りこれを中央政府が掌握し、その他はことごとく地方の小結団すなわち小機関に委任す」という記述がある（訳者不明「博士シュールチェ氏の説　孛国国法論　第百二十七条　中央集権及び自治制」『独逸学協会雑誌』一八八六年一一月一五日）。羯南は、このような翻訳によってシュルツェの理論を学んだのかもしれない。

さらに、羯南はシュルツェの著作以外からも、「機関的」＝「有機体的国家」という考えを学んでいたと考えられる。特に羯南がフランス語訳で読んでいたと思われる、当時日本でもよく読まれていたスイス出身の国法学者ブルンチュリ（Johann Caspar Bluntschli, 1808-1881）の著作がヒントになっているのではないだろうか。ブルンチュリは『一般国家学』の中で、「国家はある種の生命体」であり「有機的」であると主張している（*Théorie générale de l'État*, 1881）。またブルンチュリの『科学としての政治学』の中では、地方分権についての章があり、やはり「機械的」な中央指令型の統治には問題があることを論じていた（*La Politique*, 1879）。

おそらくこういったドイツ国法学の知識が影響しているのであろう。羯南の「機関的国家」論は、その秩序観としては地方自治制の推進者山県有朋の主張によく似たところがある。ただし、山県が地方自治制に期待していたのは、「財産を有し知識を備える所の有力なる人物」が「地方の政務」に習熟し、「漫《みだり》に架空論を唱えて天下の大政を議する弊」が一掃され、「今日民間に政論家と自称し、実行不可能な空論を唱え、ひそかに一身の不平を漏らし、ややもすれば社会の秩序を紊乱せんと企てる蠢愚《しゅんぐ》の徒」にかわる「老成着実」の担い手が将来の国会に備えて育ってくることであった。山県の構想は来る帝国議会の開設に備えた在野の政治運動に対抗し、議会の主導権を民権派の勢力に取られることを防ごうとするものであった（山県の元老院での発言、明治二一年一一月二〇日、東京市政調査会『自治五十年史　制度篇』三一九〜三二五頁）。

これに対して羯南は、地方自治制と大同団結とは「人民の公義心を養成し、実に社会の調和勢を馴致」する点で共通の目的を持っており、両者は一国全体の政治的統合にとって相互補完的なものであることを強調していた。地方自治制度が、山県にとって地方の政治的要求の急進化を回避しながら地方利益と国家行政の媒介を果たす制度的装置として期待されていたとすれば、羯南はむしろ「国民」という意識を十分に地方にまで行き渡らせることによって初めて地方自治制度は機能するという点を強調した。羯南が「大同団結とはすなわち国民的勢力の結合というにひとしく、すなわち国民勢力の発達を図る一方法である。吾輩は世人の専ら『国民』というものを標準として、その方針を定めることを望む」と言う時、その「国民的勢力」とは、「輿論、刊行、結党、集会、遊説の類」をその要素としていた。つまり、「国民」意識の形成にジャーナリズムや遊説活動が果たす役割の重要性を主張した。

また、中央政府の権力とは「国民的勢力が集まったものに過ぎず。別言すれば国民公共の幸福を保持増進するために中央に集まった勢力は、すなわちこれいわゆる政府の勢力」であると説明された。「政府の勢力」が過度に微弱であれば「国民公共の利益」とならないが、「国民的勢力」が弱ければ

「一国の福祉」とならず、特に「外交交渉の煩難なる時にあたっては、国民的勢力の乏しい国は、決してその独立を全う」できない（「国民の勢力、功利家と愛国家」『東京電報』明治二一年一〇月二一日）。「国民的勢力」という概念もまた、ブルンチュリが『科学としての政治学』において「国民の力」（フランス語では puissance de la nation）を論じている部分にヒントを得たものであろう。ブルンチュリによれば、国家の力は、政府の力（精神的権威、財政、強制力など）と「国民」の力（世論、出版、集会、革命など）の両者から成り立っているが、政府の力と国民の力（「力」は puissance = power なので「権力」と考えることも可能）は必ずしも相互に敵対的な関係にあるものではない。むしろ「近代国家」における政府の権力の主な源は国民にある。国家の権力が国民に支えられていない場合、それはあまりに弱体となり、外からの攻撃で簡単に解体してしまう。他方、国民にとって政府は公共の利益の達成のために必要である。ブルンチュリは「結局のところ、政府の力は公共の福祉を目的として凝集した国民の力にほかならない」と言っており、明らかにこの部分を羯南は参照していた（*La Politique*, pp. 110–112）。

以上のように、『東京電報』における羯南の社説は、「実業者」を意識しながらも、翻訳官僚時代に蓄積したと思われる国家学の知識をふんだんに盛り込んだものであった。また、羯南は西洋の国家論をフランス語で読んでいたと思われるが、引用される文献はドイツ系の国家学・国法学系統の書物が多かった。これは、当時の日本の知識人が依拠する西洋の文献が、英学・独学・仏学などと簡単に分類できないことを示している。ある思想家がどのような思想や理論に惹かれるかは、必ずしもどの外国語で西洋の著作を学んだかとは一致しない。一つの外国語の力が多様な政治思想への窓口になっていたのであり、羯南はそれを最大限活用していた。

第三章　『日本』の創刊

1　明治憲法と国民主義

『日本』における憲法論の展開

『東京電報』で羯南が展開した「実業者の政治思想」論は、議会開設を視野に入れて、地方の名望家層の要求と中央政界との間でバランスをとろうとするものであった。しかし、その主張にもかかわらず『東京電報』は結局幅広い読者を獲得することができなかった。明治二一年一二月の統計で、『東京電報』は二六日発行して全国で約一〇万八〇〇〇部、一日当たり四〇〇〇部余りの発行部数であった。これは政府系の代表的政論新聞であった『東京日日新聞』の約三分の一である（中野目徹『政教社の研究』一二九頁）。民権派系ではないため地方に地盤がなく、しかし一方で政府には批判的という曖昧なポジションが災いしたのかもしれない。

羯南は明治二一年末には新聞を全く新しく作り直す必要を感じていた。『東京電報』がうまくいか

谷干城
（『近世名士写真』其2，より）

ないという相談を二一年末に高橋健三にもちかけていた（「自恃庵の書束」『自恃言行録』）。これが『東京電報』を改題し、全面的に紙面を刷新する構想につながっていった。また新しい新聞の構想が実現するために、乾坤社同人、特に杉浦重剛と谷干城の協力が重要であった。

羯南自身の回想によれば、「新聞業は容易ではなく、先輩及び知友の助力を得ても、自分が無名であり、また力が不足なため、実績が挙がらない。更に他の困難もあり、いまだ一年も経たないうちに自分の力では支えることができなくなったことを伝え、もはや新聞を廃して助けてくれた先輩知友にわびようかと思った」（「臨淵言行録の首に題す」『臨淵言行録』明治三五年、『全集』第九巻）といった状態であった。

一方、杉浦重剛ら乾坤社の会合は明治二一年にはほぼ月一回開かれており活発になっていた。そして乾坤社と、政府の外交方針を批判した谷干城との関係が強まっていったのもこのころである。乾坤社のメンバーであった福富孝季《ふくとみたかすえ》は谷と同じ土佐出身であったが、その福富が二一年六月にドイツ留学から帰国して杉浦と谷との仲介役となり、乾坤社と谷との間で新聞を立ち上げる案が具体化した。ここで企図された新聞として、『東京電報』を改名して新聞社組織を立て直すという方策がとられたということであろう（日本史籍協会編『谷干城遺稿（二）』）。

羯南も「臨淵氏（福富孝季）が、これより同志の間に奔走し、特に谷隈山（干城）子に新聞紙の将来がますます重要であることを説き、ついに『日本』の創立を見るに至った」、「わが『日本』の今があるのは、谷隈山の保護のおかげではあるが、臨淵（福富孝季）の計画斡旋はがこれにあずかって最も力あり」と述べている（「臨淵言行録の首に題す」）。福富自身は教育の分野で名を挙げ、東京高等師範学校教授となるが、明治二四年には自殺してしまう。

明治二〇年に政府の条約改正方針に抗議して谷干城は農商務相を辞職し、在野での活動の場を模索していた。鳥尾小弥太《とりおこやた》ら「不平将軍」たちとの「保守中正派」結成もその一環であった。先に大同団結運動に即して見たように、二一年後半期には、条約改正問題を焦点に政府批判が活発化していたが、谷は民権派とは別の勢力から現れた批判派の重要人物であった。西南戦争の勲功がある軍人だけに、その政府との対立は人々の注目を集めた。乾坤社は谷と意気投合し、『日本』を創刊してメディアによる世論の盛り上げを企図したのである。

古島一雄の回想では、浅野長勲《あさのながこと》・谷干城・三浦梧楼《みうらごろう》が『日本』の「出資者」として、それに「学者側」として杉浦ほか乾坤社関係者が挙げられている（『古島一雄清談』二九頁）。羯南は新たな援助者を得て新聞を刷新し、明治二二年二月一一日に『日本』が創刊された。『日本』は、これ以降明治三九年に羯南が病に倒れるまで、その言論活動の舞台となった。

しかし、三宅雪嶺の回想によると『日本』発刊当時の状況は次のような、ややぎくしゃくしたものであった。

日本新聞社員（弘前市立郷土文学館蔵）
1列目中央羯南，2列目左から7人目明石定蔵，3列目左から5人目佐藤紅緑，4列目左から2人目浅水南八，4人目三浦勝太郎，6人目斎藤信。

（政教社の）『日本人』発刊後一月ばかりして、陸羯南が『東京電報』という新聞を発行したが、経営難に陥ったので、宮崎道正《みやざきみちまさ》（後に政教社社員）、杉浦、千頭清臣《ちかみきよおみ》（東京英語学校）、福富孝季、高橋健三諸氏が協力して、これを廃し新たに『日本』新聞を起こす事になり、編輯監督として杉浦、会計監督として宮崎両氏がその任にあたる事となり、明治二二年紀元節に発刊した。

間もなくこれらの監督の立場にある人と実際仕事をやる連中との間で意見の合わぬ事が生じ、杉浦、宮崎両君とも数カ月で手を引く様になったが、大隈伯の条約改正案に反対するにおいて再び提携した。

（三宅雪嶺「『日本人』と『日本新聞』」岡吉壽編『宮崎道正傳』）

『日本』創刊号（明治22年２月11日）（東京大学明治新聞雑誌文庫蔵）

雪嶺によれば、羯南と後援者たちとの間には、すぐになにがしかの食い違いが生じたようである。また、「国粋主義」一派とくくられることの多い羯南と政教社だが、前記の大隈重信による条約改正案への反対運動でまた提携したという言い方からも、『日本人』と『日本』とはそれほど一枚岩でもないということがうかがわれる。後に触れるが、羯南は乾坤社関係とのつながりとは別に、政府部内で伊藤博文らへの不満を根強く持つ品川弥二郎との関係も維持していた。

『日本』創刊の日は、紀元節であり、また帝国憲法発布の日でもあった。『日本』は定価一部一銭五厘、一カ月で三〇銭と、『東京電報』と同じである。発行部数は、明治二二年の一日あたり発行部数は八三〇〇部程度で、『東京電報』の倍になっている。まずまずの成功ではないだろうか。ただし『郵便報知』や『東京朝日』は一日あたり一万七〇〇〇部以上を売っている。読者獲得競争は厳しかったと思われる（『全集』第二巻解説）。

憲法の精神を論ず ——「近時憲法考」

憲法発布は『日本』創刊のタイミングと関連が深い。羯南は『東京電報』において明治二一年一二月二八日から「日本近世の憲法」という連載を始め、『日本』の発刊後、この連載は「日本の憲法政体」と題をあらためて明治二二年三月三〇日まで続いた。これらは後に「近時憲法考」としてまとめられ、著書『近時政論考』（明治二四年）に収録されることになる。おそらく憲法発布というイベントに『日本』創刊が関連づけられることでその新聞としての印象を強めようという計画だったのであろう。

羯南の憲法論は、それまでに明治維新後に積み上げてきた国家の組織や国民の権利に関わる法令をも「憲法」と見なし、その延長線上に成文の憲法典を位置づけるべきであるという主張が柱になっている。憲法の「精神」が明治維新以降漸次発展してきたという論法である。したがって「近時憲法考」の用語法では、王政復古の号令も徴兵令も議会開設の詔も他の官制にかかわる法令もすべて「憲法」と呼ばれる。これらの「憲法」はすべて「その根源を尋ねれば決して御雇西洋人の立案を翻訳したものではなく、また西洋諸国の法文を模擬して装飾的制定をしたのでもない。けだしその時の世勢民意に応じて必要がある毎に制定発布」したものであり、そのこれまでの蓄積が実は「我国における自由政体の精神」の発達を現していると羯南は主張する（「緒言」）。いずれの法令も結局は「公権利の担保と政権力の分割」（第五章）を実現しようとする「精神」の現れたものだとされる。

憲法発布前の『東京電報』に掲載された部分では憲法前史を論じ、そこでは「精神」という語が多用される。まだ憲法典の全貌はわからないがこれまでの「精神」の発達がもたらしたものであり、いわば無形の歴史的趨勢と日本国民にやどる固有の集団的意識のようなものが憲法という形をとるのだと羯南は主張した。そして帝国憲法公布後である『日本』掲載の箇所になると今度は「調和」の語が多用される。帝国憲法は「貴族主義」（制限選挙権など）と「平民主義」（人権規定）を調和し、三権分立も調和するようにできていて、それが日本国家の固有の歴史的特性であるという。

羯南によればこの「精神」と「調和」を担保するものが天皇の存在である。たとえば天皇は「一視同仁」を旨とするので、制限選挙という「貴族主義」的な制度を漸進的に「平民主義」に導くであろうという。また、憲法で規定された立法・行政・司法の諸権力が「調和」することも、天皇の存在によって保証されていると羯南は論じていた。したがって天皇の存在は、憲法が「日本的」であることを保証し、しかも日本の国家権力の構成が「器械的」ではなく「機関的（有機的）」であることを保証するものであるという。

決して天皇の統治権を以て国家の権力と混同すべきではない。もし誤ってこれらを混同するときは、恐れ多くも天皇を以て国の最高官吏となすに至るだろう。いやしくも天皇を最高官吏すなわち世襲大統領のようなものとなすときは、日本の立憲政体はたちまち歴史上の関係を離れて共和政体となるに至る。そうなれば日本国民としての所以もまた消滅し日本の立憲政体はその特性を失うに至る。……国家に器械的なものもありまた機関的なものもあり、主権の下に三権力分立して相調和するものは機関的組成であるが、三権力定立し互に侵圧して主権たろうと欲するものは器械的組成である。日本の立憲政体における権力組成はいわゆる機関的国家にして最も進歩したものとすべきである。

（「近時憲法考」第一二章）

羯南は、天皇の権力を「執中権力《モデラチール》」と呼んだ。ただし、この「執中権力」を機能させる責任は政府当局者だけではなく国民全体にある。つまり天皇の「統治権」が十全なものとなるかどうかは国民の責任であるとされる。厳密に羯南の主張を分析すると、天皇に権力が実際にあると考えているのか、あるいは、すべての国民が天皇の権威に十分な敬意を払っていればわざわざ国家権力として法的な規定をしなくてもその権力は実効的であるといっているのかは混乱している。この点は、「日本の皇権は臣民に向っては無限だが、皇祖皇宗の謨訓に対しては有限である。ゆえに日本天皇の大権は一方には泰西法理（西洋の法理論）のいわゆる主権、すなわち最上無二の権力にして、他の一方としては立憲国の君権、すなわち有限適度の権力たることを失わない」、「天皇の統治権はその本体においては最上なりその作用においては執中なり」といった、天皇は法を超えた存在だが恣意的な支配者ではないというレトリックでかわされてしまう。

「主権」と「有限適度の権力」、あるいは「本体」と「作用」は論理的に矛盾をはらんでいるが、皇室の伝統の特殊性において「調和」するという説明になんとか持ち込んでいるわけである。

天皇と近代的君主制

羯南がここで用いた、天皇の権力の性格を表現する「執中　モデラチール（＝modérateur）」という言葉にはわざわざルビがふられていた。これは、羯南の天皇論が国体論ではなく、同時代の西洋における国家論で用いられている近代的な論理であることを読者に知らせるためであろう。直接的には、「執中」はブルンチュリの『科学としての政治学』第六部第七章「権力分立の近代的原則」からとられたものであろう。ブルンチュリは王権にこの権力を割り振る理論を紹介していた。ついでにいえば、ブルンチュリはこの説明を十九世紀前半のフランスの自由主義的思想家バンジャマン・コンスタンによるものとしており、西洋の様々な理論が最終的に羯南の憲法論に流れ込んでいることがよくわかる（*La Politique*, p. 458）。

ブルンチュリは穏健な自由主義的立場をとる国家学者であり、議会や政党の役割も積極的に認め、国民の政治参加と政治的自由については漸進的な拡大が望ましいとする立場であった。他方でブルンチュリは国家をひとつの有機体とみなし、ラディカルな共和主義には批判的であった。ただしこの国家有機体論は、君主もまた有機体の中の機関として役割を果たす存在と見なしていた。

羯南が「機関的」と言っているのは有機的すなわちオーガニックということであるが、当時の憲法理論ではこの訳語は一般的なものであった。そして、有機体的な国家観は自由主義的な理論においても採用されていたのである。羯南は、天皇を国家の一部と見なせるかどうかについてはあやふやにしていたが、ブルンチュリが穏健な自由主義の立場にあることはわかっていた。ただ天皇の位置づけだけは、そもそも憲法を論じる者にとっては触りたくない微妙な論点であった。

少し注意すべき点は、憲法論における「機関」という語の用法である。後に美濃部達吉の天皇機関説を批判した穂積八束《ほづみやつか》などは、美濃部の国家有機体説が自由主義と調和するというドイツ国法学の背景をよく知った上で断固として「機関」説を批判していた。ところが、昭和期の国体明徴を要求した右翼らの理解では蒸気機関の「機関」のようにとらえていることがあり、これは憲法理論への無知から来る誤解である。羯南の議論は、ドイツ国法学の大枠を使いながら、帝国憲法が国民の政治参加の承認と議会の権利を強めに読み込める憲法であることを説得しようとするものであり、しかもそれは国家を有機体とみなす考え方とむしろ強く結びついた考え方であった。少なくとも羯南の憲法論の組み立て方の中で国家主義と自由主義が矛盾したまま併存していたわけではなかった。

羯南はこの解釈が提示できたことに満足であったことだろう。何より粗野な天皇神格化ではなく、西洋の国家学、しかも比較的自由主義的な立場の理論を用いて、天皇を中心とする歴史的連続性を根拠にしたナショナリズムと、国民の政治参加の権利の両方を支持する論理が主張できるからである。

その理論構成で見る限り、羯南の憲法論は、たとえば伊藤博文『憲法義解』に現れるような、憲法案作成者たちでなんとかこぎつけた解釈とそれほど大きな違いはない。むしろ同様のものを、いわば新聞で広報して見せた面がある。政府は『憲法義解』を公式見解とすると将来解釈問題が発生したときに対応が難しくなるため、あくまで伊藤の著作とせざるを得なかった。羯南の歴史的経緯と踏み込んだ条文解釈は、政府と同じ材料を用いて憲法解釈を民間側から補完する役割を果たしたといえる。

たとえば、天皇の統治権の「体」と「用」（本体と作用。朱子学の用語）という解釈は、井上毅の考えが大きく盛り込まれた伊藤博文『憲法義解』（明治二二年）の中で触れられていた。それによれば、「統治権を総攬するのは主権の体であり、憲法の条規によってこれを実際に行うのは主権の用である。体があって用がなければ専制に陥る。用があっても体がなければ権がまとまることができない」（第四条）という。またいわゆる三権分立の理論において君主を行政権に割り当てるのは間違いであるという主張も『憲法義解』に見られ、しかもそれは西洋の理論で支持されているという。

欧州の近年の政理を論ずる者の説によれば、国家の大権を大別して二とする。曰く、立法権・行政権である。そして司法の権は行政権の支派とする。三権各々その機関の輔翼によってこれを行うこと、一に皆元首に淵源している。けだし国家の大権はこれを国家の覚性〔精神〕である元首が総《す》べるのでなければ、その生命としての働きができない。憲法はすなわち国家の各部機関に向って適当な定分を与え、その経絡機能をもたせるものであり、君主は憲法の条規によってその天職を行う者である。故に彼のローマに行われたる無限権勢の説はもとより立憲の主義ではない。そして西暦第十八世紀の末に主張されたような三権を分立し君主は特に行政権を執るといった説の如きは、国家の正当なる解義を謬るものであるいえる、と。

（『憲法義解』第四条の解）

明治憲法に関する諸研究によれば、『憲法義解』の君主論はシュルツェのプロイセン憲法についての説明を利用していると考えられている。前章で見たように、羯南自身もおそらく翻訳を通じてシュルツェの理論を学んでいたので、理解を共有するところがあったのであろう。井上毅とのつながりからいっても自然なことである。

2 新聞における政論の役割

羯南の立憲政体論の特徴

当時一般に新聞論説では、地方の苦しさを訴えたり、政党の指導者の演説や運動の状況を伝えたり、政府の外交政策の拙さを嘆いたりする政治的なメッセージが強く込められたものが多かった。ところが羯南の論説はそういったものだけではなく、西洋の理論が詳しく説明され、時事的な話題の扱いも、文芸的に感情を盛り上げるのではなく、冷静で分析的な記述が多いことが特徴である。帝国憲法の発布に際しても他の新聞の記事はどちらかというと高揚した気分を演出するだけで、羯南のように既往の国家体制に関する諸法令との整合性や、憲法条文の意味について解説するものはあまり一般的ではなかった。

たとえば、明治二二年二月一四日の『郵便報知』は憲法発布の勅語に触れて、「この勅語中において最も注目すべく、かつ最も大切なる文句は、なにより最後にある『この負担を分つに堪ふることを疑はさるなり』の一節にあるだろう。すなわちこの帝国の光栄を中外に宣揚することは君民共に負担すべき事業であって、相共にこれを分つべき者なりとの意味を含んでいらっしゃると解釈すべきである。すなわち今日より我日本の隆昌は、帝王と臣民とが分担すべきものであり、発布せられたる憲法の精神は、取りも直さず日本が君民共治の国体たるを暗にお示しになったものと考えるべきである」と紹介した。帝国憲法を「君民共治の国体」を保証したものとして読み込もうという『郵便報知』の意図はわかるが、羯南が天皇の主権の「本体」と「作用」について踏み込んだ説明を試みていることと比べると、『郵便報知』は条文の解釈論を慎重に避けていることがわかる。

自由党系の新聞である『土曜新聞』(二月一七日)はもっと感傷的なスタイルであった。憲法成立には「千万無量の感情」が溢れ、それは子供の誕生のようなものなので、その出来不出来を云々するよりも、「ああ憲法よ、汝すでに生れたり。吾これを祝す。すでに汝の生れたるを祝すれば、したがってまた汝の成長するを祈らざるべからず。汝ねがわくば健食せよ」と、ともかく元気に成長してほしいだけだという。このような感激スタイルの論説は、外国人医師ベルツの有名な皮肉である「だが滑稽なことには、誰も憲法の内容をご存じない」(二月一一日付けベルツの日記)といったコメントがぴったりである。対照的に、羯南がこういったタイプの新聞論説と差別化を図っていたことは疑いがない。羯南は憲法の理解についても、当時の学術誌レベルの知識を読者に提供すると自負していたと思われる。

当時、学術的な憲法論がどのようなものであったかは、ドイツ留学から帰国し東京大学の憲法学教授となった穂積八束と、やはりドイツ留学から帰国し枢密院書記官となった社会学者有賀長雄《ありがながお》との論争に端的に現れている。穂積は「法理上は国家が統御の主体であって、それを上回る権力が存在しない以上、日本では天皇が即ち国家とされる」という解釈を提起していたが、それが批判されたために憤慨して反論を書き、「法理」上この解釈をとらなければ主権者の命令の体系としての実定的な憲法が成立しないことを強調していた。

近年公法学に二派ある。一を有機的国家理論(organische staatslehre)という。この学派はブルンチュリーなどが初めにこれを唱え、シュルツェに至って大にこれが知られるようになった。この学派は国家を機関視する者であり、政治学社会学等と公法上の法理とを折衷し参酌した者である。しかしながら他の一派が十年来に勢力を得つつある者である。この派を法人的国家理論(Persönlichkeitstheorie)という。この学派は機関説を駁して、国家の無機なるや等の議論は法律上においてなすべきことではない、法律上にていわゆる国家とは権利義務を有しうる無形の擬制的な人格を指すだけであると。そして この学派の中で勢力があるのはゲルベル、ラバンド等の優れた学者である。
（穂積八束「帝国憲法の法理」明治二二年、『穂積八束博士論文集』九六頁）

穂積によれば、国家を有機的な実体の存在と見なすのは「政治学社会学」ではかまわないが「法理」上は無意味である。ここでひかれている「ゲルベル」（ゲルバー Carl Friedrich von Gerber 1823-1891）と「ラバンド」（ラーバント Paul Laband 1838-1918）は、当時国法学における厳密な実定法中心の法学論を主張し、国家主権の不可分・絶対性を法体系の整合性のために要請していた。国家が国民を含む有機的な団体であるという考え方には反対であった。

これと照らすとき、羯南のような憲法論は、まさしく穂積が警戒している「政治学」が混入した憲法学であるということになる。穂積は君主の意思を主権者の意思として極端に重視する憲法学を主張し、羯南が依拠するブルンチュリのような有機体的国家論を批判していた。君主より国家の方が大切に見える理論は困るわけである。

ところが、羯南の主張は、帝国憲法とはまさに日本という国家が一つの団体としての固有の意思を明確にしたものであるという立場を採用していた。つまり憲法というのは、主権者の命令によってなりたつ権力関係ではなく、国民全体の一体性を表現した理念であり、それが新しい日本の国家原理になるという立場であった。羯南が次に「国民主義」という考え方に向かっていくのは、固有の歴史と意思をもつ一つの人格としての「国民」という理念が、自分の考える立憲政体の望ましい在り方に合致していると意識したためであり、また自らの主張には学術的な根拠があるという確信があったからである。

「悲憤慷慨」から「実論」へ

このように羯南は、日刊新聞を舞台にしながら学術的な国家学の理論を強く意識した論説を展開していたが、その一方で、同時代の政治的議論における新聞の役割としては、むしろ実践的な課題に密着した立論の必要性を主張していた。学者でも党派的アジテーションでもない、日刊の新聞メディアにおける言論がもつ固有の役割に着目したのである。

まず、羯南は悲憤慷慨型の壮士的議論に強い警戒感をもっていた。特に、この時期の冷静な「政論」形成のすすめは、条約改正問題をめぐってあらわれた「政治熱」に便乗する「浮浪有志家」的な勢力への牽制であったと思われる。羯南は、「ただただ一片の単純直裁なる議論によって運動するものは、国家の大事、つまり利害の在り方が明確で判断しやすい場合、例えば条約改正案紛議の如き場合にあってはおおいにその力を見せるだろうが、平常の政治的案件というのは極めて入り組んだものであるが故に、一刀両断の力を用いることはできない」とし、今の時代に必要なのは、平時の細かいが複雑な争点を正確に認識して、問題の所在を明らかにする力であるという。そこで、「政治上の議論に慣れたる壮士」は従来の悲憤慷慨型スタイルを捨てて、「着実沈痛なる政論」すなわち「実業者の政治思想」が期待される（「壮士の方向如何」『東京電報』明治二一年五月二九日）。

この時期、羯南は新聞における政論の役割に転換期が訪れていることを強調していた。現状は「価値なき言論時代」から「価値ある言論時代」への移行期であるとしていた。したがって、「自由主義の論は迷夢に類するものであり、改進主義の説は外国崇拝になる。また保守説の如きは一の執着心に過ぎない。迷夢では政治に役に立たず、外国崇拝では我国家を維持することはできず、保守的な執着では世界の大勢に抗することはできない。これら三者は書斎中の談話ならまだしも、これを以て我国の政治論とすることはできない。このような議論はいずれも一種の空想冥思であって、我国情に適し我国将来に及ぼすべき実論ではない」（「言論の二大時期」『東京電報』明治二二年一月一六日）と断じていた。

羯南はこれまでに民権運動の時代から全国的に広がってきた政治的議論のリーダーたちの役割そのものが解体することを望むわけではないが、従来「政治思想」の外に置かれていた「実業者」の観点を取り込んでいかなければ、「政論」は衰退していってしまうという危機意識を持っていた。したがって、「政治界」において「経済思想」が発達し、「悲憤慷慨、革命騒乱などの粗暴の言語」が衰退しつつある傾向は当然であり望ましいことであるとも述べていた（「政治界に於ける経済思想の発達」『東京電報』明治二一年一二月二九日）。

このような「実業」の強調は、『日本』創刊と共に、より熱い争点である条約改正問題により強くかかわるようになってからも変わらなかった。明治二二年五月の『日本』の論説でも、「無形職業」にかわる「実業」、「批評の時代」にかわる「適用の時代」という対比を強調し、その時の羯南の認識としては、「日本今日の政論は十年前の政論ではない」、以前は、「自由平等の義、改進保守の異、抽象的の説を以て政論の基礎」としていたが、今は「経済当否の理、法律利害の点、現実的の議」が政治的党派の区別の理由である。以前は、「改革」ばかりが論じられたが、現在は建設的な「構成」が主となる。

要するに昔は批評の時代にして今は適用の時代である。批評の時代は学者、著述家、新聞記者、演説家、官吏、代言人、教育家、宗教家及び世のいわゆる壮士等ばかりがこれを支配していたけれども、適用の時代では単にこのような無形職業の社会だけではやっていけない。必ず全社会の根柢たる実業家の尽力を要すること、またやむをえない。今日は実に適用の時代である。今日では世のいわゆる有志家即ち国事を心配する志を有する人々は、無形職業の社会に多いだろうか、それとも実業の社会に多いだろうか。吾輩はこれが必ず実業の社会に多いと断言せざるをえない。

（「政治社会に於ける実業者」『日本』明治二二年五月四日）

この「政治社会に於ける実業者」という論説がでた明治二二年五月は、『日本』が大隈による条約改正案に関する英国タイムズ紙の評を訳載し、政府の外交方針に対する反対運動が一気に盛り上がった時期でもあった。

しばしば通説では、羯南の『日本』と徳富蘇峰の『国民之友』とは対立的な論陣を張っていたと考えられることがあるが、実は徳富蘇峰も同時期に政治論における「実業者」の視点の重要性を強調し、明治一〇年代の壮士的政治論を批判していた。つまり、西洋からの文物の導入に慎重か積極的かという立場は異なっていても、政治を論じるスタイルそのものの変化については共通の認識が生まれていた。

たとえば蘇峰は、明治二一年の連載論説「隠密なる政治上の変遷」で、「抽象的な政論が天下に雷鳴する間は、士族が政治世界の主人公といえる。しかし、実際的な政論が社会に広がる時代においては、平民こそが政治世界の主人公とならんとする前兆というべきである。租税を出さぬものには、租税の議論は無用であり、政府からの干渉を受けぬ者には、干渉の苦情は無用である。およそ実際的な政治の問題は、一として平民に、ことに農工商の中等民族にかかわらないものはない（「隠密なる政治上の変遷（第五）中等民族将に生長せんとす」『国民之友』明治二一年四月）と主張していた。蘇峰の「平民主義」と羯南の「実業者」論が非常に似たような時代認識を共有していたことがわかる。

政治的議論に関心と利害をもつ「実業者」の存在の強調は、二〇年代前半において、新聞・雑誌などのメディアの発達および政治的関心の強い層の拡大と、憲法・議会・地方制度の創設という政治制度変革が背景になっていた。特定の知識人や政治活動家が形成していた独特な「政論」の世界は再編成を迫られる状況にあり、新たな担い手と役割の自覚が必要とされていた。しかも、羯南はそのような状況において、むしろ「無形職業」の一つである政論記者の専門家としての存在意義を何とか新たな形で打ち出そうとしていた。

第四章　条約改正問題にあらわれたナショナリズムの思想

1　大隈外相による条約改正案

三宅雪嶺は羯南を追想した談話の中で、「陸君の一番盛んなのはやはり条約改正当時で、その頃は人と談話をしていても論文を書いて非常に筆が早かつたが、晩年は思う様に書けぬと嘆息していた」（三宅雪嶺「陸羯南の面影」『国民新聞』明治四〇年九月六日、『全集』第一〇巻）と言っている。これは羯南の筆が特に条約改正反対論において特に輝きをもったという印象を投影したものであろう。今、明治終わりまで羯南の残した文章を読むと「盛ん」かどうかはともかく、後年のものが質的に劣るとはまったく思えないが、一般的に羯南の政論家としての印象を形成したのは、やはり条約改正問題が盛り上がった時期の論説と言えるかもしれない。

大同団結運動と条約問題

そもそも『日本』の創刊に力のあった杉浦重剛や谷干城の運動は、明治一〇年代末の、井上馨らが主導する条約改正案と鹿鳴館に象徴される「欧化主義」的な政策への反発から生じていた。井上馨外相は、法権回復のために明治一九年五月から列国による合同条約改正会議を開いた。明治二〇年四月には、領事裁判権撤廃の条件として、内地開放、外国人判事任用、法典整備とその事前通知などを認めた。ところが、この改正案を知った政府の法律顧問ボアソナードの反対意見が秘密出版により世に出て、政府批判が盛り上がることになる。農商務相であった谷干城はこの案に抗議して辞職し、改正交渉は止まってしまう。

この条約改正交渉問題は政府内部の分裂をまねいただけではなく、在野の政治運動に火をつけ、大同団結運動となって、もともとばらばらな思惑を抱えた諸勢力がまがりなりにも結束する契機をつくった。

明治二〇年の三大事件建白運動に対抗した政府の保安条例により、一時期在野の反政府的政治運動のリーダー達は沈黙を強いられたが、憲法発布にともなう恩赦で再び運動は活気づいた。明治一〇年代に様々な事件で獄中にあった旧自由党の指導者たちも出獄し、大同団結に割り込んできた。しかし、大同団結運動はリーダーにまつりあげられていた後藤象二郎が明治二二年三月に黒田内閣の逓信大臣として入閣するとあっけなく頓挫してしまう。

当時の政治運動家の権力欲は、今日から見てもあまりに分かりやすいので微笑ましい気もするが、『日本』や政教社の『日本人』で筆をふるった羯南・志賀重昂・三宅雪嶺などの比較的若い世代の知識人たちは、思惑渦巻く政治運動の中で微妙な位置取りを考えねばならなかったことであろう。後藤入閣の時は、普段口べたな三宅雪嶺が珍しく憤激し、反対の演説をしたという。しかし、その雪嶺も政治闘争に巻き込まれるのが嫌になればあくまで知識人として「あずかるところは思想関係」と冷ややかな発言をしていた（中野目徹『政教社の研究』一七二頁以下）。雪嶺のように東京大学を出た者であれば、自分は哲学者だと居直っても大して困ることは無かったかもしれない。政教社には大学を出て教育者としての仕事をもったものが多かったが、羯南の周辺はいわば不特定の読者をマーケットとする新聞を仕事とするか、それを手がかりに政官界の周辺で居場所を得る以外にはどうしようもなくなる者が多い。羯南は、あまり信頼できない反政府運動リーダーと政府内部の不満分子と一般読者の三方向を相手に何を訴えるべきか必死で考えたことであろう。

政府は反政府運動の分裂をねらい、大隈重信を外相に起用した。大隈は、内地開放、協定税率、大審院における外国人判事の任用などを認め、二年以内の重要法典の編纂などを条件として領事裁判権撤廃を求める案をつくり、相手国ごとに交渉をおこなうことで、条約改正を成し遂げようとした。

政府外には秘密にされていたこの新しい条約案の内容は、明治二二年四月に英『タイムズ』紙に載り、日本の民間にも流布すると、再び重要な政治的争点として注目を集めることとなった。これは、再度大同団結運動を盛り上げるきっかけをつくった。しかもこれは在野の勢力だけでなく、政府部内での反対派にも動きがあった。

『日本』は大隈案への批判の先鋒として知られ、評判もあがった。また中野目徹の分析では、この運動を通じて『日本人』の政教社同人と乾坤社および『日本』グループが本格的に強いつながりを形成したという。逆にそれまでは、杉浦の人脈などがこの「国民論派」（羯南が『近時政論考』で名付けた）の関係をつないでいたにすぎなかったと考えられる。この「国民論派」の結束は日本倶楽部という一種の政治結社を生み出した。これは谷干城ら不平将軍や乾坤社だけでなく、玄洋社など他の国権主義的グループが集まって作られたグループであった。古島一雄は、第二章で紹介したように、後年には政治家となり犬養毅の側近として影響力をもち、あるいは戦後も政界に存在感を示したような人物だが、この時は、『日本』新聞社が運動の同志たちのたまり場のようになってしまい、新聞編集の実務的な仕事に差し支えたため、困った古島が外にクラブの場所を持つことを提案したという（古島一雄『一老政治家の回想』）。

羯南と政府部内との関係で言えば、羯南が常に密接に連絡をとっていた品川弥二郎は、大隈案反対運動が盛り上がった頃、佐々友房によって「政府部内反対論者」として分類されている（佐々友房「条約改正に関する朝野の景況」国立国会図書館憲政資料室所蔵『佐々友房文書』八五～一九、中野目『政教社の研究』一七六頁所引）。佐々の分類を表にすると次頁のようになる。

そして品川に陸は資金援助を仰いでいたと思われる。少し後になるが明治二三年三月四日の品川にあてた羯南の書簡には興味深い事情が記してある。

今ここに一城あり、主将は在らずして、城の正面を受けもつ部将が主将のかわりをしている。この部将は城内の人心を服してはいるが、常に牙城より兵糧を仰ぎ、自分では糧食を得ることができな

「条約改正ニ関スル朝野ノ景況」

主義／党類	反対論者	部局反対	改正派	曖昧模糊
政府部内	寺島枢密院顧問官 鳥尾枢密院顧問官 副島枢密院顧問官 元田枢密院顧問官 海江田元老院議官 品川宮中顧問官 前田農商務局長 三浦宮中顧問官 浅野無任所公使 山川高等師範学校長（少将）	伊藤枢密院議長 山田司法大臣 松方大蔵大臣 井上法制局長 西郷海軍大臣	黒田総理大臣 大隈外務大臣 元老院議官多数	後藤逓信大臣（投機師天気次第） 井上農商務大臣 土方宮内大臣 榎本文部大臣 大山陸軍大臣
在野党	谷将軍 板垣伯 九州独立論者 大同倶楽部 保守党中正派 高知倶楽部 広島政友会 関西独立党 奥羽七州有志 東北十五州有志 東京学士社会 大同協和会 土佐旧自由党		立憲改進党並ニ附属スル九州壱部ノ改進党及ビ関東ノ改進派	
新聞雑誌 三府ニ限ル	日本 東京公論 政論 保守新論 東京新報 絵入自由新聞 関西日報 朝日新聞 東雲新聞 日本人 経世評論 大同新報	時事新聞 東京日々新聞 中外電報	報知新聞 朝野新聞 毎日新聞 改進新聞 読売新聞 経済新誌 輿論新誌	国民之友

出所：『佐々友房文書』，中野目徹『政教社の研究』より。

いため、あるものの軽侮を受けて、そのために主将の地に至ることができない。もしこれに僅か二千俵の糧食を提供する義人がいれば、一躍して主将となるであろう。一旦この人が主将となるなら、いざ大事という時には必ずやその恩に報いたい。

おそらく、杉浦らの乾坤社勢力や谷干城ら不平将軍による保守中正派の思惑にただ従うだけでは面白くないという気分が羯南にはあり、品川から資金援助があればもっと新聞が自分の思うようになるということであろう。また品川の後ろ盾には山県有朋がいるが、羯南と山県との直接的な接触は見られない。品川からすると、羯南は政府外の国権派などに関する情報網の一つといった意味をもっていたのではないかと思われる。

『日本』は、大隈案を支持する『郵便報知新聞』を批判し、大隈案の詳しい検討をおこなっていたが、もっとも強調されていたのは、大隈案にあった外国人裁判官任用の非であった。

「条約改正熱度表」

この条約改正問題は、『日本』の人気を高めた。雑報欄に載せた「条約改正熱度表」によれば、『日本』は、自らの位置を沸騰点を上回って蒸発するほど怒っているとしていた。明治二二年の『日本』の年間合計発行部数は二四六万四二〇三部だが、二三年には四八九万四二二一部に上昇している。『東京日日』や『時事新報』を上回る部数である（山本武利『近代日本の新聞読者層』四〇四頁）。しかし、発行停止の日数も多かった。古島一雄が振り返って「大隈条約に反対した時などは、十九日間も食った、これには弱った」と述べている。たしかに明治二二・二三年の発行停止日数は多く、一番長いのは明治二三年五月一一日から六月一一日まで停止されている。発行停止のため、職工の給料支払いに困って谷干城に頼みに行き、谷の娘の嫁入り支度金にとってあった公債証書二千円を借りてきたという（『古島一雄清談』）。

当時、条約改正問題を構成する論点は、単純化すれば治外法権の撤廃と関税自主権の回復にあった。明治二二年六月二二・二六日の「外国人論」「続外国人論」において羯南は、外国人の権利を日本国内で制限することの法的な合理性と、「外国人を敵人視」することとの区別を丁寧に説明している。特に土地所有などの私有権の問題と、領事裁判権廃止の代替措置としての裁判官任用における「公権」の問題は、諸外国の事例を見ても正確に区別する必要があることを力説している。すなわち、財

「条約改正熱度表」

<table>
<tr><th>攻撃論者</th><th></th><th>弁護論者</th></tr>
<tr><td>東京公論
東雲新聞</td><td>沸騰点</td><td>報知新聞</td></tr>
<tr><td>絵入自由新聞
保守新論
関西日報
政論</td><td>暑熱</td><td>朝野新聞
毎日新聞
改進新聞</td></tr>
<tr><td>東京新報
日本人
〔東京〕朝日新聞</td><td>温暖</td><td>〔東京〕経済雑誌
読売新聞</td></tr>
<tr><td>時事新報
中外電報</td><td>中和</td><td>憲法雑誌
〔日本〕理財雑誌</td></tr>
<tr><td>氷点</td><td colspan="2">国民之友
東京日日新聞
大阪毎日新聞
自治雑誌</td></tr>
</table>

出所：『日本』明治22年7月28日「雑報欄」より。

※『日本』自身は沸騰点以上なので表に入らない。

産上の権利における「互譲主義」の実行については「政略上の問題にして、実際の利害安危より之を講究」すべきであるが、外国人裁判官は「身分上の権利特に政治上に関係ある権利に至りては、全く公法上及び憲法上の問題」であって、内国人と外国人の権利は同等にできないというのが国際的に通例であると主張する（「外国人論」『日本』明治二二年六月二二・二三日）。

「公権」に属する問題と、経済的利益にかかわる税権や土地所有権問題の両方を同時に解決することが当然望ましいわけだが、どちらを優先すべきかについては、論者によって意見が違っていた。多くの論者が様々な立場から、条約改正問題について論じていたが、その中で『日本』がとった立場の特徴は、日本の国家制度の独立性の問題に議論を集中させることであった。

少し意外かもしれないが、『日本』におけるこういった主張は、福澤諭吉がかつて『時事新報』でおこなっていた主張に通じるものがある。意外というのは、福澤は明治二〇年代には内地雑居推進を唱え、羯南等が加わった対外硬運動と鋭く対立したからである。福澤は明治一七年に「条約改正」についての連載論説を『時事新報』に発表し次のように主張していた。

近年まで学者論客の議論する所を聞くと、税権の我が手中にないことは実益上の損害を蒙るものであるが、法権が我手中にないことは理論上精神上の損害に属するものにして、目前の実物の損害を蒙る程のものではない、故に名誉を欲する者は法権を回復すべし、実利を取る者は税権を回復すべし、我が日本人はむしろ名を棄てても実を取るに如かずとする意見があるようだ。しかしながら我輩の所見は大にこれに異なる。やはり現行条約の我が日本国に不利有害となるその本源骨髄は唯一條の治外法権の約束あるからなのであって、他の小利害の如きはこれと比較して論ずるに足るものではない。

（福澤諭吉「税権回復の実価如何」『福沢諭吉全集』第九巻、五〇六～五〇七頁）

もっとも福澤は明治二二年の時点では、「時節」を待つ必要があるとして法権の独立についても、もっと慎重な主張に変わっていた。羯南はかつての福澤の主張と同様の意見を、福澤の立場に近いと考えられている大隈外相の時にぶつけたわけである。そしてこれはよく考えられた選択だったように思われる。というのは、かつての福澤がこだわっていた国際関係上の独立国家の権利という問題が忘れられてしまう危険性に、あらためて注意を向けようとする『日本』の立場が新鮮な主張に見えるからである。

明治一〇年代から二〇年代初めの、いわゆる領事裁判において日本人が外国人を訴えた場合の勝訴率は、毎年ほとんど八割を超えており、必ずしも領事裁判は日本人に不利であるとは言えない（岩谷十郎「福澤における条約改正論」『福澤諭吉著作集』第八巻）。つまり実利の面からすれば、裁判権の問題は当面それほど心配なものではなく、関税自主権問題の方が読者には理解しやすかったはずである。しかし羯南はあえて裁判権の問題が国際社会で一般に独立国に認められている国家としての権利を侵害するものである点に読者の関心をひきつけようとした。

もう一点着目すべき特徴がある。羯南が外国人裁判官の受け入れを拒否する論理が一風変わっていることである。

羯南によれば、「外国人はキリスト教を信じているために、その道徳的な規範を守ろうとするが、それ故に一旦キリスト教の制裁なき社会に来たときには、あたかも野獣を檻中より出し広野に放ったかのようにその挙止進退は利己的で放縦になる」と述べている。さらにそれに対して日本人の多くは外国人のその不品行すらも「文明国人の風俗」と見なして納得してしまう。なぜなら「我が政府特に上流社会の人々は正に西洋人を敬すること重要な客人を視るが如く」であり、故に多数の人民はどうしても外国人の風習に影響を受けてしまい、「碧眼紅毛の人種を貴賓視してこれを敬するの余り」、終にその不品行すらもが文明人の行うべきことと思いこんでしまう。「国民的精神に乏しき今日の日本衆民」は簡単に西洋人の挙動をすべて良いものと思ってしまうからである(「続外国人論」『日本』明治二二年六月二六日)。

日本社会には道徳的基準がなく、キリスト教の束縛から解放された西洋人が傍若無人にふるまっても、その正邪を判断することができない。したがって、裁判官まで外国人がなってしまっては、どのような悪質な所業も「文明国人」の尊敬すべき行為と見なされ、それを批判する道徳的根拠を日本の国民はまったくもつことができないだろうというのである。

羯南にとってキリスト教は、人格の内面からではなく、社会的圧力として外から道徳管理をする制度としてとらえられている。羯南の議論は、日本におけるキリスト教理解の思想史的背景を反映したものである。キリスト教が、知的なレベルの低い民衆を荒唐無稽な物語によって道徳的品行に縛り付けておくための制度であるという観点は、徳川時代のキリスト教理解や、明治政府内部での教育論などに広く共有されている理解のパターンである。通常、条約改正批判は政府の卑屈な外交姿勢によって国民がいかなる不利益をこうむるかという議論を立てるものであるのが、羯南の場合、日本では国民としての意識が脆弱で信頼できないという点から議論を組み立てているわけである。羯南がここで危惧していること、すなわち道徳的な基軸のない日本人は西洋人の非道徳的行動に心理的に屈服してしまうという悲観的観測は、後の著作『国際論』でも維持され、そこではさらに深刻になっていった。

2　「国民主義」の理論

「ナショナリティ」の定義

羯南の『日本』と政教社の雑誌『日本人』とは、明治二〇年代の思想潮流の中で「国民主義」・「国粋旨義」を主張したひとつのまとまりをもった思想集団として扱われることがある。たしかに後に新聞『日本』が羯南の手から離れた時には、三宅雪嶺が中心であった『日本人』と合併して明治四〇年に『日本及日本人』となる。しかし、明治二〇年代初期の時点では、『日本』と『日本人』は、人脈や政治的活動でつながりは密とはいえ、ある思想原理を中心にしたまとまりをもっていたとは言い難い。

それでも、当時「ナショナリティ」――国民としての一定のまとまりの意識やその集団としてもっている特性を表現するものとでもしておけるだろうか――という概念に羯南と政教社が共に注目し、この概念を用いた論文が、単に時事的な論争を越えて、日本のナショナリズム思想の形成史に一定の足跡を残したことは覚えておく必要がある。「ナショナリティ」という概念は、既に福澤諭吉が『文明論之概略』において、J・S・ミルの『代議政体論』を参照して紹介しており、知識人にはある程度知られていたものであった。またちょうど明治二〇年代初めには国籍法を整備するために「日本人」概念を明確にする必要があり、羯南の官僚時代の同僚を含む明治政府の翻訳官僚達は、西洋におけるナショナリティ概念の理解に取り組んでいた。しかし、羯南のようにドイツ国家学からの引用をまじえたナショナリティ論を、学術誌ではなく新聞で展開したことにはやはり羯南なりの自負があった。

羯南は、『近時政論考』（明治二四年刊、もとの連載は明治二三年夏）の「国民論派」の章に「さきに国民論派の始めて世に現われたるは『日本人』においてし、次にこれを発揚するに与りたるものは我が『日本』これなり」と述べている。しかし、実際には羯南は『東京電報』の時にすでに「ナショナリティ」を論じていた。おそらく明治二一年六月九・一二・一三日の連載論説「日本文明進歩の岐路」がそのまとまったものとしては早いものになるだろう。

その内容を見てみたい。羯南によればナショナリティ概念とは以下のように整理できる。

吾輩がここで用いる「国民主義」とは英語のいわゆる「ナショナリチー」を主張する思想を指す。従来「ナショナリチー」なる原語は国体、国情、国粋、国風等の国語に訳されてきたけれども、これらの日本語の語彙は従来固有の意味があり、西洋の原語の意味を尽くしていない。原来「ナショナリチー」とはネーションなるものを基として他国民に対する独立特殊の性格を包括したものであるから、ここでは当面国民主義と訳してみた。今後「国民主義」の語を用いる時はこの意味であることを読者に記憶しておいてもらいたい。

このような難しい概念を読者に覚えておけと指定する言い方はいかにも羯南らしい。そして、この論説には羯南の「国民主義」が理論的に組み立てられてゆく過程を明らかにする手掛かりが豊富にある。すなわち、この論説においては、ブルンチュリの『一般国家学』第二篇第四章「国家形成の原則としてのナショナリティ」、および同じくブルンチュリの『科学としての政治学』第二篇第四章「ナショナリティ、ヒューマニティ、インターナショナリティ」から相当の引用がなされており、このブルンチュリの議論が羯南に与えた影響の大きさがわかる。

「日本文明進歩の岐路」の主旨は次の箇所に要約的にあらわれている。

「「後進の国民」は在来の事物をすべて否定し先進国にならうべしという主張」は、その論者が、現代における国家の一大元気すなわち国民主義を忘却し、もしくは蔑視したための過ちである。実に彼のブルンチュリー氏が吾輩に教えたように「近世の国家は国民主義を基礎として建立したるものなること」を忘却し、あるいは蔑視したための過ちである。

しかしながら現代、すなわち列国競争の時代において現れたこの一大傾向は、西洋追随論者が熱望する宇内主義（インテルナショナリチー）が四海兄弟の主義にもとづく未来の世界（もしもこれに達する時代が来るとしての話だが）に必要であるように、国民主義は現代において非常に必要なものであり、いやしくも一つの国民が列国の間に立って自主独立の国権を保とうと欲せば、あくまでこの国民主義を養成することにつとめざるをえない。いわんや貧弱の国民を振作して、富強の邦国と競争しようとする時代においてはなおのことである。……

もし一国の文化にして他国の感化を受け、全く自国特有の性格を失うに至れば、その国民は既に自主独立の基礎を失ったものといわざるをえない。なぜならば国家なるものは、ただの土地とそこに生存する人々の上に成立したものではないからである。

ブルンチュリの議論では、ナショナリティ（ドイツ語でNationalität）は、文化的共有に基づく一体性によって成り立っている集団として扱われているが、そのままでは国家を形成する力はない。したがって、羯南が強調する文化を基盤にして主権国家としての独立性を主張するには「ナショナリティ」に加えて国家形成の意思が必要であり、それはドイツ語の原文ではフォルクVolkという語があてられる。ところが、羯南が参照したと思われるフランス語訳ではドイツ語の「フォルク」が「ナシオンnation」になっている。そのため、羯南は「ナショナリティ」と「ナシオン」を厳密に区別する必要を感じなかったのであろう。

二〇世紀前半に書かれたナショナリズム論の古典であるマイネッケの『世界市民主義と国民国家』（一九〇八年）では、「国家国民」の概念と「文化国民」の概念を区別して立てているが、仮にここでマイネッケの図式を利用して、ブルンチュリのフォルクとナチオン、およびその英訳版と仏語訳版での訳語を表にすると次のようになる。

ブルンチュリの用語（マイネッケの図式）

	国家国民	文化国民
ドイツ語原文	Volk	Nation, Nationalität
フランス語訳	nation	people, nationalité
英語訳	nation	people, nationality

（著者作成）

こういった西洋語間の翻訳過程が生み出した語彙のわかりにくさが、羯南の「国民主義」論の中に主権国家を形成する政治的集合体という制度の問題と歴史的文化的アイデンティティの感覚とを混在させる傾向につながったのである。

ただし、歴史的文化的集合体の個性と制度としての国家とは緊密に結びつくことが望ましいという考えはブルンチュリもいだいていた。ブルンチュリは、ナショナリティが国家形成の基礎となるという原則が、一八四〇年以降ヨーロッパ世界に広がったと述べており、まさに十九世紀の所産、「近世」＝同時代的現象であるとしている。

ブルンチュリは『一般国家学』において、「国家は組織されたフォルクであり、フォルクはその性格づけをその国家に住むナチオンから受けている。したがってフォルクとナチオンとの間には自然な関係、相互的永続的な影響がある」と述べていた。あるいは『科学としての政治学』では「ナチオナリテートの原則が今日ほど影響力を持ったことはこれまでなかった。近代の政治はみなナチオナールな刻印を受けている」としていた。

羯南がブルンチュリから引き出したもう一つの主張は、国民の政治参加が「精神の発達」という観点でのぞましいとされる議論である。これは文化的個性の主張というよりは人間の完成という普遍的理念が国家への参加を通じて達成されるとする、いわばナショナリズム思想の人格主義的側面である。ブルンチュリは、「最高の国家の理念は普遍的な人類性〔フマニテート〕に基づく」と述べ、ナショナリティは国家の発展の最終段階ではないとし、国家の最も高度な段階においては、国家の統合は歴史的慣習そのものにではなく、一般的に人間としての相互関係と法に基づかねばならないと主張していた。したがって、国民＝フォルクとは「政治的権利を持たぬ単なる受動的な被治者の集団のことではない」とし、「専制の下ではフォルクは存在しない」という。ナショナリティの尊重はこの国民形成に役立つ場合のみ意義を認められるのである。

羯南は、独立の主権国家設立の課題と文化的個性の保持と人民の政治参加という問題を一挙に結びつけることを企図して、あえて「国民」の語をフォルクとナチオンにまたがる概念として用いたのではないだろうか。羯南も目を通していた可能性の高い『独逸学協会雑誌』におけるブルンチュリの紹介ではフォルクを「国民」、ナチオナリテートを「族民」と明確に訳し分けていたことなどから考えると（訳者不明「族民的の建国及族民主義」『独逸学協会雑誌』明治二〇年一月一五日）、羯南は混乱していたのではなく、意図的に「国民」という言葉を両義的に用いたという見方も可能である。

「主義」の競争

羯南が主張する「国民主義」の背後には、条約改正問題および前述の西洋政治思想の影響と同時に、当時の新聞・雑誌にあらわれていた政論と民党勢力との関係をにらみつつ、特徴ある新しい主張を打ち出したいという強い意欲が見受けられる。この点に関連して、羯南が「国民」という言葉だけでなく、「主義」という言葉にもこだわったのは何故かということを考えてみたい。

政治的主張の原則を「主義」と呼ぶことが広まったのは、明治一〇年代において自由民権運動が全国的な広がりを持ち、また新聞雑誌の世界で盛んに「主義」をめぐる論争がおこなわれたためである。しかし、明治一〇年代後半から、来るべき議会開設に備えて民党の側も準備をしておかなければという考えが浸透してくると、政治的「主義」は次第に無益な「論争のための論争」を連想させる言葉になっていった。

たとえば、当時改進党は自由党に対して、自由党は「施政上の主義」が明らかでなく「政体改良の目的」をその「主義中に挟み」、これによって政治社会での運動をしようとするものであり、それは「政党」ではなく「政体党」であると批判していた（吉田熹六「立憲改進党と自由党との区別」『朝野新聞』明治二一年七月二二・二四日）。他方、同様の危惧は自由党に近い立場の論者の意見にもあった。政治小説『雪中梅』で知られる末広鉄腸は、明治二三年における旧自由党系三派の合同の気運の中で、「自由主義」が過度に理念的な用いられ方をすることに懸念を示していた。末広が加わった大同倶楽部は、いわゆる国権派を重要な構成員とするためもあり、「党議においては自由主義により他に個人又は国家等の区別を論ぜざる事」という要求を出した。言葉としては「自由主義」の内に「個人主義」も「国家主義」も調和的に共存し得るという一見政治的原理をめぐる議論であったが、要するに反西洋主義的でアジア論的な勢力を味方に付けるべきだということであった。土佐派などがこれに懸念を示し、新聞紙上で「個人自由主義」をとるべきか「国家自由主義」をとるべきかという論争が発生した。この時、鉄腸は次のような立場を取る。

余の見る所を以てするに、かくの如き無形上の議論は哲学者の手にゆだねるべきである。、自ら進んで実事問題に当らんとする者は決してこの二者を区別して無用の競争をすべきではない。なぜならば、机に向かって哲学上の理論を戦わす時は国家主義とか個人主義というものはおたがいに反対する所のようにみえるけれども、実地上について政治におよぶときにはこの二者は互いに協和一致すべきものだからである。（末廣重恭＝鉄腸『何をか政黨と云ふ』四〜五頁）

末広とは対立する立場の中江兆民も、従来の「政治の旨義」が額面割れを起こし、来るべき「世論の競売場ともいうべき国会」では通用しないと指摘していた。「漠然として自由平等の四字を看板に大書するばかりで庫中の貨物を掲示しない間は店の繁盛は到底おぼつかない」（中江兆民「政党論」『東雲新聞』明治二一年六月一四〜一七日、『中江兆民全集』第一一巻、一八〇〜一八一頁）。しかし、他方で当時の時流に便乗して発生した「理論を嫌悪する種族」の存在も兆民にはとうてい認められなかったようである。兆民が批判する「理論を嫌悪する種族」とは、政府批判を嫌がる藩閥政府だけを指すのではなく、「自由といい保守といい個人的自由といい国家的自由といい、これらは皆プラトン、アリストテレス以来血脈を引いて来た哲学者流の机上論であり、政治の中に持込むべき言辞ではない」などとする冷笑的な批評を指していた（中江兆民「理論は邦家を覆へすものなる歟」明治二三年夏頃と推定される、『警世放言』所収、『中江兆民全集』第一三巻、二七四頁）。末広鉄腸のような議論はこの「理論を嫌悪する種族」に含まれよう。

このような政治の世界の脱「主義」化傾向を睨みながら、羯南は「自由主義」（明治二三年一月一五～二〇日）と題する論説を発表し、しかも後にその論説を「自由主義如何」と題して著作『近時政論考』に収録した。それは、哲学的な「自由」概念の追究や政治的原理としての自由主義とは何かといった関心から発生したものではなかった。羯南の関心は「主義」がどのようにして党派的意図の透けて見える空疎な概念になっていったのか、それを許している政論の担い手たちはどうなっているのかを批判的に描こうとしたのである。

羯南はその中でF・J・シュタールを引用して次のように述べる。

吾輩は単に自由主義を奉ずる者ではない。すなわち自由主義は吾輩の単一なる神ではない……しかし、かのスタール氏は吾輩に最良の説を供出した。「歴史始まって今日に至るまで、種々の主義は世に起った。このいろいろな主義は皆な人間の同一なる動機より生じたるものであるから、いずれも人間の真理を包有しないものはない。ただそのひとつの主張は極点にまでこれを主張するため、他の主張と相い容れないようになり、誤謬を犯しても気が付かない」と。

また羯南は、同時期に「党派の主義」という一文を『文』という雑誌に載せていた。『文』は政教社のメンバーであった菊池熊太郎が発行人・主筆をつとめた雑誌で、雑誌『日本人』の「別動機関」と『日本人』に紹介されていた（中野目徹『政教社の研究』一二四頁）。この文は主旨が『日本』に載せた「自由主義」に重なる上に、「リベラリズム」「プルグレッシズム（進歩主義）」「コンセルバアチズム（保守主義）」「アブソリユチズム（絶対主義）」といった西洋産の諸「イズム」の整理がなされ、後の『近時政論考』の準備作業のような論文になっている。そこでは、「要するに我国の政党はその主義のいかんにかかわらず、帝国憲法の下に運動して憲法遵守の義務を認識しないものはない。果してそれならばその主義の根本において、ほとんど党派の区別は存立すべきではない」と述べている（「党派の主義」『文』明治二三年一月一五日・三一日、『全集』第九巻、六一〇頁以下）。この論文にもシュタールの引用があった。主張としては典型的な政党嫌いの論理ではあるが、要するに政党間の「主義」の争いといっても政治体制の選択を論じているわけではないということであろう。

シュタールは理性による革命といったラディカルな主張に対抗して、歴史主義の立場をぶつける議論をしていたのだが、ここでの羯南の主張はあまり歴史哲学とは関係がない。いわば憲法発布と議会開設のこの時期に、従来の「主義」の競争が終わったことを宣言するために、わざわざドイツの法理論史が権威付けに使われたのである。また羯南は、「我が進歩党は万世一系の帝政を敬重」し、「保守党は、藩閥内閣の弊政を攻撃」する有様に対し、「主義の名目にかかわらず、理論的立場とは別に言動を発することは、かえってあらゆる理念を総合しようとする時代に適当ではないだろうか」と述べているが、これはすぐにご都合主義的な態度に走る日本の政界に対する皮肉や冗談ではなく、日本の政治状況が好ましい方向に向かっていると考えていたのであろう。

羯南は、言論人として安全な位置から政界を見下ろすことができたというわけではなかった。一般の読者から見れば『日本』は一種の保守党であって、むしろそのような保守的なイメージを払拭しつつ、しかも西洋諸国に警戒心と反発をもつ読者に訴えられる、個性的な紙面をつくるというのが苦心のしどころであった。明治二三年に高橋建三がフランスに官報の印刷機購入と官報制度視察の為に出張した際、『読売新聞』は、「新保守党中の影武者」で「個人自由主義を打ち仆《たお》さん」とする高橋が洋装せずに羽織袴で行ったと揶揄した。これに対して『日本』は、高橋の和装がパーティ用であり、普段は洋装だと反論している。『日本』がいかに「保守」と見られるのを嫌っているかがわかる（『自恃言行録』二二五頁以下）。

『近時政論考』

『日本』創刊（明治二二年二月一一日）の趣意の中で、羯南は「国民精神」と「国民の天賦の任務」について次のように主張していた。

『日本』は国民精神の回復発揚を自らの任務と考えるが、西洋文明の善美を認めないわけではない。その権利・自由・平等の説は重んじるべきであり、その哲学道義の理は敬するべきであり、その風俗慣習もある点は愛すべきものがある。特に理学経済実業の事は最も欣慕するところである。

しかしながらこれを日本に採用するには、それが西洋で行われているからという事実を以てするのではなく、ただ日本の利益および幸福に資するかどうかという実質を考えるべきである。故に『日本』は狭隘な攘夷論を再興しようとするのではなく、博愛主義とともに国民精神を回復発揚するものである。『日本』は外部に向って国民精神を発揚すると同時に、内部に向っては「国民団結」を強固にすることに努める。

故に『日本』は国家の善美の淵源である皇室と社会利益の基礎である平民との間を緊密にし、貴賤貧富および都会と地方の間にはなはだしい隔絶がないようにし、国民の内に権利および幸福のかたよりがなくなることを望む。「日本」は国民の富力を増すために実業の進歩を望み、国民の智力を増すために教育の改良を望む。『日本』は批評諷刺の方法によって常に善悪邪正の区別を明かにするよう努力する。これは今日百般改良の実を挙げるには、政治法律の力よりもむしろ社会の公徳を啓発するのがもっと重要と信ずるからである。

要するに『日本』は内外に向って共に信義を旨とし、我が君子国の称を回復発揚するということである。

このゆえに『日本』は必ずしも明治二十三年の国会開設をまって多数を国会に占めようと欲する一政党派の欲望を充たすことが目的なのではない。またいたずらに文章を飾り、筆をもてあそんで無責任の言論をふりまわそうとするのではない。『日本』は日本の前途に横わる内外の障害を排除し「日本国民」をしてその天賦の任務をつくさしめんことを期するのである。

（『日本』創刊号、明治二二年一月一一日）

ここに見られる「攘夷論」と「国民精神」の区別、「天賦の任務」といった主張は、『近時政論考』（明治二四年刊）の中で詳しく展開されていくこととなった。

ここで羯南の主著と呼べる『近時政論考』の内容を検討したい。『近時政論考』は、既に紹介した「近時憲法考」「自由主義如何」と、主論文である「近時政論考」（新聞連載は明治二三年七月から九月）からなっている。「近時政論考」では、明治維新以来明治二〇年代初めまでの言論を四期に時期区分し、それぞれの時期においてどのような「民間の政論的変遷」があったのかを紹介しつつ論評するというスタイルをとっている。

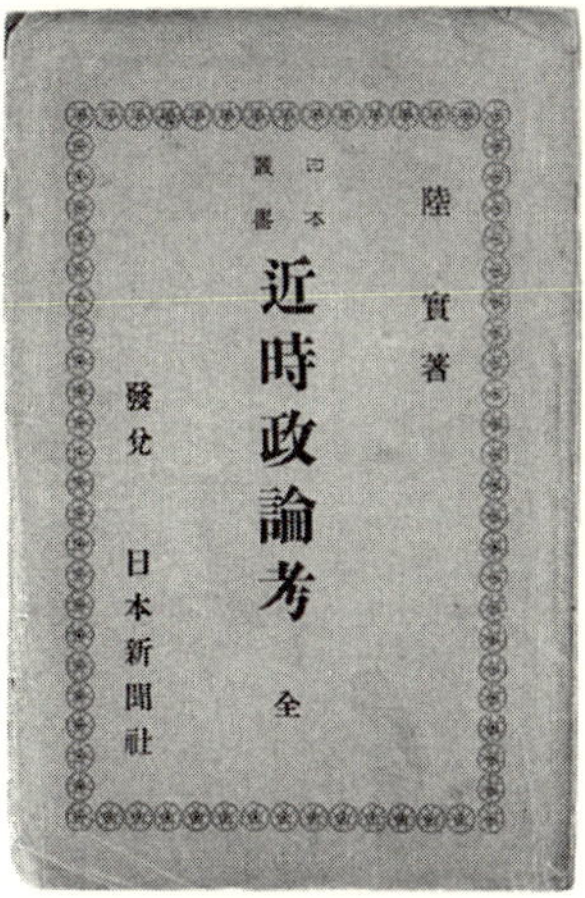

『近時政論考』
（日本新聞社，明治24年6月）
（青森県近代文学館蔵）

その四期とは、明治維新から明六社および民撰議院論争までを第一期、民撰議院論争以降西南戦争までの激しい政府批判言論の時期を第二期、自由党派、改進党派および政府擁護的言論の対立を軸にした明治一〇年代を第三期、立憲政体への準備に入った明治一〇年代終わりから同時代までが第四期であり、同時代の最後に羯南自身の立場としての「国民論派」が登場する。

羯南は、「論派」の消長と登場の歴史的背景を説明しながら、それぞれに論評を加えていくが、あまり断罪的な批判や過度な称揚はしない。たとえば、板垣退助・星亨《ほしとおる》・大井《おおい》憲太郎《けんたろう》・中江兆民の名を挙げながら明治一〇年代半ばあたりの自由党周辺の言論を「自由論派」と呼ぶが、その主張の性急さと理論直輸入的な生硬さを指摘しながらも、「東洋政治」の権威主義的な悪弊の批判と、近代国家として整備すべき憲法および議会制度の基礎となる思想を準備した功績を評価している。中江兆民と仏学塾の『政理叢談』について「ルーソー主義と革命主義」を唱道したと紹介されるが、それでもその理論的な水準の高さを誉めていた。

それでは、羯南が自らの立場とする「国民論派」固有の主張とはどのようなものになるのだろうか。鳥尾小弥太ら保守中正派を論じた「保守論派」の節の末尾に、「保守論派」と「国民論派」との相違を次のように説明している。

> 保守論派と国民論派とは欧化時代において共に現われたものではあるが、元来この二派はもともと同根の者ではない。欧化主義に反対することについても、保守論派は自主自由の理を以てその論拠としているが、国民論派は国民天賦の任務を以てその根拠としている。前者は主として国の権理を全うするために起り、後者は権理を重んじないわけではないが、むしろ国の義務を全うするために

起ったものである。

これを一読して意味が分かる読者がどれだけいたのか疑問だが、「保守論派」が自分たちの歴史に固有の価値を、西洋化や近代化の波から守るための原理であるとしたら、「国民論派」はより積極的に追求すべき目的をもっていると言いたいらしい。次に「国民論派」の節の出だし部分では、「国民論派」（ナショナリズムとルビがふられていた）の名称は「あえて自らこの名称を取るわけではない。便宜のため仮にこの名を冠しているだけである」と言っている。羯南の過去の論説を見ると「国民論派」は好んで採った自称ではないというのは韜晦を感じさせるが、欧化主義に反対するからといってあらゆる変化や革新を忌み嫌う主張ととられては困るということであろう。だが、単なる過去への執着や反西洋主義ではなく、国民に「天賦の任務」があるとはどういう意味だろうか。

「国民的任務」という概念は、ブルンチュリに依拠したものであろう。典拠は『一般国家学』において用いられた、政治的団体としての国家を形成する「国民」へと発展できるような偉大な民族のみが与えられた政治的な「使命」という概念である。だが羯南がどれだけ確信をもって「国民」の世界史的使命といった、いかにもドイツ歴史哲学的な観念を理解していたのかは少し疑わしい。使命の中身がはっきりしないからである。当時同じような議論としては、三宅雪嶺が明治二四年に公刊された『真善美日本人』において国民的使命を論じていた。西洋の模倣を批判し、日本人の国民的個性のようなものを主張すること自体が、世界をより良くする世界史的な役割を果たすことであるといった理論が学習され、立論に動員されていたことは確認できる。

「近時政論考」においては、モーリス・ブロックの『政治学辞典』（Maurice Block, 1816-1901, *Dictionnaire général de la politique*）からの引用が大きな役割を果たしている。ブロックはドイツ出身だがフランスに帰化し活動していた著名な統計学・政治学者である。木戸孝允は岩倉使節団でフランスを訪れたときにわざわざブロックに面会を求めており、また井上毅は憲法草案ほかさまざまな機会にブロックの著作を参照していた。中江兆民の仏学塾による『政理叢談』にもブロックの辞典からの翻訳が数編見られる。ブロックの著作や辞典は、政府部内でも民間の政治論でも体系だった近代国家制度の解説として重宝されていた。

羯南は、ブロックの『政治学辞典』における‘nationalité’（ブロックの執筆）の項目からの引用を長々としている。「国民論派」の章での「泰西国民精神の変遷」という小見出しから「泰西に於ける国民論派の発達」までは、ブロックの引用が殆どである。フィヒテ、ド・メーストルなども引かれるが、これも孫引きである。

特に注意したいのはフランス革命についての羯南の次のような叙述である。

> この革命はもとは全く国民的感情に関係なく、その矛先は専ら旧慣の破壊に向い、封建論を唱える者を死刑に処したるが如き点から見れば、むしろ国民的感情に反対する観があった。しかしながら国民的政治とは国民的統一がその一条件である。封建遺制の錯雑を一掃して、かの宣言書にいうと

ころの単一不可分の共和国を立てることは、日本の維新改革に似て国内における国民的精神の発達と言うことができる。しかし既にフランス人の国民精神すなわち愛国心はその適切な範囲を越えてほとんど非国民精神を喚起してしまい、宣言の一条たる四海兄弟の原則は国民という本来の立脚点を忘れさせ、共和国の兵はどこの国であってもひたすら暴君に立ち向かうべしと大叫するに至った。

ブロックの原文と照合すると、ここでいう「国民的感情」は「ナショナリテとしての感情」sentiments nationalités に対応している言葉であるが、羯南が「国民的」という時、必ずしもすべてが「ナショナリテ」という言葉と対応しているわけではない。「国民的精神」という場合は「パトリオティスム」patriotisme に対応している。

ブロックの議論を整理すれば、「パトリオティスム」は、圧制者を排除し政治的な一体性を持った国民の連帯を志向する運動を指していて、歴史的・文化的個性といった要素のことではない。他方「ナショナリテとしての感情」というのは、「封建遺制」も含めた歴史的な継続性や伝統による共同性のようなものが基礎となっている。「パトリオティスム」は、人民はすべからく兄弟であり敵は圧政者のみという「コスモポリタニスム」（羯南が「非国民的精神を喚起したり」としている箇所に対応する）に結びつく。羯南が、フランス革命には「国民的感情に反対する」側面があったと言っているのはこの点を理解しているからである。

このブロックを典拠とする一節は、単に西洋におけるナショナリズムの発展の歴史を祖述しているのではなく、羯南によるある種の論理的な操作がおこなわれている。羯南は「封建遺制」を打破した明治維新を「自由政体の精神」の端緒としてとらえ、それも「国民的精神」であるとし、他方、日本の歴史的固有性への執着は「国民的感情」とする。「精神」と「感情」との区別はされても「国民的」という言葉に含まれる国民による国家形成という制度理念と文化的一体感との区別は説明されない。このブレは強引に「国民的任務」という語で乗り越えられてしまう。

国民論派は国民的任務を尽すために国民全般がこの任務を負うべきことを期し、この期待からして代議政体が至当であることを認める。代議政すなわち立憲政は他の論派にとっては最終の目的であるが、国民論派にとっては一つの方法であるに過ぎない。それではその目的とは何か。つまり、国民全体の力を以て内部の富強進歩を図り、以て世界の文明に力を致すこと、これがその最終の目的である。

しかし、当時この「目的」に反対する「他の論派」など存在しただろうか。また日本の「内部の富強進歩」をはかることが、そのままどうして世界の文明に貢献することになるのだろうか。世界史の進歩の妨げになっている専制政治下の貧しい後進国がその状態から脱することがそのまま文明への貢献であるとするほど醒めた見解を羯南がもっていたとはとうてい思えない。ここで羯南が発見したのは、「国民」という日本語を用いれば、西洋の「ネイション」の概念が喚起する緊張、すなわち文化的共同性と政治的な統合との区別や対立をわからなくし、政治的原理としての「主義」の対立や競争の意味を曖昧にし、しかも読者には「国民」とは西洋先進国でも新たに注目されている概念であるという印象を与えることができるという便利さであった。

自由主義は個人の天賦の才能を発達させて国民実力の進歩を図るために必要である。平等主義は国家の安寧を保持して国民多数の志望を満たすのに必要である。故に国民論派は此の二原則を政事上の重要なる条件と見なす。あえて天賦の権利であるとか、西洋の風儀であることを理由にこれを認めるのではない。専制主義の要素さえも、国家を統合し活動するために必要である。したがって国民論派は天皇の大権を固くすることを期す。共和主義の要素は権力の濫用を防ぐために必要である。故に国民論派は内閣の責任を明にすることを期す。貴族主義は国家の秩序を保つに必要である。故に国民論派は華族および貴族院の存立に異議を抱かない。平民主義は権利の享受を広めるために必要である。故に国民論派は衆議院の完全な働きおよび選挙権の拡張を期す。個人の力ではかなわない事については国家の干渉が必要である。国家の権を施してかえって害がある場合には自治が固より必要である。国民論派は敢て抽象的理論をかりて、以て一切の干渉を非としたり、あるいは一切の自治を是とする者ではない。……

国民論派は個人と国家とを並立させて初めて国家の統一および発育を得ると考える。すなわち国民の事情に応じて国家と個人の二者の伸縮を決す。理論上の伸縮がどこにあったとしても、国民の事情に適応する限りは其の実際上の結果は皆な同一だからである。

まさにここで挙げられている諸「主義」が相互に矛盾し、実際の問題への処方箋が簡単には決まらないからこそ、政治の場において議論し競争する意味があると現代の我々なら気づくかもしれない。しかし羯南にとっては、そのような対立や競争は無意味な理論闘争であって、現実の「国民的任務」にとって二義的なものと見なすべきものであった。

羯南の国民主義の主張にデモクラシーとナショナリズムの健全な結合を見いだそうとする見方や、既存の「主義」に安住したり輸入理論への盲目的信仰に陥らない羯南の態度が求道的で良いと見なす評価が現在でもある。しかし、「国民主義」の主張は、一見深遠な教養があるかのような素振りを見せることによって、共同体的共感の名の下に、政治的判断の矛盾や虚偽を覆い隠すナショナリズム一般の危険な性格を内包していた。現在でも一般的にナショナリズム思想には、高級そうな文化的身振りを用いて大衆の人気を獲得し（自分の知性は高級だと思いたい人々は明治にも現代にもいる）、一見世界の多様性を説きながら国民内部の同質性を強要する虚偽意識の性質をもつことが多い。羯南の議論もこの特徴を見事に示している。もっともこの危うさ自体が、当時としては「国民主義」の「最新」性を示していたということかもしれないが。

「国民主義」の中身

『近時政論考』以外の論説においても、羯南は、「国民主義」が「最新」の政治理論であり、西洋先進国が共有する国家原理であるとしきりに主張し、「先進国」「後進国」という言葉を好んで使った。それは、日本は「後進」なのではなく「特殊」なのだと居直ろうとしたからではない。そういった居直りの日本特殊主義は「守旧」的として非難された。羯南は、つまるところ、以下のような論理構成をとろうとしていた。

すなわち、「先進国」が「先進」なのは、制度・学問・実業などが精緻であり「文明」と呼びうる大きなシステムをつかむことに成功したからである。その上で見落としてならないのは、集合的アイデンティティとしての「大我」・「自負心」・「文化の特立」が背後からそのシステムに活力を与えていることである。したがって、「後進国」の達成すべき課題は二点ある。第一に制度・学問・実業については「先進国」から学び、第二に並行して「大我」・「自負心」・「文化の特立」（「世界的理想と国民的観念」『日本』明治二三年一月四〜七日）についても「先進国」から学ぶべきである。ただし、「大我」・「自負心」・「文化の特立」の内容は各国民によってまったく特殊なので、学ぶべきものは、具体的な内容ではなく、それを保持しようとする意欲そのものである。英国人もフランス人もドイツ人もそれぞれ特殊だが、いずれも「先進国」ではないか。「文化上の生活」の特殊性を保持することはむしろ「先進国」たることの条件であり、また日本固有の文物を保護発育することは世界の公益に資することにもなる（「国政の要義」『日本』明治二二年一一月三〇日〜一二月三日、「文化及政治」『日本』明治二三年一二月一二〜一六日）。

ではどういった実質的・内容的な価値を「国民」に見いだし、何を「自負」すればいいのか。その点がいつまでたっても見えてこないのは、二十一世紀現在の論壇に現れるナショナリスティックな主張と同様である。羯南の論理もこれにまったく明確な答えはない。おそらく、羯南の主張としては、「国民主義」とは、価値の内実を問うことではなく、「自負」を持とうとする意欲自体が価値であるということになろう。この空疎としかいいようのない精神主義以外に「国民主義」の中身はない。

空疎な論理のからまわりに至る危険がどの程度意識されていたのかわからないが、羯南は「国民主義」の内実を何とか探そうとしていたと思われる。たとえば、信仰と国家への忠誠心の問題である。羯南によれば神道は「国民の典礼」であり、国民としての忠誠心の表現であって、「宗教」ではない。神社を「宗教」上のものと見なすのは、諸宗教の対立感情などがこじれた場合に神道についても軽侮する心が生じ、「一転して我国の歴史上に及び、其影響は終に国家及び皇室の上に被ら」ないともいえない危険性があるという。ただし一部の教派神道は「宗教」と見なしてもかまわないという（「布教条例、典礼と宗教」『日本』明治二三年一月二三～二七日）。

この問題は、当時、憲法によって神道が「宗教」と見なされ、府県郷村社の神職は、宗教条例のような法令によって僧侶と同様の扱いにされるのではないかという危惧が関係者に流布していたことに関連している。政府部内でも神社は別格に扱うべきだという佐々木高行や山田顕義司法大臣らの動きがあり、明治初期に廃止された神祇官を再設置すべしとする運動などもあった。神職の中には教派神道との関係を断って「宗教」と見なされることを避けようとしたものもあった（山口輝臣『明治国家と宗教』第二部第二章）。『日本』の論説は、こういった勢力の声に呼応したものであり、伊藤博文ら政府の開明派への反感を佐々木たちと共有している。

また、歴史学が「国民的精神」を脅かしてはならないといった主張もおこなっていた。『日本』は、南朝の忠臣とされる児島高徳《こじまたかのり》の実在を否定したり、『太平記』の様々なエピソードが史実ではないと論じたりした歴史学者重野安繹《しげのやすつぐ》を非難し、「学者社会」の重鎮である重野が「考証の説を以て国史上における聖賢忠孝の偉人の足跡を一筆の下に抹殺し去らんとするようなことは看過できない」と憤激していた。歴史は「国民的精神、国民的徳性（特性ではない）の消長」に関わるものであり、史実の考証というのはなかなか確実なことは言えないのだから、重野は自説をあくまで「私説」であるとすべきであった（「歴史家及考証」『日本』明治二三年三月一二〜一四日）。「国民的精神」の前には、学問的成果も「私説」（ということは学問に「公説」があることを認めよということだろう）にとどめよと論じることになんらためらいは見られない。この論説は、翌明治二四年に起きる久米邦武の「神道は祭天の古俗」問題のさきがけとなった（米原謙『近代日本のアイデンティティと政治』第一章）。

羯南自身および羯南に近い立場にあった政教社や乾坤社などの人々の自己定義によれば、「国民主義」というのは、社会道徳や日常生活上の習慣を強引に西洋化しようとする当時の風潮および対外的プライドや国民に対する責任感を失った政府を批判する主張である。しかし、当時の日本社会の実態は、そういった徹底的な西洋の模倣などほど遠いものであった。『日本』が嘆く、「男女日用衣食住の具、遊戯歌舞に至るまですべて西洋の模倣をし、資本もなく技巧もないにもかかわらず開明国の奢侈を我が首府に移植しようと望む」ような「極端なる西洋主義」（「日本と云ふ表題」『日本』明治二二年二月一一日）といった思想や行動は、実際にはいわゆる欧化政策を進めようとする政府も含めてほとんどない。もちろん「首府」である東京では、「西洋風」の建築や消費生活が少しはあった。しかしここで攻撃される極端な「西洋主義」は、羯南がいわば批判の論理を構成するために作り出した想像上の敵である。

この想像上の敵を叩く論理構成をもって、国を思い政府を批判する、民を思い権力者を批判するという期待を、羯南当人も知識教養のある（はずの）読者も抱くことが出来たのだろう。実際の「民」には理解不可能な西洋の政治理論を引用し、自らの知的優位を保持しながら、国民の一体性を説くナショナリズムの思想が見事に作られたのである。

羯南は、教育勅語について「近来の美事と思われます。今日では政府にも多少の味方を得ることができ、まずはたいへん結構な事と喜び大いにこの機を利用したいと考えます」と品川弥二郎に送っていた（明治二三年一一月五日）。さらに『日本』社説では教育勅語について、「父母に孝、兄弟に友、夫婦の和、朋友の信、および皇室に対する忠、これ皆な日本国民の固有なる倫道であり、日本国民の歴史的慣習であり、日本社会を建設する元素である。これは学理によって推究すべきものではなく、感情を以て断定すべきものである」（「斯道論」『日本』明治二三年一一月三日）という。この「感情による断定」が一体何に利用できるというのだろうか。政府による「感情」の動員と「国民主義」によるナショナリズムの理論化とがちょうどよくかみあうことを期待しているのだろうか。

第五章　ジャーナリズムと政治社会の論理

1　新聞は「機関」か「商品」か

ジャーナリズムの自立

人物評論の名手として知られたジャーナリスト鳥谷部春汀は、明治二〇年代末に新聞界を振り返って「福地源一郎、福澤諭吉の時代は既に去り、後進俊髦の記者がまさに勃興して、新聞社会は端なくもここに新陳代謝をした。中に文壇の将星たるものは三人、徳富蘇峰、朝比奈碌堂《あさひなろくどう》、陸羯南がすなわちこれである」と述べた（鳥谷部春汀「三新聞記者」明治二九年四月、『春汀全集　第二巻　明治人物月旦』二七二頁）。陸羯南・朝比奈知泉《ちせん》・徳富蘇峰をこの時期の新世代ジャーナリストの代表として考えるならば、確かにある種の共通性が見られる。ジャーナリズム史研究家の西田長寿によれば、「明治二〇年代新聞界の新兆候」の一つとして「かつての新聞記者は多く士族の子弟であり、かつ官途につく一つの段階としたものであり、政治家志望であった。いわば腰掛的であったが、この頃から文筆を以て生涯の生活をたてようとする人々が出てきた」と指摘している（西田長寿『明治時代の新聞と雑誌』一五二頁）。

こういった新聞記者の職業的な意識の成立は、新聞の政治的独立性の主張を強めたが、それは新聞の政治的主張が消極的なものになることではなく、むしろ新聞が世論を形成する力の強化と組み合わせになっていた。鳥谷部によれば、状況は次のようなものである。

明治二十三年議会の開設と共に、全国の新聞紙はそれが党派の機関新聞であるか否かを問わず、再び政治新聞としての姿を現わして来た。さらにまた新聞記者でありながら衆議院議員に当選したものもまた多いだけではなく、議員の主なる者は、大抵は直接間接に新聞紙に関係しているため、衆議院と新聞紙とは内外相応じて輿論とされるものを製造してきたのである。初期議会以来、衆議院の解散問題となったものは、一として新聞紙により提議されなかったものはなく、そうでなくても新聞紙に書かれないままで、輿論として認められたものは、未だかつて存在しない。

衆議院に政費節減・民力休養の問題が出されたときは、その背後には必ず新聞紙があり、これをとりあげて、始めて輿論となった。衆議院に対外硬派の上奏建議などが起きたときは、新聞紙は必ずこの勢力と互いに連合してその言論を鼓吹《こすい》し、衆議院に行政改革・財政整理を主張するものあるときは、新聞紙は必ずこれに声援を与えることによって、これらが権威ある題目となることができたのである。もし政府を以て政治的勢力の第一級とするならば、議会はその第二級にして新聞紙はその第三級の位置にあるということができ、政府の新聞紙を畏れることとむしろ議会以上ともいえる観があり、そのため新聞紙の発行停止は頻りにこの時代に行われたのであった。

（鳥谷部春汀「新聞紙雑誌及び出版事業」明治四一年二月、『春汀全集　第二巻』三九四〜三九五頁）

政府が議会よりも新聞を恐れるということは、新聞が党派に従属するのではなく、それ自体として大きな固有の政治力を発揮すると見なされるようになった事情を示している。

前章で紹介した『日本』創刊の宣言（明治二二年二月一一日）には、「わが『日本』はもとより現今の政党に関係あるのではない。しかしながらまた商品を以て自ら甘んずるものでもない」、「『日本』は決して明治二十三年の議会開設に期待して多数を国会に占めようと欲する一政党派の欲望を充たことを目的とするのではない。また、いたずらに文を踊らせ筆をもてあそんで無責任なる言論をほしいままにするのではない」という主張がある。これは高邁なジャーナリズムの理念を示したものとして、「明治の人は偉かった」とするタイプの見方からは評価の高い文章である。しかし、当時の議会開設をにらんだ政治の世界の動きと新聞業界の動向に照らし合わせてこれを見れば、新聞こそが世論を正しく導くという主張自体が、政府や政党の思惑からは独立した政治的なアクターとして、そして同時にメディア・ビジネスとしての新聞記者の宣言であることがわかる。

羯南は、ジャーナリズムがビジネスとして力を持ちつつあることに対する当惑を逆説的に表現することもあった。三宅雪嶺が明治二三年二月一一日（つまり『日本』創刊のちょうど一年後）に『江湖新聞』という曹洞宗系の新聞の主筆を引き受けたとき、世の新聞業界に対する皮肉たっぷりの警告めいた文を送っていた。それによれば、羯南自身が新聞記者に不向きだと痛切に感じているのに、自分よりも遙かに学識の高い雪嶺が向いているわけはないというのである。

私が切に思うのは、今日の新聞記者たる者に必要とされる条件に七つある。一つには生活が華美であること、二に挙動進退が世の動きに敏感であること、三に社交が円滑であること、四に容貌が洗練されていること、五に言語が爽快であること、六に応対が軽妙であること、七に文章は婉曲であることである。これらの七ツ道具をすべて有する者は全国第一の新聞記者となるであろう。
（「三宅雄二郎氏に与へて新聞記者を辞せしむるの書」『江湖新聞』明治二三年二月一三日、『全集』第九巻）

雪嶺は『江湖新聞』にこの文をそのまま載せており、羯南と雪嶺両者の新聞記者という職業に対するある種の韜晦を見て取ることができる。新聞記者としての名声は、有力者の社交の世界で泳ぎ回り、華やかにもてはやされる能力にかかっているという皮肉である。

言論は天下国家を論じるビジネスであるという事態を、羯南はどう整理しようとしていたのだろうか。最初の国会議員選挙の後、明治二三年九月に、次のような告知文が『日本』に載った。

『日本』は党派の機関ではなく、吾輩が主張しまた拡充しようとする「国民主義」という原理の機関たろうとするものである。したがって政府であろうと民間であろうと、進歩派であろうと保守派であろうとこだわることなく、いやしくも「国民主義」に背くものは手加減なしに攻撃し、いやしくもかかる主義に合致するものには賛成することに吝《やぶさか》でない。……

今や新聞の種類は日に日に増えているが、党派の機関でないとすればあるいは官の用達となり、そうでなければ単純に売れればよいという商品である。政党の機関新聞は偏向を免れず、政府用達の新聞は追従を免れず、商品新聞は世に合わせて定見がなく、いずれも今日の新聞紙社会の通患といえる。以上の三つの患を免れて一定の識見を抱く新聞として我が『日本』に勝るものはない。

（「敢て読者に告ぐ」『日本』明治二三年九月一日）

こうはいうものの、当時の羯南が乾坤社以来の人脈を手がかりにいくつかの政治的人脈を維持し、それを意識して動いていたことは否定できない。その意味で、ここでいう「国民主義」は決して道義的な理念にとどまるものではなく、実際には具体的な政治的人脈と思惑が背後に存在している。しかしながら同時に、「国民主義」の主張によって他の競合する新聞から『日本』を差別化し、政治的支持・忠誠の対象が固定していない広い読者層を取り込もうとする意欲にあふれていることがよくわかる。羯南の意欲は、それなりの結果を生みだした。羯南は二三年一一月の品川弥二郎宛の書簡で、「さて新聞もおかげさまで好結果を得ております。三年間の苦労がはじめてその功を奏したる心地で、実に選挙後の客月の評判を見ると、『日本』は東京中の新聞を凌駕したといえるほどです」と書き送っている（『全集』第一〇巻、六〇頁）。

当時次第に高まりつつあった新聞独自の政治的影響力と役割をどのように考えるかについては、既に大同団結運動の時期から様々な新聞・雑誌上で政論家が議論していた。羯南は従来の様々な立場からの意見を意識しつつ自分なりの新聞記者論を展開したと考えられる。羯南と同時代の他の論者による議論を通じて少し背景を概観してみよう。

独立新聞の時代

例えば、中江兆民は明治二一年に、「機関新聞」とは何かといった論文を書いていた。

西洋諸国には機関新聞というものがあり、政治の大条目について政党のかかげる主義を新聞も主張するため、議院において緊要なる論題が起るたびに機関新聞の記者は機関の主である政治家にかわってその論題について充分に所見を述べ、一つには議院の多数を占めるように、また一つには全国の輿論をひきつけるようにする。これは機関主と機関新聞との関係が決して封建的な主従の遺習より生じた傲慢と卑屈との向き合うものではなく、また官庁の気風が伝染した長官の命令と属官の恭順という関係とも異なり、つまるところ主義を共有する気概のある者の対等の交りなのである。

（『東雲新聞』明治二一年七月一四日、『中江兆民全集』第一四巻、一二一〜一二三頁）

兆民によれば、本来「機関新聞」は主従関係や官僚制的命令服従関係の中にあるのではなく、政治家と記者との対等の関係であり、それ自体非難されるべきものではない。政治家と記者が「主義」を同じくし、互いに助け合って「共々に思想を社会に繰り込む」という意味での「機関」は、むしろ政治的活動として意義あるものだと主張する。これには兆民自身と自由党との関係が当然念頭にあろう。したがって、兆民の場合、形式的に「独立」新聞であるか「機関」新聞であるかということは本質的な問題ではなかった。いわば政治にとっては「主義」が第一であり、「主義」を抜きにして職業としての政治家があってはならないのと同様、「主義」と無関係な「記者」という職業の意義を認めることもなかった。

同じころ福澤諭吉は、「『時事新報』は常によく政治を論ずるが、世の政党に与みするものではない。いわんや政治家の機関となるがごときは、誓ってしない」と『時事新報』の独立性を主張し、「機関新聞」を批判していた。福澤によれば「およそ政党に与し政治家の機関たる新聞紙等は、相互に次第に熱度を増して自党を防御し他党を攻撃することに忙しく、かえって事実を報じる余地がなく、世の中の出来事を本当に伝えることができなくなっている不幸」を生んでいるという（「政談」『時事新報』明治二一年一一月二八日、『福沢諭吉全集』第一一巻、五六八～五七〇頁）。

ここで福澤が批判する「機関新聞」とは、「主義」ではなく「政治家」の宣伝担当にほかならない。したがって「時事新報の眼中には、人の機関となることはなく、ただ主義意向が同じ者を認め一時の論友となすのみ」といい、「主義」による「論友」は肯定されている。この点で実は中江兆民の主張と近いものがある。しかし福澤が兆民と違う点は、兆民が「主義」によって広範囲な国民の政治への積極的参加に重きを置いたのに対し、福澤の場合は、『時事新報』が「政治を語る」のはあくまで国民としての権利の侵害に対抗するための「自衛の政談」であるとしているところである。福澤にとって『時事新報』の政治論は政治権力からの民間社会の自己防衛にある。

また、羯南のライバルともいえる徳富蘇峰も新聞独立論を書いている。蘇峰の場合は羯南と同様に、独立の新聞記者の政治的役割を積極的に意義づけようとする意欲を読み取ることができる。いわば蘇峰にも新しい世代の新聞記者像を確立したいとする意図があった。蘇峰は何よりも「批評」という役割を自己の任務とし、そのために「独立の政論」が不可欠であると論じた。

明治二二年二月一二日（憲法発布の翌日であり、したがって羯南の『日本』発刊日の翌日でもある）の『国民之友』における論説「独立の政論、独立の雑誌」で、蘇峰はまず自らの態度を次のように説明している。

一の政党が勝ち、他の政党が負けるのも、吾人の眼中には、回向院《えこういん》（勧進相撲で知られる）にて一の力士が勝ち、他の力士が負けたるよりも多くの重きを有するわけではない。……故にもし吾人が一の党派の政略に賛成するとするならば、その党派のものを支持するということではなく、その政策が国民多数の福祉と一致することを信ずるからである。

そして「政治世界」に対する「批評」ということの重要性を次のように主張する。

〔新聞に対して〕世人は、いずれの党派にも頓着せず、ただ批評に専念するというのは、なんとも気楽な事業なるかなというかもしれない。吾人は果してこの事の気楽といえるかどうかはわからないが、ただ世人が批評及び批評家を見るにはなはだ冷淡であることに驚くのみである。……いわゆる批評なるものは、政治についての批評なるものは、すなわち政治世界に出現する現象について、その真相を説明し、政治世界の問題について、その長短を比較考量し、その利害を問いただし、人々がそれに備え、思慮し、去就を定めるに役立てようとするのである。……〔政治世界が国民多数の福祉を害することのないよう〕これを矯正するのは、そもそも誰の任務だろうか。いわゆる眼界遠く政党の上を高視する独立の政論が必要とされるのは、ひとえにこのためである。

（「独立の政論、独立の雑誌」『国民之友』明治二二年二月一二日）

そして「眼界遠く政党の上を高視」する「独立の政論、独立の雑誌」は、国会が開設された時こそ必要であるとし、その時にあたって「明治の言論社会に我が『国民之友』の存在するがため」に、「政治世界の空気」・「政治家の品位」を変え、「政治問題の議論」を「謹厳」にし、「被治者」を「啓蒙」できれば喜ばしいと述べている。ここで表現されているのは、まさに「独立の政論」を武器にすることで「言論社会」全体の政治的影響力が上昇するということである。

蘇峰が主張している「独立」は単に党派とのつながりを否定するということにとどまるのではなく、より積極的な意味付けを与えられている。すなわち、「独立の政論」は「政治世界」に対する「批評」

という「事業」それ自体の政治的な重要性を支えるものにほかならないということである。ここに現れる考え方は明らかに羯南と共通している。

さらに、蘇峰における新聞記者固有の社会的政治的役割についての非常に強い自負は、明治二四年夏の『国民之友』に載った「新聞記者」という論説によく現れている（「新聞記者」『国民之友』明治二四年七月二三日）。これによれば、新聞記者には三つの職分があり、第一は「代表的職分」、第二は「批評的職分」、第三は「命令的職分」であるという。「代表的職分」については、新聞が社会の出来事や人心の動向を報道する際に当然選択的にならざるをえず、その意味で単なる事実の報告者ではなく「事実」のまた「輿論」の「代表者」であると説明されている。そして「代表的職分」を果すためには記者は「聡慧にして最も進歩せる意見の代表者」でなければならない。また「批評的職分」とは、「社会の存する種々の事実、種々の意見、種々の感情、其の衝突、交渉、紛乱、糾錯せる者を、分析し、解剖し、以てその所を得せしむる」ことである。さらに「命令的職分」は、新聞記者がその社会的影響力を自覚し、社会に対し「勧告者となり、これが教訓者となり、これが命令者」となることである。以上の職分論に基づき新聞記者の社会的役割と地位について次のようにまとめている。

故に吾人が望む所は、一方においては新聞記者たる者が自らその位地を自覚し、その抱負を大にし、天下をも狭いとするほどの気概を以て壇場に立ち、他方においては経世の猛志を抱ける人士、ふるってこれに従事するを怠らないようにし、従来の新聞者たる者は、いよいよ高尚なる記者となり、また高尚なる新人物、いよいよ新聞社会に入り来り、遂にこの職業をして一個の尊厳なる職業たらしめ、神聖なる職業たらしめ、以てその代表的、批評的、命令的の職分を尽くすに至らんことを望むものである。

2 新しい時代の新聞記者

政論記者とは何か

先述の品川への報告（一二三頁）で、「好結果」であったという「客月」にあたる明治二三年一〇月に、羯南は「新聞記者」と題する長い連載論説を載せている。新聞における政治的な論説がいかなる意義を持つかを論じた、いわば政論記者宣言のような文章である。羯南がこの論説をこの時発表した直接の動機は、やはり選挙と共に政界が熱を帯びてきたことであろう。たとえば同年一〇月二〇日に立憲自由党の機関紙として第二次『自由新聞』が創刊されるなど、政党機関紙の再興とともに旧型の悲憤慷慨型政論の復活してくる傾向に対し、羯南としては、自身が代表する新しい時代の新聞記者の地位と役割を主張してみせる必要を感じたのではないだろうか。

それとともに、第二の動機として、論説「新聞記者」中に引用されている雑誌『第十九世紀』*The Nineteenth Century* の一八九〇年（明治二三）七月号に掲載されたF・グリーンウッド（Frederick Greenwood）の論文「ジャーナリズムと政治」（The Press and Government）を読んだことがあると考えられる。当時の郵便事情から考えると、羯南はこの雑誌の発行から極めて早い時期にこの引用をおこなっており、それだけグリーンウッドの論文に刺激されたところがあったのだろう。おそらくこれらが契機となって、羯南は新聞記者の職分についての考えをまとめようとしたのである。

羯南の「新聞記者」(明治二三年一〇月二一〜二六日)という論説を少し詳しく検討してみたい。まず羯南は、新聞記者に「政論家」(フランス語の publiciste)の概念を紹介している。フランスのジャーナリストであるマザド(Louis-Charles-Jean-Robert de Mazade)の言葉からの引用として次のように述べている

マザード氏が政治的記者に望んで言うには、いたずらに政事上に筆を執らんと欲する者は真の記者ではない。記者たるものは政事に論及するだけでその任務を果たしたとはいえない。政事を論ずるには高尚の道理と独立の精神とを以てしなくてはならない。記者自身に主義思想を有していなくてはならない。そうだとすると新聞記者の本来占有すべき位置は次のように考えるべきである。新聞記者は学者と共に自ら社会の上位にその位置を占める、否、上位を占めるものと自信をもたなくてはならない。政事家の器具となるのではなく、それに教える顧問という自信をもたなくてはならない。輿論のご機嫌取りではなくその師友であるという自信をもたなくてはならない。

この部分は、先に紹介したモーリス・ブロックの『政治学辞典』における「政論家」publiciste の項目(執筆者はブロック)から引用したものである。羯南がここでもブロックの辞典を重宝していたこ

とがよくわかる。ブロックはこの項目中に、マザドが編集していた雑誌『両世界評論』*Revue des Deux Mondes* に載せた「政論家」論の一節を引用しており、羯南がマザドの言葉であるとしている右の一節は、正確にはマザドの言葉ではなく、ブロックの記述による文章である。

まずブロックのこの項目での議論を整理しておこう。「政論家」とは、新聞記者というよりは独立の批評家・言論人といった方があっている。新聞社という組織に所属しているわけではないからである。この言論人の活動は、かつては国家や法についての学問的な知識を前提にした議論から、より同時代的な諸問題にコメントをするジャーナリズム的なものへの変化してきたという。そこで言論人の新しい役割を説明するために、ブロックはマザドの議論を引用する。マザドによれば言論人とは、歴史家と哲学者と文学者を兼ねた仕事をし、事実だけでなく学問と思想の進歩を追いつつ、時代と人間について論じるものとされている。ブロックは、マザドのこの言葉を受けて、言論人は政治的問題を議論をするときに「卓越」（羯南によれば「高尚の道理」）・「独立の精神」・「自己の理想を原理とすること」（同「彼自身に主義思想を有せん」）をもって取り組まねばならないと論じていた。羯南が引用したのはこの部分であった。さらにブロックは、政論家に求められる条件は、国家の政治的指導者（homme d'État）に求められるものと同じであるという。

ブロックは、新聞や雑誌を場として政治的問題を分析し批評する、固有の政治的影響力をもったジャーナリズムを考えている。羯南が日本における新聞記者の新たな職業的自負を論じる場合、ブロックの要求する政論家の理念は示唆的であった。

なお、この「政論家」という項目は、中江兆民が率いる仏学塾の雑誌『欧米政理叢談』（第三〇号、明治一六年）に、同じブロック『政治学辞典』の「政治家」'homme politique' の項目（執筆者は Charles Hubert Lavollée）とあわせて「政術家（ヲムポリチク）政略家（ポリチシアン）及び政論家（ピュブリシスト）の区別」（訳者は田中耕造）として訳出されていた。『欧米政理叢談』においてそのような形の訳出をしているのは、恣意的なものではなく 'homme politique' と 'publiciste' とが共に 'homme d'État'（単に政治家というよりも国家的指導者）の関連項目とされていたからである。羯南が「政論家」概念に注目した理由の一つとして、もともと『政治学辞典』において「政論家」が「政治家」と対等に扱われるべき職分であるとされていたことが影響している。

さらに、羯南は新聞と世論との関係を論じ、新聞記者は「政事家」との緊張関係と、「輿論」＝読者との緊張関係の双方を意識すべきであるとして次のように主張する。

政事新聞紙の記者は、政事上にその職分を有し、自由に公論を代表して国家に勢力を及ぼすものである。かかる重大な職分を有するが故に、新聞記者は人望を得るようにし、幅広い教育を受け、該博なる知識を蓄えなければならない。かつ新聞記者は常に鋭く眼を開いて日々一切の事の動きを見渡して、鋭敏な才覚をもって政治にかかわる一切の計画一切の動機一切の意向を洞察しなければならない。この数言は折衷的学派、すなわち各国の論派を斟酌してみだりにかたよった見解を加えることのない、ブルンチュリ氏がその著書によって吾輩に教えたる所である。

細かく見ると、ここで羯南が用いた「公論」という訳語については、他の箇所で使う「輿論」（漢語の本来の意味としては、君主が聴き入れてやるべき卑賤な下々の気持ち、といったニュアンス）と「公論」が区別されている可能性もあるかもしれない。後に見るように一般読者という意味で「公衆」といった表現（publique をさす）を用いていることから、羯南があえて強く公共的な価値や共同性といったものを意識して「公」という言葉を選んでいるともいえる。

たとえば、福澤諭吉は『丁丑公論』緒言（明治一〇年一〇月）で、「この一冊子を記し、これを公論と名づけたのは、特定の利益をはかるのではなく、一国全体の公平を保護するためである」とわざわざ断りをいれている。ここでは、政府の権力を相対化しバランスをとる民間意見の必要性、という福澤の問題意識を明らかにしている。羯南の用語法もこういった考え方に沿った部分があるかもしれない。

右の引用でのブルンチュリへの言及は、「国民的勢力」論でも引かれた（本書六三頁参照）『科学としての政治学』第四篇「国家の手段」あるいは「国家のはたらき」（Les moyens de l' État、ドイツ語では Die Staatsmittel）の中の第五章「言論」からとられたものである。ブルンチュリのいう「国家の手段」とは、国家という政治体の能力が何によって構成されているかということであり、それは大きく分けると政府の力と国民（nation）の力である。前者はさらに法・教育・経済的および物理的強制力がその要素となり、後者は世論・政治的刊行物・結社・革命といったものによって構成される。そしてブルンチュリは、「国民の力」の形成に対してジャーナリズムが果す役割を重視した。様々な政治的刊行物の中でもパンフレットと新聞は、最も広い範囲にわたる影響力を持つがゆえに一つの政治的な力となるという。

特にブルンチュリは、「官報とは異なり、政府の意向から自由な民間の有名な新聞の記者は、同時に世論の動向に対しても自由な立場を保持して、その役割を果たす。すなわち政治上の問題点とそれに対する視点を供給し、議論を導き、そして表現するものであり、それを通じて国家に対し影響を与える。そしてこの重要な職務を果すために教養・知識・洞察力が必要である」と述べていた。この箇所を羯南は先の引用のように訳したのである。

さらに羯南は、新聞記者の職分を「公職」・「天職」と呼び、その職分の価値を主張する。これは、読者の要求に対して応じた読み物を提供するだけの「営業的新聞記者」と区別すべきものされる。

ブルンチュリ氏によれば……かの営業的新聞記者の風（プロフエシヨンナル・ジュルナリズム）はすなわち、真の智能なくまた愛国の心なく万事に冷淡にして当り障りなく巧みに筆を回わし、ただ公衆の情感を利用することを是れ勉むと。

ブルンチュリが「専門職的」と記しているところを、羯南は「営業的」として、否定的なニュアンスを強め、同じ「プロフェッショナル」という言葉に対応していても、羯南が理想とする職分とは異なることを示している。たしかに、ドイツにおいて三月革命以前、世論をややオーバーに理想化していたドイツの自由主義者達は、三月革命以後、理想上の国民像と革命で見せた実際の大衆の姿のずれから大衆に対するある種の不信感を抱き、世論が大衆の感情にひきずられて間違った方向に進む可能性を認めるようになった。ブルンチュリ自身もまた確かに「公衆」の暴走に警戒的になった自由主義者の一人であった。羯南は「政事新聞」読者の急速な広がりと当時のいわゆる「政治熱」が同時にセンセーショナリズムを生む危険性を感じとっていたため、ブルンチュリなどドイツ自由主義者が直面した大衆の登場という問題を、日本に重ね合わせて考えることができたのであろう。

羯南はこういったブルンチュリの議論を織り交ぜつつ次のように述べている。

世の読者は新聞記者に向って報道の速かならんことを望み、論断のわかりやすいことを望む。……しかし記者は、社会の灯台を以て自任し、輿論の裁判を以て自任すべきである。しからばその筆を下すにあたって軽躁浅薄なることは望ましくない。ところが読者は常に速と簡とを請求し、その誤謬を厭うよりもむしろ報道の緩慢なるを嫌う。

ここで「輿論の裁判」と言っているのはどういう意味であろうか。羯南によればこの表現はフランスの思想家シャトーブリアンから借りたものであるという。このシャトーブリアンの言葉は、ブロックの『辞典』においてシャトーブリアンの『憲章に依拠する君主制』が引用されている箇所からの再引用である。

シャトーブリアンの言葉によれば、言論の自由がなければ代議政体はありえない、なぜなら代議政体には二つの裁判機関があり、一つは議院、もう一つは議院の外で審判をおこなう国民自身であって、もし新聞が内閣の検閲下に、すなわち利害関係を持つ党派のいずれかの影響下にあるならば、公衆は真実を知ることができず、また世論が自由に表明されないならば内閣と議院とは一般意志を知ることができない、とある。

プロフェッションとしての新聞記者

以上のように、羯南は、立憲政体開始の時期の日本において、特に読者との関係で「政事的新聞記者」が担わねばならない「職分」を引き出した。さらに、この職分は、「政事家」と「新聞記者」との職分の違いといった主張にもつながった。羯南は言論の自由が立憲政体の基礎的な条件である以上、政党の「機関新聞」の存在自体を否定したわけではない。しかし、「機関新聞なるものの記者にはほとんど筆の自由はないが、主人たる党派のためにははなはだ忠実に努めるために、その弁論はすこぶる切迫かつ痛快なるを常としている。これに反して独立新聞の記者は、思想の自由を確保してその筆を運らすものである」と、「自由」であることがその職分の基礎条件となると主張した。

この議論を展開するにあたって参照されたのが、英国の雑誌『第十九世紀』*The Nineteenth Century* に掲載されたF・グリーンウッドの論文「新聞と政府（The Press and Government）」であった。グリーンウッドは新聞『ペル・メル・ガゼット』の初代編集長として知られている英国のジャーナリストで、論文「新聞と政府」では、十九世紀末において英国の新聞がインディペンデントを自称するに足るだけの内実を持っているかを問い、新聞が政治的マシーン（集票組織）に堕することがむしろ新聞の政治的役割を失わせると警告していた。

グリーンウッドによれば、新聞記者は自己の信じる政治的原則に忠実であることにより、時に支持政党のリーダーやその政策をも批判する必要も生じるが、むしろそのことによって政治の世界に対し固有の存在意義を示すことができるという。これを紹介した羯南の文章が次のようなものである。

新聞記者は政界の一公人である。しからば今日世俗の言うように、必ずいずれかの政党に属さなければならないのだろうか。……党派の機関ではない新聞紙は無主義であるから一定の主義を定める必要がある、などと途方もない言い方を今の時代に放って恥じることを知らない者もある。なんとあわれむべき意見だろう。彼等は新聞記者と政党員との間に職分の区別があることを知らず、殊にこの区別が現代に至って益々明白なることを知らず、機関新聞の記者が政党員に隷属することに慣れて、政党隷属の外に記者あることを知らない。

さらに、「政事家の器械」（ポリティカル・マシーン）にならずに、「道理」に基づき政論を書くことは、他方、現実の動きと没交渉的な高尚な理論を一方的に振りかざすことではないとも主張している。高踏的な批評を嫌った羯南にとっては、当時の英国の言論世界ではやや保守的なグリーンウッドの新聞記者論は共鳴するところの多い議論であった。

第六章　議会政治と新聞の役割

1　第一議会

　羯南による新聞「独立」の主張は、外部からの気軽な観察・批評を気取っているというよりは、むしろ言論を使って政治にかかわろうとする意欲の表現であった。羯南は「独立」は主張したが、政治的諸勢力の競争を超然と眺めていたわけではなかった。そして羯南は、政府内の実力者や政党と直接密接に結びつくわけではないが、政治的影響力のあるグループや会合で重要な役割を果たしており、たとえ研究会などと名乗っていたとしても、いずれも明らかに政治的な意図を持って動いていたネットワークに入り込んでいた。

交信会

　第一回総選挙があった明治二三年七月の品川弥二郎宛書簡には、「選挙の結果は、ずいぶんおもしろいことになりました。党派以外の人が多いのは予想通りで、交信会一派は二十五名位、それに学者出身の人、中立と称するもの、杉浦重剛はじめ六七名もあり、この連中を中心にして結託する心づもりです」と記している（『全集』第一〇巻、五九頁）。ちなみに、第一議会の議席構成は上の通りである（衆議院・参議院編『議会制度七〇年史・政党会派編』二五二頁）。

大成会には杉浦重剛が加わっており、その趣意書も杉浦の起草によるといわれる（村瀬信一「『吏党』大成会の動向」『日本歴史』第四五四号）。ただし、杉浦は議会が開かれた明治二三年一一月早々に大成会を退会してしまっていた。大成会はもともと杉浦の親しい東京大学関係者で民党に批判的な当選者などが集まってできたものだが、次第に紫溟会などの国権派の勢力などが入り込んで来て、杉浦は嫌気がさしてしまったという（大町桂月・猪狩史山『杉浦重剛先生』二八〇頁）。

第一議会の議席構成

院内団体名	議席数
弥生倶楽部（立憲自由党系）	130
大成会（交信会などによる会派）	79
議員集会所（立憲改進党系）	41
国民自由党	5
無所属	45
合　計	300

また羯南が、交信会との「結託」を何故わざわざ品川に報告しているのかということを考えると、羯南が民間の国権主義的な動きと政府部内の不平をもつ人々との間で、微妙なバランスをとっていることが推測できる。品川は、政党嫌いでできるだけ政党の勢力を押さえ込んでしまおうとする山県有朋に従っていた。品川にとって羯南とのつながりは、それなりの利益があった。『日本』は、決して意のままになるわけではなくても、山県や内務省の意思を間接的にサポートできる（しかも「独立」と

標榜している）新聞であった。羯南は直接山県とのつながりはないが、品川とのつきあいは政府内部の情報を得るための重要なパイプであった。

交信会は、池辺吉太郎《いけべきちたろう》（三山《さんざん》）が幹事役となって、先述した日本倶楽部に関わった面々を中心に、九州の紫溟会・玄洋社・鶴鳴会等と広島政友会・土佐の高陽会等が作った連絡組織である。当初政党にする構想もあったが、三浦観樹や杉浦らが反対だったため、ゆるやかなネットワークのようなものになった。明治二三年六月一二日の雑報欄に設立経緯が報じられている。それによれば、この会は「従来成立の各党派に関係なき独立の地方有志家」のために「交際通信の機関を設け同志相結合するの便を謀る」ものであり、あくまで「実施問題の講究に従事」し、旧来の政党のように空名空論によって離合集散することには反対であるとする。またそこに紹介されている設立趣意書の文中には、「時世激変の途中にある我が日本社会にありては、政事経済教育その他百般の事皆な国民主義の進路に由らざるべからずと信ず」ともある（『古島一雄清談』四六頁）。言葉遣いに『日本』の主張との近さが明白に見てとれる。

池辺三山
（『三代言論人集』第6巻，より）

交信会の結成にあたって周旋役を果たした池辺三山は、肥後藩出身で、父の吉十郎は西南戦争の時、西郷軍に呼応した熊本隊として政府軍と戦い、敗北し処刑された。池辺は、同郷の国友重章を通じて柴四朗《しばしろう》（東海散士）とのつながりを得、東海散士を主筆とする『経世評論』に参加した。雑誌はうまくいかなかったが、東海散士との関係で谷干城とのつながりができた。谷は西南戦争の時の熊本鎮台司令官だったので皮肉なことでもあるが、谷が対外的に弱腰な政府を批判しているという点から池辺は親しみをもったのであろう。さらに国友を通じて羯南との親交が生まれ、『日本』への寄稿を求められるようになった。

池辺はこの交信会主旨宣言の草稿を残している。羯南の影響が強く感じられる文で、「国民的構造を盛にする」、「対等条約の締結」、「宰相責任」を明らかにするため「議会の行政監視権を強権」にする、「政府各部の機関」の簡素化、農工産の保護と「国家会計の許す限」り兵備を充実、「偏理論の国家」より「実利実益」の重視、が列挙されている（『日本近代文学館資料叢書　第Ⅰ期　文学者の日記　一池辺三山（一）』八四〜八五頁、池辺一郎・富永健一『池辺三山　ジャーナリストの誕生』七九頁）。

予算問題

明治二四年二月二六日の「対韓政略」（狐憤子＝池辺三山による）の端書きによると、池辺三山が病気の羯南を見舞ったとき、国会の状況を話すと耳をふさいで、回復するまでその話は聞きたくないといい、また反面、朝鮮問題については熱心に話し合ったとある（池辺一郎・富永健一『池辺三山　ジャーナリストの誕生』一〇九頁）。たしかに、予算問題で議会が紛糾していた当時、『日本』社説は次のように述べている。

吾輩は政界論戦の傍観者である。吾輩が従事する所のこの『日本』は議院に多数を争う援軍ではない。なぜならば、『日本』は党派の機関ではなく、また党派の太鼓持ちでもなく、『日本』は日本国民のために存するものなればなり。……政府派といい民間派といい、また皆政界の一部分が仮に用いる符号に過ぎない。吾輩はこの仮称仮号に対して攻守和戦をいちいち宣言する必要はない。
（「政府派及民間派」明治二四年二月七日）

様々な思惑が投射されてはじまった第一議会においては、大成会など非民党系議員による「吏党」側が政府の意向を議会に反映させようとする一方、「民党」の中にも政府と冷静に交渉していこうとする傾向が、実際には相当強くなっていた。自由党土佐派に対する政府の切り崩し工作がある程度効いたことや、妥協案をさぐったいわゆる自由党の「帝国ホテル派」などの動きは、単に買収された者もいたというレベルだけでなく、民党側にも落としどころを考えていた勢力がいた証拠であろう。しかしそれゆえにこそ、表面的には「政府派」対「民間派」という対立図式が強調されることが多かった。そのような中、羯南は「政界一部分の仮用する符号」であるこの図式そのものに対して冷淡であった。

また「議院の戦状を傍観す」という社説では、「世の党人又は世の党属人」がその全力を傾けて党争に望むのは当然であって、彼らが多年熱心に立憲政体を切望してきた理由は、結局快楽と利益のための実利的な党争を目的としていたからであると述べている（「議院の戦状を傍観す」（一）（二）『日本』明治二四年二月八・九日）。これは羯南が熱血漢だったため政治の裏が汚いことがゆるせなかったのではなく、政府対民党の対立を演出する議会の裏を見抜くことにある種の職業的使命感をもっていたためであろう。それが「傍観」という言葉に表現されたのではないだろうか。

この時の中心争点は予算問題であった。衆議院予算委員会が、七八八万円の予算削減を要求する査定案を決定したが、松方正義蔵相はこれに不同意であるとし、憲法六十七条による歳出に関する「政府の同意」というのがどのように解釈されるべきかが問題になった。「民党」である立憲改進党・立憲自由党は、「政府の同意」は衆議院の決議を事前に拘束するものではないという解釈をとった。政府が議会案に反対なら事後に不同意とし、予算が成立せず議会が解散するしかないという強硬な立場である。これに対し、吏党的会派と見られていた大成会などは、政府の同意は議院決議より前に求めるべきで、衆議院の予算議決前にあらかじめ政府との調整がなされることを期待するものであった。ただし大成会も歳出削減そのものには賛成で、その点では民党と妥協の余地はあった。

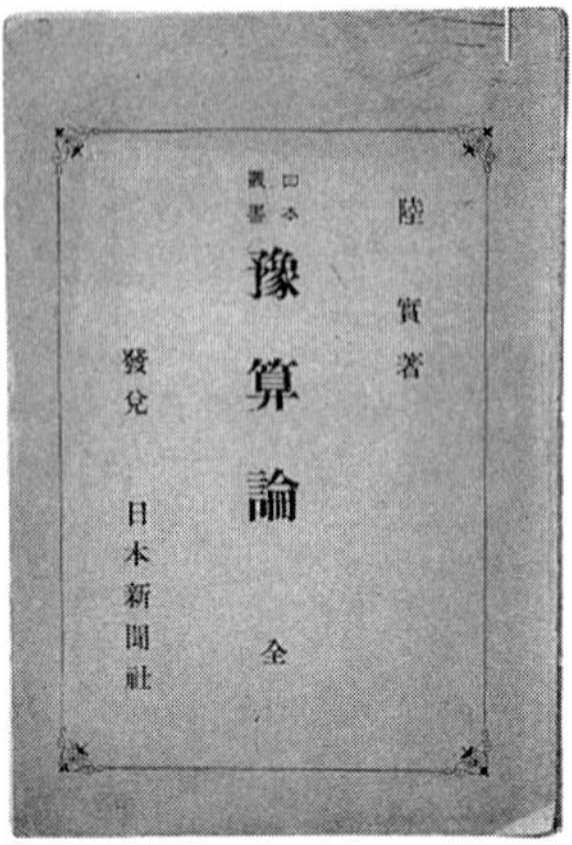

『予算論』
（日本新聞社，明治23年12月）

羯南は明治二三年一一月から一二月にかけて憲法と予算の議決に関する考察を連載しており、すぐにそれらをまとめて『予算論』として出版した。羯南の立場は、議会が予算案をたてにとって立法権を不可侵と主張し政府と全面対立することには賛成せず、憲法の精神から言って議会と政府とは協議をするのが当然とするものであった。その点で、基本的には吏党寄りの意見である。

『予算論』で羯南は、西洋における予算と国家の関係を説明しながら、国家の生命を支える予算を毎年新たに作る法案と厳格に考えることは、国家の生命が毎年停止しては生まれ変わると考える「革命」理論であると批判する（『全集』第一巻、八六頁）。また、明治二三年一二月の「議会論」（『日本』一二月四～七日）によれば、君権に対抗するためにできた西洋の議会とは異なり、日本の議会の任務は「君主の意志」を「公衆の意志」に合致させるための「輿論の機関」となることであり、「国会は天皇を堯舜《ぎょうしゅん》（中国古代伝説中の理想的帝王）の偉大さにまで高めるための手段」である。だからこそ、議会が国民の利益を表明すること自体は、立憲国である以上、「天皇の大権といえどもなおこれを抑制することはできない」、つまり、議会が「輿論」を表明する役割は強く肯定される。ただし、天皇大権の下に議会は法律案・予算案に「協賛」する権限があるだけであって、編成・施行権を認められているわけではないので、期待される役割は、「国家の一機関となって国民の輿論を表彰し、積極的に政府を扶翼し、消極的に政府を監督するに過ぎない」という。

こういった主張を裏付けるために、羯南は、フランスの財政学者であるポール・ルロワ＝ボーリュー（Paul Leroy-Beaulieu）の『財政学』（*Traité de la science des finances*, 1877）を引用していた。ルロワ＝ボーリューは、その財政学の著作が憲法草案の参考資料として使われたほか（稲田正次『明治憲法成立史』下巻、九一〇頁）、明治一〇年代にいくつか翻訳も出版されており、羯南は、制度取調局時代以来親しんでいたのではないかと考えられる。ちなみにルロワ＝ボーリューは松方正義と明治一一年以来交流があった。

ルロワ＝ボーリューが政党政治に批判的であり、他方行政権力に対して政治的中立かつ効率的であることを求めた点に羯南は特に興味を持ったのであろう。財政学・経済学の理論としては、ルロワ＝ボーリューは古典的な自由主義経済と個人主義の立場に近く、国民経済学派に関心をもつ羯南とは合わないはずであるが、政党に左右されやすい議会よりも、行政権力の役割を強めにとらえる点では、利用可能な要素を含む議論であった。

数年後になるが、羯南はルロワ＝ボーリューの著作の翻訳にもかかわった。明治二七年一月三日付の羯南宛高橋健三書簡によれば、「ボーリューの近代国家論の英訳版を明日発送します。仏文の方と手分けして着手いたしたく、合川氏に依頼するのがよいかと思っています」とある（『全集』第一〇巻、一五〇頁）。これは、仏文を羯南、英文を憲法学者の合川正道《あいかわまさみち》と分担して照合したのではないかと考えられる。

ルロワ＝ボーリューは、「現代の国家すなわち選挙にもとづく国家においてはその性質上からして不偏不党たることは不可能であり、不偏不党は現代国家の定義に合わないものである。なぜならば国家はすなわち政党内閣にほかならないからである」（訳書『今世国家論』一一七頁）として、政府の役割が、政党の意向に左右される近代立憲国家の宿命を嘆いている。ルロワ＝ボーリューは、近代国家における政府の役割を限定的にとらえ、自由で競争的な経済制度を支える役割を国家に期待していた。そのゆえに、政府と議会との関係としては、行政機構が利権要求を排除しにくい政党政治から独立することを要求していた。

羯南がルロワ＝ボーリューの経済学者としての立場をどの程度理解していたのかは、やや怪しいところがある。羯南は国家による経済への干渉を認める傾向が強く、ルロワ＝ボーリューと基本的に合わないはずだからである。ともかくも羯南は、この翻訳書に序文を寄せており、新しい国家論を紹介するという強い自負を持っていた（ポール・ルロワ＝ボーリュー『今世国家論』、『全集』未収録）。

参考までに貴族院議員であった谷干城の考えを見ておこう。明治二四年二月に、池辺三山が谷に対して、「予算裁可権は当然天皇にあり、あくまで議会は「協賛」するだけで、議会が主権を占めるような解釈は許されないのでは」といった質問を送ったのに応答して、谷は、「予算の裁可権は天皇も御遠慮」するものであり、「予算権は議院にもあらず、政府にもあらず、実に協議にある也」と説き伏せている（池辺吉太郎宛　明治二四年二月一七日、池辺一郎・富永健一『池辺三山　ジャーナリストの誕生』八二頁）。池辺は民党の動きに憤慨し天皇の大権を持ち出して民党を非難しているが、谷は池辺のような主張は議会政治の将来にとって望ましくないと考えていたように思われる。羯南も谷と似た考えであったのだろう

当時、実際には、民党の最大勢力である立憲自由党の内部も「硬派」と「軟派」に分裂していた。「硬派」というのは政府の事前同意を認めない立場を指し、「軟派」は妥協的であった。立憲自由党の分裂は深刻で、いわゆる「壮士」が査定案の修正を提案する議員に脅迫めいた働きかけをしたり、暴力を振るうなどといったこともたびたびあった。

こういった状況に対して『日本』社説は、「かの軟派硬派と称するものは道理上の論争をすることはほとんどなく、ただ権略上の表決はとても速かである。……何故にそうかといえば、道理上の論争

はその党員の理心を発動する恐れがあるからである」という。「理心」というのは少し変わった表現だが、道理に感応する心ということであろう。これを抑圧することによって形成された「多数」は「輿論」の名において正当化されるが、羯南はこういったレベルでの「輿論」形成が議会の実状であると嘆き、「この輿論の名は果して正当といえるだろうか。私情の網を張ってそれにより理心の発動を防ぎ、そして多数を議院の中に制する者は輿論の味方といえるだろうか」と非難する（「党弊、討議少く表決速なり」明治二四年二月六日）。

羯南の眼から見て、議院を機能不全にしている過剰に演出された政府対民党対立と、そのために予算に関する実際的な議論ができない状況が問題であった。これではどういった目的のために予算削減（あるいは現状維持）が必要なのかが明らかにならない。『日本』の主張としては、議会の「権義」といった原則論的問題にこだわることよりも、議会と政府の現実的な交渉の実績を作ってゆくことのほうが重要であるとしていた（「政府及議院」明治二四年二月一三日）。

また、歳入に関する地租軽減案に対しても、それを正当化するために「天下の輿論」を持ち出すだけの議論は、「国家実際の需要」を考えるうえで妨げにしかならないとして、次のように言う。

思うに西洋の輿論と言われるものは、数十年の星霜を経て確立するものだが、我国の輿論というものは、一週間程度で成就するようなものであり、一時の熱情、一時の感覚、一局の利害、すべてこういったものが源となっているだけである。……特に地租軽減のように、納税者に直接の利益のあるものについて、一人一夕の議論で数万人の望みを喚起するのも簡単である。若しこのようなものを以て輿論とし、そして輿論を以て政務の淵源とするならば、一国の政務は空回りするだけである。……昔の時代の弊害が君主の命を偽称しての権力を強行することであったとすると、現代の弊害は輿論を偽称して強行することにある。

（「地租軽減論の可否（一）」明治二四年三月六日）

羯南によれば、地租軽減を訴えればそれが「輿論」になりやすいのはあたりまえであり、そのような「輿論」誘導は議会が本来なすべき仕事の放棄である。「一時の熱情、一時の感覚、一局の利害」による「輿論」の動員は、専制政体における「偽称君命の強行」と変わりがない。また減税を旗印として「輿論」を形成するのは、「立憲国の人民」から国家に対する責任感を奪うことである。

もしも今、立憲代議制を実行するに出発点で、国家の前途いかんを問わず、国務の拡張すべきものありや否やを論ぜず、一身一家の必要を先にして国家の必要を後まわしにし、その国家に対する態度がなお君主専制の国民たる旧態を脱せず、その一身一家の利益を謀る点に至ってだけ、立憲国民として得た権利を利用しようとするのは、果して合理的な挙動と言えるだろうか、果して没徳のふるまいにあらずと言えるだろうか。吾輩は断じてそうではないと思う。

（「地租軽減論の可否（一）」明治二四年三月六日）

このように民党の議会での態度を批判する一方、予算問題の決着後、議員に対して、議会に失望しそこから手を引くのではなく踏み止どまって活動を続けることを、羯南は要求する。議会は毎年開設されるものなので、一つの挫折を以て自ら屈しかつ他を怨むようなことは政治家の本分ではないとし、自己の派の案が多数を得られないからといって、その度ごとに気色沮喪し、一生の栄誉ともいえる国会議員の地位をすぐ軽視するようでは、議院政治なるものは成立できないと述べていた（「予算問題の末路（二）」明治二四年三月一日）。

第一議会にあきれて議員を辞職したということでは、中江兆民の議員辞職に際する「無血虫の陳列場」という捨てぜりふが有名である。兆民は予算問題について、議会が政府に対抗し、一つの独立した権力として決定を下しそれを政府に突き付けることができないのであれば、議会政治の原則が全うできないと考えていた。したがって議会での議決以前に政府の同意を求めることは「政府の同意を哀求して、その鼻息を伺って、しかる後に唯々諾々とその命令を聴くこと」であると批判し、「ただ頂戴できる減額の多いことを祈ってやろう」と皮肉っていた（「無血虫の陳列場」『立憲自由新聞』明治二四年二月二一日、『中江兆民全集』第一二巻、二五九頁、および「委員諸君之を諒せよ」『立憲自由新聞』明治二四年三月一日、『中江兆民全集』第一五巻、一七四頁）。ところが兆民自身は「軟派」と「硬派」の間で妥協的な案をつくった「帝国ホテル派」（帝国ホテルに集まって相談したためそう呼ばれた）に加わったという噂があり、その噂のもとは『日本』であった（村瀬信一「第一議会と自由党――『土佐派の裏切り』考」『史学雑誌』一九八六年二月）。

こういった経緯を見ると、『日本』で展開されるモラリスティックな議会論と、民党の内部をゆさぶり、切り崩しに関与しているのではないかと思われる『日本』の報道ぶりは表裏一体の関係になっていると考えた方がよさそうである。『日本』の社説にはそれなりに議会の理念が示されているが、その理念がどのような思惑と結びついているかは慎重に判断すべきである。

国家経済会・東邦協会

羯南は、議会外における民間有志の運動にも積極的にかかわっていた。明治二三年一〇月には、大島貞益《おおしまさだます》・富田鉄之助《とみたてつのすけ》らが中心となって結成された国家経済会に発起人として参加した。設立のための初めの会合は明治二三年一〇月二七日に開かれ、この日集まったのは、谷干城、富田鉄之助、日下義雄《くさかよしお》、神鞭知常《こうむちともつね》、古荘嘉門《こしょうかもん》、増田繁幸《ますだしげゆき》、紫藤寛治、野澤雞一《のざわけいいち》、大島貞益、金尾稜厳《かなおりょうごん》、寺師宗徳《てらしむねのり》、池辺吉太郎（三山）、久島惇徳《くしまじゅんとく》らと羯南である（西田長寿『大島貞益』四四頁）。また羯南はこの会で池辺と共に、外国人に土地所有権を与えることの利害を調べる取調委員となっている（「本会紀事提要」『国家経済会報告』第二号、明治二四年一月八日）。

国家経済会の中心である大島貞益は、ドイツの歴史学派・国民経済学派として有名なフリードリッヒ・リストの紹介者として知られる。リストは国民の一体性と国家の役割を重視し、保護貿易の意義を主張した。また富田は外交官から明治二一年には日銀総裁となった人物であるが、既に条約改正反対運動などでは宮城政友会というグループを率いて条約改正反対運動に関わっていた。大島訳のリスト著『李氏経済論』（明治二二年）の校閲者にもなっている。富田は治外法権の撤廃より関税自主権回復の方を優先すべきとの主張をもっていた。治外法権を撤廃すれば内地雑居が避けられず、そうなれば日本人はあっという間に外国人に負けてしまうであろうと考えていた（「外交私見」『納税議員月報』明治二四年四月二〇日、五月二〇日）。法権回復よりは日本の経済的脆弱さをなんとかするために保護関税が必要という考え方である（岡義武「条約改正論議に現われた当時の対外意識」『岡義武著作集　第六巻　国民的独立と国家理性』一二三頁以下）。

羯南は、富田と同じ宮城出身で宮城政友会に加わった遠藤温とつながりがあった。おそらく経済理論への共鳴だけでなく、大同団結運動の人脈が続いていて、この国家経済会に加わったと思われる。羯南はどちらかというと法権重視の立場で、富田とは意見の違いがあったが、富田とのつながりは羯南の晩年まで継続し、『日本』の資金繰りについて富田はいろいろと心配をした。

また羯南は、明治二四年七月に発足した東邦協会にも評議員として参加している。この会の結成にあたっては、司法省法学校以来の友人であり『日本』の記者であった福本日南が周旋役として重要な役割を果たしていた。福本はアジアへの植民について強い関心をいだいており、明治二二年にはフィリピンへの調査旅行を経て南洋への日本の進出構想をいだいていた。

東邦協会は、明治一七年の福州挙兵を画策した小沢豁郎《おざわかつろう》や白井新太郎らが発起人である。小沢豁郎は軍人であり、福州在留中に、清朝を揺さぶり改革の気運を高めたい軍人ほか民間の志士たちと連絡し、清仏戦争の混乱に乗じて挙兵を計画した。『対支回顧録』によれば清朝を倒し革命を起こすことが目的であったともいうが、挙兵の具体的な目標や計画はあまり明確ではなかったらしい（東亜同文会編『対支回顧録』下巻、二九九頁、酒田正敏『近代日本における対外硬運動の研究』六六頁以下）。この計画は参謀本部から中止命令がでたために、挫折した。

東邦協会は、出発点ではこういった大陸志士のような人脈と、『日本』、政教社、乾坤社関係同人が中核となって起こした会である。設立にあたっては、副島種臣《そえじまたねおみ》が副会頭（会頭は、当面空位とするとされたが、明治二五年には副島が会頭になった）、評議員には、羯南、高橋健三、大井憲太郎、杉浦重剛、志賀重昂、三宅雪嶺、井上哲次郎、星亨ら、必ずしも政治的に親しくはなさそうな面々で構成されている。明治二六年五月には公爵近衛篤麿《このえあつまろ》が副会頭となっている。近衛は、日清戦後『日本』の援助者として羯南と近い関係になるが、そのきっかけはこのあたりにあると思われる。また、会員には、板垣退助・中江兆民ら自由党系、犬養毅・尾崎行雄ら改進党系、伊東巳代治《いとうみよじ》・小村寿太郎らの官僚系なども含み、政・官・言論界横断的な様相を示している。

東邦協会の設置趣旨によれば、国というものには「天賦の任務」があり、「東洋の先進を以て自任する日本帝国は、近隣諸邦の近状を詳かにして実力を外部に張り、以て泰西諸邦と均衡を東洋に保つの計を講せざる可からず」とある（『東邦協会報告』第一号、明治二四年五月）。日本が中国や東南アジアに影響力を拡大するのは、「先進国」として当然の「任務」であるといった論理は、前述の羯南による「国民論派」の語法と近いものがある。この論理は、外交に関して比較的幅広い勢力の結集にも使いやすいものであったろう。

2　行政論と官民調和

羯南は、議会の当事者も世論も、第一議会について政費をめぐる議会と政府の攻防戦としか見ていないことに異議を唱えていた。第一議会終了後の論説では、そもそも日本の立憲政体は特殊日本的に調和的でなければならないのだから、戦場のように考えてはならないと主張していた。それによれば、西洋の立憲政というのは、「下等代言人の交際」・「私利的紛争」・「獣欲搏噬（たたき、かみつくこと）」が根本原理だが、日本のものはそもそも対外的独立と「官民一致して国の進歩を謀る」ために作られたものであるから政府と議会が相互に敵視するのはおかしいとして、民党と政府の両方の態度を批判する（「立憲政体をして国を誤るの具とならしむ勿れ」『日本』明治二四年一〇月一二、一八日）。

『行政時言』

羯南の議会論そのものは、非常にステレオタイプな西洋社会観と日本特殊論にのっとっていて、政治思想としての深さや斬新さはない。西洋と異なり、日本は天皇のもとに本来調和を好む社会であり、議会がその社会の本性に適合するよう議員も、議会に対処する政府もよく考えなさいという陳腐なお説教のような主張が繰り返される。これを読んで反省した政治家はおそらくいないだろう。

羯南は、限られた資源を争奪する仕組みとしての議会という考え方には理解も共感も示さない。利害の摩擦や競争自体に国家を活性化させる価値があるかもしれないとは、羯南には想像することもできない考え方だったのであろう。また、そのような冷徹な議会機能の理解では一般読者が納得しないだろう。しかしながら、羯南の議会観が、議会はいたずらに政府を窮地に追い込むことだけを目指すのではなく、行政の在り方を吟味し、政府の政策決定の独善性を正すだけの力を身につけるべきであるという主張と結びつくと、一定の説得力をもつものとなった。たとえば羯南は、議会開設前に先行してなされた地方自治制度の整備について、その運用についての知識の共有や議論が議会においてなされていないことを批判していた。予算問題の過熱が何のための予算の議論かという具体的な政策論を阻んでいることに着目したのである。

　こういった主張を基軸に、具体的な政策知識の重要性を訴えるために、羯南は第一議会終了後の明治二四年七・八月に「行政時言」と題する連載論説を発表し、ただちに同じタイトルで九月に単行本として出版した。その本の緒言には「今日の政界はいまだ行政が何たるかを知らず、行政と言えばすぐに事務的な役人の仕事と思いこみ、政事家の心目を労するに足らざるものと考える」ような在朝・在野の政治家の誤解を正すことが目的であると述べていた。

陸 實著
日本叢書
行政時言 全
發兌 日本新聞社

『行政時言』
（日本新聞社，明治24年９月）

　『行政時言』の構成は、行政学の教科書のようになっていて、行政と政党との関係、行政の範囲、外交、治安、産業政策、財政、教育とトピックにわけて手短に論じている。個々の論点について、必ずしも強い政治的主張が込められているわけではない。ただし基調をなしているのは、行政が政党や朝野の政治家の影響力から独立すべきことと、行政の干渉が大きいのは現時点での日本の状況から見て必ずしも悪いことではなく、むしろ世界における「国民競争」の時代にあっては、行政の干渉が「国民統一」や「社会の進歩改良」のために必要であるという主張である。こういった論点がコンパクトに整理されているという点で、『行政時言』は羯南の国家観・政治観を窺うのに手頃かつ意外と重要な著作である。

この中で羯南は、「法律制度は国の筋骨にして行政はすなわち国の血肉である。国というものが有機体的なものであるとすれば、その発育を司る所の血肉に向って力を注がなければならない。国の行政は実に国民的進歩の源というべきである」と主張する。羯南は、人々の意見・利害の違いに基づく競争や戦いを通じて、国家がより優れた状態に向かっていくのではなく、共同体としての国家を、善意をもった誰かが導いていくものとして考えており、また国家が生物体のように身体全体の調和をもって成長していくべきものと考えている。さらに、当時の日本のように過酷な国際競争にいきなり投げ込まれた場合は、いわばひ弱な子供を鍛えるようにだれかが成長加速の指導をしなければならないとしていた。

羯南としては、大学や高等教育の中でしか教えられていない、いわば官僚に独占されている行政学を、新聞によって広汎な読者および、できれば国会議員などの政治家にも理解させようという試みが

『行政時言』だったのではないだろうか。

注意すべきこととして、実は同時期に政府内部の方でも政府の議会対策があまりに稚拙であったという反省が見られた。明治二四年七月に井上毅は、枢密院議長伊藤博文と山県内閣の総辞職を受けて組閣した松方正義に意見書を提出し、「第二期の議会に対しては政府は籠城主義を改めて、専ら進為の気象を示」すべしと主張した。井上は、民党に対抗して政府の権限を守ることだけに集中する態度を「籠城主義」と批判し、そうではなく政府の方から積極的に治水・農業・土木事業など地方への利益分配を進める政策を考えるべきだという。そのようにして次の議会では、予算を巡る権限論争ではなく、政策で民党内部やその支持層を切り崩せばいいという案であった。羯南の議論は、直接的な関係はわからないが、この井上の案に呼応した内容をもっていた。

品川内相と選挙干渉

羯南や井上の思惑とは反対に、第二議会が開会されると、自由党と改進党が提携したため議会と政府との対決は厳しくなった。松方内閣提出の予算をめぐって、民党は激しく反対した。議会は「民力休養」を掲げて予算額の一割以上の歳出削減を可決した。他方、政府内部でも伊藤博文の意を受けた陸奥宗光と、山県有朋に忠実であった品川弥二郎との間の対立があってその意見がまとまらず、議会内の吏党も分裂状態に陥っていて、政府と議会との調整をはかる余裕と意志は失われていた。

陸奥と品川の対立は深刻で、品川が内務大臣であるにもかかわらず、本来内務省にある新聞の監督権が総理大臣直属の政務部に移管され、その政務部長に陸奥が就いた。品川にとっては、伊藤派に権限を奪われたことになる。

品川の苦境は『日本』にも影響した。『日本』は、明治二三年九月一五日に掲載した民権派の文書の報道記事のために新聞紙条例の朝憲紊乱罪で起訴されてしまい、大審院まで争ったが、明治二四年九月五日に上告が棄却され、処罰が確定した。明治二四年一〇月三日付けと推定される羯南宛の品川書簡に「禁錮罰金および器械没収との宣告とは何事の告発に出逢った事か、合点のいかないことである」(『全集』第一〇巻)という一節がある。品川が内務大臣でありながら新聞の処分について何も情報を得られなかったことが推測できる。

第一議会の時には、政府は西洋諸国への体面も考えて解散は何としても避けようとしたが、第二議会ではそういった遠慮はもはやなかった。よく知られる海軍大臣樺山資紀《かばやますけのり》の「諸君は薩長政府などと罵るも、我が国今日の隆運を来したるは薩長政府のお陰にあらざるか」という「蛮勇演説」にも象徴されるように、政府も議会への対決姿勢を強めていった。しかし、少し注意深く当時の議会の雰囲気を見ると、民党だけでなく大成会などの吏党も、「民力休養」それ自体には賛成であり、逆に政費節減を主張する民党にも国権主義者もおり、地方の地主階層の利益も考えねばならず、軍事費や産業育成策などに、一方的には反対できない。また、地租軽減の主張も、地主だけの負担減となり間接税が重くなるなら「細民」を苦しめると吏党にいわれれば反論できない。いわば、しだいに政策志向は接近していきつつあったが、かえってそれだけに権力闘争が激化したわけである。そこで、妥協をはかるより解散してむしろ選挙民に選ばせてしまおうという意向が、政府・民党双方に広がった。いわば政府・民党両者納得づくの対立の結果、第二議会は明治二四年一二月に解散された。政府は総選挙に対し、大干渉をおこなった。この選挙干渉を指揮したのは品川である。内務省の権力機構をフルに動員して、民党候補者の落選運動を展開した。府県知事は民党派の選挙運動を徹底的に取り締まった。選挙結果は、民党と吏党の議席差は縮まり、自由党と改進党だけでは過半数はとれなかった。しかし、相対的には民党は何とか優位を維持し、吏党側は議会の多数派を得ることには成功しなかった。

この時の政府の選挙干渉の激しさとそれに対抗する民党との軋轢は、死者も出るような激烈なものであった。『日本』は二五年三月二〇日から三一日にわたって、「選挙干渉論」と題する連載論説を載せ、政府による選挙干渉を批判していた。ただしその批判の論拠は、行政が政党と正面から対立関係に入ることの不都合という点にあった。政府が政党と競争して選挙に官員を動員すれば、逆に政党が将来議会での勢力を基盤に官職の政治的任命の権利を主張しても、それを否定できなくなるという怖れが表明されている。羯南は政党内閣に反対なので、行政と議会との分離を損なってしまう可能性を今回の選挙干渉が生んだのではないかと心配しているのである。

政府に対抗して改進党系の『郵便報知』は、府県会議員ら選挙によって選ばれた人々が政党のために国政選挙で活動するのは当然であると論じていたが、羯南はこれを批判し、たとえ公選職であっても府県会議員は行政の地位にあると理解し、国政選挙に関与してはならないと言う。羯南は政党が国会と地方議会を結びつけて全国的な政治的組織として動くことに反対であり、その意味では政党が中央・地方を媒介する政治的組織として働くことをまったく認めていない。羯南は、地方ではその地域のために善意をもって献身する名望家がいればよく、中央政界における民党と政府との争いと、地方政治は切断されるべきだと考えていた。いわば本来調和的な共同体であるはずの地方には「行政」だけが必要で、共同体を破壊する利益の争いである「政治」は必要ないとするのである。羯南はこの点、山県有朋やその系列の内務省官僚の発想にきわめて近い。

また選挙干渉の責任をとって品川が辞職したことについては、むしろ責任を一身に負って「勇退」する品川の「性行の率直正良なる」をたたえている（「品川子退職」『日本』明治二五年三月一二日）。

初期議会の紛糾と駆け引き

「富国強兵」と「民力休養」のスローガンでは対決していたものの、政府と民党は、国民のどういった利益要求を汲み取ればよいかという点で、明確に原則が分かれて対峙していたわけではなかった。羯南はその点を鋭く見抜いていた。羯南の分析によれば、民党の強調する「自由主義改進主義」の政論は、実際の選挙基盤である地方地主層の関心とは無関係である。また政府による民間鉄道買収案などの国家による産業資本の救済策は、「都府の住人」・「商家」の利益をはかるものであるが、その一方で吏党も地主の利益となる地租軽減に必ずしも反対できない。羯南が見るところ、政府の政策で配慮されている利益は基本的に「商」であり、民党は基本的に「農」であるにもかかわらず、双方とも支持基盤が狭くなることをおそれて矛盾した主張をしており、そのために表向きの激しい対立と裏取引が横行している（「農党及商党」『日本』明治二五年四月八・九日）。

実際に、政党と政府は歩み寄りつつあった。選挙干渉問題で品川弥二郎と陸奥宗光が辞職し、副島種臣と河野《こうの》敏鎌《とがま》がそれぞれ後任に就いた後の二五年四月、政府と民党との「調和」の噂について、羯南は皮肉を込めた論説を書いている。「もし官民の『軋轢』というのが元来相当の理由なしに起こったものだとするならば、今回に至って『調和』に傾くこともまた意味のないものといえる。……もしこのような私情私讐との関係（板垣と副島、大隈と河野との旧交といった）からこういった調和の傾向を産み出したのだとすれば、後日に至ってまた私情私讐に因って軋轢が起きることもあろう」という（「調和とは何の謂ぞ」『日本』明治二五年四月一六日）。

第三議会では、民党の優位が崩れてきていたこともあり、鉄道拡充法案についての民党の支持など、従来の対決ムードは変化しつつあった。羯南は、政府と国会議員とが、国民の利益より政治業界の秩序維持と調整を優先することを、「治世的演劇」（「政界三不足（三）」『日本』明治二五年九月一三日）と揶揄していた。

この当時、徳富蘇峰の『国民之友』は世論と政治業界の乖離を指摘している。「新聞紙の調子と議会の挙動とを比較してみよ。その間に果して一毫の差異もないといえるだろうか。冷熱強弱の差異がないといえるだろうか。……新聞紙が十を行えと主張すると、議院は五を行おうと答える。新聞紙が、根本より改めよといえば、議院は、枝葉を刈ろうという。新聞紙の調子は常に改革的、抜本的、勇敢大胆である。他方議院は常に調和をはかり、目前の勝敗だけを見ている」として、「院外民党」（＝新聞・公会演説に現れる「輿論」）は「院内民党」に対し失望しかかっていると述べていた（「議会と輿論」『国民之友』明治二五年一一月一三日）。

さらに明治二五年一一月からの第四議会では、自由党と第二次伊藤内閣が公然と接近を始めた。この時、板垣退助は「主義問題」と「国民の生活、国民の教育、及び国防、外交」の問題とは切り離すことを『自由党党報』で明言していた（自由党『党報』明治二六年一月一五日）。「国民の生活、国民の教育、及び国防、外交」と「主義問題」を分けてしまおうというのは、実は、自由党が「主義」政党を脱することを公言できるような環境が政界内部で生まれていたと考えてよいであろう。

ただし、こういった自由党の路線変更にもかかわらず、第四議会では、軍艦製造費と治水事業費（まさに富国強兵の組み合わせである）の拡大と地価修正・間接税増税を抱き合わせた政府案と、官庁経費・官吏人件費・軍艦製造費の削減を求める議会案とが激しく対立した。伊藤内閣は妥協点を求めて、衆議院の予算案同意請求を拒否しながら解散もしないという持久戦にもちこんだ。衆議院が明治二十六年二月七日に内閣弾劾上奏案を可決したため、政府も「和衷協同」の詔勅渙発《かんぱつ》を上奏し、天皇による詔勅によって内廷費の削減・官吏俸給の削減と、それによる製艦費の補足という条件で、事態の収拾をおこなった。軍備拡充や治水事業などには反対ではない民党も、増税をあからさまに受け入れるわけにはいかなかった。このため民党は動きがとれなくなって実は困っていたのだが、詔勅に従うのであれば格好が付くのでほっとしたというところであろう。

民党の政府への接近を通じて、「院内民党」は、院外の世論と距離を置きつつ、対決より取引が優先する政治業界の論理に従っていた。徳富蘇峰は「雌雄を争うべき問題、勝敗を決すべき問題は年々縮小し、年々減少し、年々火と熱とを失い、年々国民の同情と党員の熱心を失い、民党は年々窮地に陥る」（「民党は何の時を以て其の志を達せん乎」『国民之友』明治二六年八月三日）と観察していた。しかし、「雌雄を争うべき問題」の消滅によって窮地に陥るのは民党ではなく、新聞記者の方であった。「火と熱」を制御することで民党はむしろその地位を安定的なものにしていったが、新聞は熱を失った政策論の代わりに、ナショナリズムをあおることで活路を見いだすようになる。羯南の言論活動が、いわゆる対外硬運動と結びついていくのは、もちろんもともとの羯南の指向性や親しい人脈が基盤になっているが、こういった政治業界の秩序化が背景になっていたことも無視できない。

第七章　対外硬運動とナショナリズム

1　『原政』および『国際論』

自由党が政府に接近することによって、すべての政治勢力が政府批判の手がかりを失ったわけではない。条約改正問題がまたしても争点になるのである。

内地雑居問題

明治二二年の大隈外相の負傷から頓挫した条約改正交渉は、その後を受けた青木周蔵《あおきしゅうぞう》により、日本側の自由度を高くした案をもってすすめられた。当時、ロシアの進出を危惧していた英国は青木案に好意的で、改正交渉は前進するかに見えた。しかし、明治二四年五月にロシア皇太子が警備の巡査に斬りつけられた大津事件が起こり、青木が辞職した。後任の榎本武揚《えのもとたけあき》も青木案を踏襲しようとしたが、政府部内の意向は必ずしもうまくまとまらなかった。松方内閣の下では、明治二五年四月に条約改正案調査委員会が設置され、検討をおこなった。これに対応して、民党側も超党派的に条約改正研究会を立ち上げた。

条約改正研究会には多様な立場の面々が加わったが、内地雑居を前提とした上で、外国人にいくつかの制限を課することを主張する立場が主導的であった。この研究会の方針に不満をもった大井憲太郎らは、東洋倶楽部という分派をつくり、さらには国権主義的な勢力と協同して、明治二五年六月に内地雑居講究会と称する超党派的団体を結成した。これは、自由党内部の反主流派である大井憲太郎のグループや、熊本国権党などが中心となった運動組織であり、内地雑居反対を強く掲げて自分たちの政治的影響力を高めようとする意図をもっていた。政府と自由党主流派の協力が明確になってくると、自由党内部の反主流派も、反民党勢力として議会で一定の影響力を持とうとしていたグループも、その立場は違うが同じように焦燥感にかられだしたのである。この動きがさらに後に大日本協会および硬六派運動を生み、政界とジャーナリズムを巻き込んだ広範囲な動きとなっていった。

他方、松方内閣の内相を辞職した品川は、同じく海相を辞職した西郷従道《つぐみち》と共に、明治二五年六月に国民協会を結成し、衆議院における政府支持勢力の組織化をはかっていた。羯南は、品川の国民協会結成については、何ともいえない曖昧な評価をしている。『日本』の説明によれば、品川らは、政府が天皇でなく議会に対して責任を負うべきだといった「共和主義」的思想に対抗するために、あえて議会に会派をつくったのであり、この逆説的な行為は「大奇観」ではあるが「勇断」とされる（「西郷品川論」『日本』明治二五年六月二六日）。薩長の実力者が民間に党派をつくるようになれば、内閣に対する藩閥による「黒幕」的な影響力の行使はなくなっていくのではないかという（「政界一進化」

た。

『日本』明治二五年七月一八日)。つまり政府は堂々と議会に味方を増やせばいいので、裏での取引や圧力を行使するなという主張である。しかし実際には、同年八月に発足した第二次伊藤内閣が、先述したように自由党との接近によって議会を動かそうとしたため、国民協会の存在感は急速に薄れていった。

『日本』の論調は、明確に反伊藤内閣であった。おそらく羯南の生涯の言論活動で、一貫してまったく評価も接近もしなかったのは伊藤博文である。この時も、羯南によれば伊藤は欧化主義の代表であり、日本社会の形を破壊し、国家の「外体」だけ整備したのは伊藤であるという(「伊藤新首相」『日本』明治二五年八月九日)。他方、羯南は、ただちに内地雑居反対の運動に合流していったわけではなかった。大井憲太郎など自由党反主流派の国権論者たちや、熊本国権党などとの距離をとろうとしていたところもあるのだろう。この時期、『日本』の社説は意外に冷静であり、慎重であった。

たとえば、条約改正問題に関連して、諸国との条約改正の条件にある法典編纂問題が争点となっていたが、『日本』の立場は、西洋型の法典の必要性を認めながらも短時日に編纂施行することには反対といった比較的穏健な漸進論であった。『日本』の主張では、法典の断行が伝統的倫理を破壊するといった主張を延期論者がすることも、延期すれば社会の秩序を保てないと断行論者が主張することも極端すぎる「法律万能の妄想」である。そもそも立法は慣習を法文にすることが基本だが、慣習が明確でなければ道理に従って規定をなすことも必要だという(「法典是耶非」『日本』明治二五年五月二七〜二九日)。この「慣習」と「道理」の議論は、既に明治八年の太政官布告に似た文言があるが、フランス人法律顧問であったボアソナードの自然法論も下敷きにしているのではないかと思われる。ともかく当時の論争の中では、『日本』はきわめて折衷的な立場をとっていることがわかる。

また、この時点での羯南の対外論を知るには「対外策階梯」(明治二五年八月一六〜一八日)が役立つ。羯南は、条約改正問題について、「東洋雄飛論」や「南洋侵略策」のような「空漠アプストラクト」な議論は役に立たないという。それは「国際競争の精理を実着に究め」た上で考えるべき問題であり、また「非内地雑居論は一つの愛国説たるに相違ないけれども、内地雑居は条約改正の自然的結果であって、国際上ほとんど通例であるので、吾輩は軽々しく非雑居説に賛成することはできない」と述べている。こういった冷静な言い回しは、政府の外交政策を批判をするために、海外雄飛型の壮士的な勢力よりも、幅広い党派横断的、かつ新聞や学会も巻き込んだ、中道的な諸勢力の連合を構想しているためではないかと考えられる。

「対外策階梯」は、その論理や使用されている外来語の用法などから見て、後の『原政及国際論』(明治二六年)に収められた「国際論」の原型となった論説であるといえる。たとえば列強の植民地支配拡大の方法を「排斥方法エリミネーション」と「併呑方法アプソルプシオン」とに分類する議論を展開しているが、これは、当時羯南が読んだ社会学者ジャック・ノヴィコフの国際政治論から引かれている議論であり、「国際論」で詳しく論じられることになる。

明治二五年一二月五日付の伊東重宛書簡によれば、伊東の『養生新論』(明治二五年一一月刊)への返礼として、この「対外策階梯」を贈っていた。その書簡の中に「人間社会の競争には三つの力があり、生理力（force biographique）、財理力（force economique）、心理（force morale）といいます。これらは小生が欧人の考えより撰択したものですが、実は国際学という一種の学理を構成しようとひそかに材料の拾集に従事しているところです」（『全集』第一〇巻）とある。伊東重が著した『養生新論』は一二頁ほどしかない小冊子だが「養生は生存競争優勝劣敗の原理に本づきその目的は競争力に余裕を生ずるにあり」（伊東重『養生新論』明治二五年、六頁）といった、当時流行の社会進化論をたくみに取り込んだ健康論を主張していた。医者による社会ダーウィニズムと「養生」の組み合わせは、羯南が国家を生命体の比喩とする感覚によく呼応するものだったのだろう。

伊東重
（弘前市立郷土文学館蔵）

「政学者」という自負

政府と議会との対立が収拾に向かおうとしていた明治二六年の二月に、羯南は体調を崩し入院、さらに転地療養のため鎌倉に四月まで滞在した。この時の療養先は、当時の知人との書簡によると海浜院隣冨田《ママ》氏（冨田鉄之助のこと）別荘となっている。海浜院はもともと皇族・華族・政財界要人などのための、海辺の療養施設として開所したが、明治二二年には外国人客なども多いホテルとなっていた。いわば高級リゾート地にある冨田の別荘を羯南は使わせてもらったのである。

明治二六年三月に高橋健三が療養中の羯南を訪問している。高橋は、伊藤内閣の方針に不満をもち二五年一一月に官報局を辞していた。明治二六年からは『大阪朝日新聞』に客員として寄稿するようになった。高橋が神戸から羯南宛に送った書簡には、二六年三月に伊藤内閣の文部大

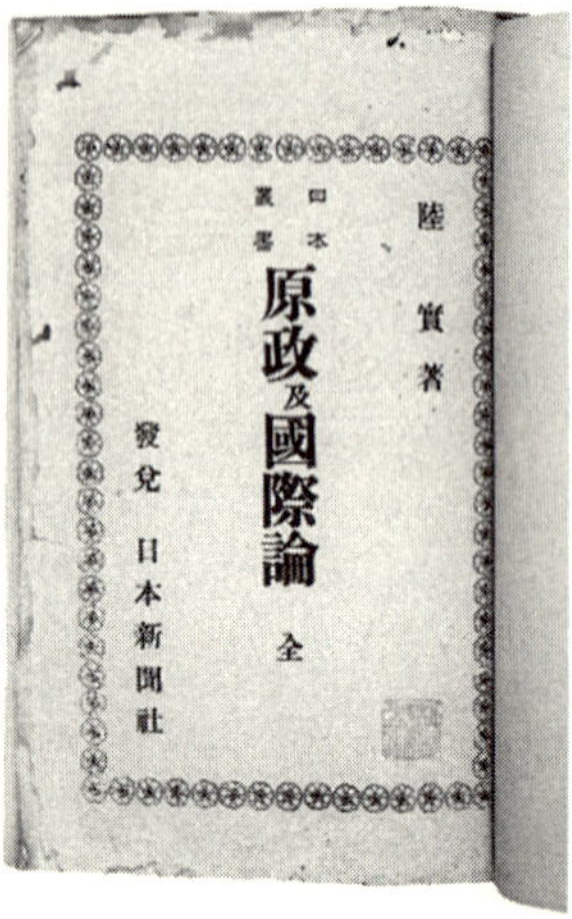

『原政及国際論』
（日本新聞社，明治26年８月）
（弘前市立図書館蔵）

臣に井上毅が就任したことについて、井上毅も諸事情から断れなかったのだろうが、従来の文部大臣では我々の仲間となる人物がなかったので、この際井上に十分力を発揮してもらいたいと述べている（羯南宛高橋健三書簡、明治二六年三月八日、『全集』第一〇巻、一四八頁）。伊藤内閣の方針と井上毅の考えは合わないだろうが、井上にはがんばって欲しいといったところか。

高橋は『大阪朝日』で神戸居留地の実態などを論じながら、現行条約での外国人に対する規制が守られていないことは、国際法から見て異常な事態であり、排外論としてではなく、日本の法的な権利として現行条約の励行を進めるべきであると論じていた。羯南もこれに同意し、『日本』において横浜の状況のルポルタージュを掲載していた。

この療養中に、羯南は「原政」（明治二六年三月）と「国際論」（四月）と題する連載論説を『日本』に掲載した。これは久々にゆっくり勉強し長い論文を書く余裕ができたおかげで、羯南にとっては自信のある作品であった。

少し後になるが、羯南が品川弥二郎に送った書簡には次のようにある。

別封の拙著〔『原政及国際論』のこと〕を御一読ください。これは去る二十六年に鎌倉で養生中、私の多年抱懐していた内外政理の大要を、実に孔子が春秋を作った位の精神にて起草したものです。盲千人の世の中、誰もこの精神を見てくれる人はないでしょうが、ただ百年の知己を期待してのことです。中でも「原政」と題するものを巻末に付けておきました。これは国際論の序論ともまた内政意見とも考えたものです。今の立憲政体は不幸にも着々と私が心配する通りになっており、遺憾に思われます。国際論は二十七年の条約励行論の根本となるものです。これもまた御一読くだされば、吉田松陰先生の外交論とそれほど違いはないものかと思われます。

（品川宛書簡、明治二九年三月二六日、『全集』第一〇巻六二頁）

羯南が、強い意気込みをもって書いたことがわかる。ただし明治二九年になるまでこの本を品川に送らなかったというのは、少し不自然な感がある。品川の動きとの微妙な距離があったのかもしれない。

ともかくも、「原政」の緒言では、「政治社会の操觚者（文筆業のこと）」に過ぎない自分があえて「政学者の領分」を侵してまでこの論文を書くのは、混迷を極めている政治社会の弊害を専門の学者がこれまで批評することなく、「ただ黙って人道の消長を顧みず、いつも名利の途にのみ奔走し、あるいは書生に向って講釈を売り、あるいは権門のために書類を準備し、そうでなければ政党人と一緒になって運動するばかり」といった状態に、黙っていることができなくなったからであるという。自分こそが政治学と呼べるものを書けるという自負があふれた文章であった。

「原政」と国家の優位

「原政」(=政治とは何か)における主張の基本的な枠組みは、次のようなものである。すなわち、個人を単位とした物質的な利益や快楽を競争的に追求することが、一般に「進歩的な主義」と見なされるようになっているが、その原理によっては説明できない国家的な共同性や社会的な道徳についての考察は、政治論の外に追いやられようとしている。しかし、これは政治論から「公」的な論理を排除し、最終的に個人の利益の競争とその制度的枠組みとしての法の原理からすべてを説明しようとする態度であり、人間の社会性や道徳的意識に功利的な意味以外を認めない立場であって、とうてい容認できない。

現代でもナショナリズムの高揚を狙った通俗的な本に出てきそうな論旨であるが、羯南は真剣にこの問題を論じたかったのであろう。そしてこういった立論のきっかけは、日本にも議会が開設されてみて、それを観察しているうちに、立憲政体というものが基本的に競争的なゲームのルールを国家制度としたものであることに気づいたことである。それまでは、羯南は立憲政体の原理にある種の「公」的な理想を読み込み、それと乖離した現実の政治闘争を批判するという論法をとることが多かった。しかし「原政」においては、「筆者の望む所は、ただ立憲政体が無上の政体ではなく、一つの窮策に過ぎないということを、世の人々に気付かせようということ」(『全集』第一巻、一四四頁)とあるように、立憲政体の原理自体が、完全に利己的な個人とその集合体としての政党、あるいはそれに対抗する政府による、競争的ゲームを保障するための規則に過ぎないことに気づいたわけである。立憲政体が国家において公的な価値を実現するために、知恵と理念を磨きあう制度などではなく、その規則に逸脱しなければできるだけ特定の個人や集団の利益を極大化しても良い、あるいはそうすべきであることを想定した制度でしかないことに、羯南は本気で怒っている。議会政治におけるルールの効用とは、そのゲームの参加者の意図をいちいち問わないことによって、個人に自由と自己決定の権利を与えるといった点にあるという近代国家にとって重要なポイントについて、羯南は全く理解しないか、あるいは理解はできても道徳的に承認できない。したがって、「原政」は全編にわたって、「進歩主義」・「流行思想」が称揚する「自由競争」の原理というのは、「動物的個人」・「動物的責任」・「動物的欲望」・「獣権」・「動物権」を前提とした政治観と国家観しか示すことができないと非難する。さらには、そのような人間観は、「西洋的」である（つまり「日本的」ではない）と決めつける。

ダーウィンの猿人論とは、思うに西洋人のみを材料として立てたる学説である。西洋の経済説も法律説も皆なおそらくは人と獣が同じように考えられている国だからこそ起ったのである。二千五百余年来、同一の種族を以て成立し、君臣の分が一定不動であり、父子夫婦兄弟朋友長幼の間に敬愛の礼習が乱れることのない、謙譲廉恥を美徳とする吾が国人のごときは、おそらくは立憲政体、議院政治にふさわしい材料とは考えられないであろう。（『全集』第一巻、一四一頁）

「西洋人を材料に」した学説では、国家が個人の利害の集積を超えた価値をもつ存在であることを説明できないが、羯南にとっては、「国家は最高の団体」であって、政府はその「機関」である。政府は国民の利益を「製造」したり「代理」したりするものではないという。

吾輩は国家および政府に万能の力を認めるものではないが、また法律経済主義者のように政府を製造所あるいは代理者とみなすこともしない。国家は最高の団体であり政府はその機関であるとすれば、その能力は少なくとも一個人、一家族、一地方の能力に超越するということは疑う余地がない。個人・家族・地方によって遂行できない目的は国家にして始めてこれを仕遂げることができる。

（『全集』第一巻、一四三頁）

国家が固有の「団体」として実体性を持つという主張は、明らかにブルンチュリなどのドイツ国家学から学んだ論理である。

では、ここで批判される「法律経済主義」の論者とは誰を指しているのだろうか。羯南は、「法律論者」としては加藤弘之、「経済論者」としては福澤諭吉の名を挙げている。加藤弘之は明治初期の天賦人権論を後に自分で葬り去り、優勝劣敗の法則によって現在の政府ができあがっているのだから、人権を根拠に政府批判をすることはおかしいと主張した人物である。加藤を「進歩主義」・「自由主義」と呼ぶのは、今日の我々には奇異に見えるかもしれないが、羯南からすれば、国家という存在の意味を強者の権利以外から引き出せないのは、まさに「動物」的人間観理論を基礎とした国家論に見えたのである。また福澤については当時の福澤批判の常で、利己的個人による競争だけを奨励する論者としてとらえられている。

個人の利益追求を悪とし、競争社会によって道徳が退廃すると警告し、国家の至高の価値を主張する羯南の「原政」論は、当時の政治論の一般的傾向から言えば、まったく斬新なものではなかった。だからこそ、この議論は政党と協力しながら国政運営をする傾向に向かいつつある政府批判に使われると、政府にとっては扱いにくく、読者にとっては小気味良く、それなりの気概のようなものを認めざるを得ない主張であったのだろう。

今日でもしばしば、羯南は偏狭な国家主義者ではなかったと歴史家によって擁護される。それはその通りかもしれない。羯南自身も、人類の遠い将来には国家というのが役目を終える日が来るかもしれないといったことは記している。だが国家単位で競争することは、個人単位での競争より、羯南にとってははるかにましな事態であった。動物が個体単位の生存をかけて競争することは当然だが、人間（ましてや「日本人」）がそれでは困るという。

現代のわれわれは、国家間の競争の方が個人間の競争より道徳的に望ましいことであるという考え方に率直に同意することは難しい。しかし羯南は、個人主義的で貪欲な人間を単位とする西洋社会と、集団的価値を至上のものとする日本人とでは、政治原理が根本的に違うはずであり、また違わなければならないと考えたのである。ステレオタイプな西洋観・日本観だが、こういった思いこみが、羯南の「政学」を新聞読者にわかりやすく、魅力的なものにしたのである。

「国際論」は「原政」と一つのセットとして読まれることを期待して書かれた論文である。「国際論」の緒言には、人間世界に争いが避けられない以上、個人より国家、国家より人種と、争いの単位が大きいほど「公」としての価値も大きいということが、「原政」の主旨であったとまとめられている。その上で、「国際論」においては、国家として国際競争で生き延びるために何がもっとも重要かを論ずることが主眼であるという。

「国際論」に見る国際競争観

国際論は、比較的長い論説だが、主張は単純である。先に紹介した「対外策階梯」という論説に現れた、「併呑方法アプソルプシオン」と「排斥方法エリミネーション」が、ここでは「狼呑《ろうどん》」と「蚕食《さんしょく》」と言葉遣いを変えて登場する。これらは、ロシア出身だが主としてフランスで活躍した社会学者ジャック・ノヴィコフ(Jacques Novicow)の著作『国際政治』(*La poitique internationale*)から引いてきた概念である。羯南によれば、「狼呑」とは「政府の意思を以て公然明白に他の国を併呑する」ことであり、「蚕食」とは文化的影響や経済的依存が少しずつ国民を内側から同化し、従属させていくことである。羯南は生命体としての国民が知らず知らずのうちに外部から汚染され変質していくというイメージにこだわった結果このような主張を打ち出したわけである。この概念の用い方は、厳密には、少しノヴィコフの議論からずれているところがあり、ノヴィコフの場合、「狼呑」は「未開」の国が強国に対して抵抗している場合、「蚕食」は強国の影響を受け入れようとしている場合の侵略手段という区別であり、弱い側の同意がポイントになっている。

これに対して、羯南の「蚕食」論には、徳川時代以来の一種の対西洋意識の系譜、特にキリスト教がもっている道徳的教化の力に対する執拗な恐怖心を継承する面がある。たとえば、徳川末期の水戸学者会沢正志斎《あいざわせいしさい》による『新論』は、西洋列強が世界を侵略する方法を次のように見ていた。西洋の列強は、狙っている国と通商をおこない、隙をみて武力で襲う。これが難しいときには、キリスト教をもって「民心を煽惑《せんわく》」し、自ら外国人を招くようにもちこむ。キリスト教は、「兼愛」を説くので、これで愚かな民をだまして、「国を併し地を略する」のである。水戸学が特にナショナリスティックだからこのようなキリスト教陰謀説を唱えたのではない。徳川時代の儒学者の多くは、きわめて確信的な世俗主義の観点から、福音書のエピソードを荒唐無稽と考えて、このような非合理的な教義は、西洋内部でも外への侵略でも、ものの道理のわからない愚かな民を従わせるための術策に違いないと見なしていた。

明治期になっても岩倉使節団の欧米観察や、福澤諭吉・伊藤博文等の宗教観などに現れるように、日本の指導的な知識人・政治家たちは、なぜ非合理的な伝統の呪縛から抜け出したはずの先進国において、荒唐無稽にしか思われないキリスト教の教義に対する信仰が強く維持されており、それが社会秩序の根幹をなしているのかを理解できずに苦心していた。その結果、西洋における信仰は、人心を収攬し、国力を堅固にして、国際競争に勝利するための術策に違いないとする解釈が常識のようになっていたのである（渡辺浩「『教』と陰謀――『国体』の一起源」渡辺浩・朴忠錫編『日韓共同研究叢書11　韓国・日本・「西洋」――その交錯と思想変容』）。

羯南は、既に大隈条約改正問題の時に見たように、外国人判事問題について、日本の愚かな民は西洋人の不品行にも簡単に憧れるだろうと、シニカルともいえる観点からその危険性を論じていた。このことから考えても、ノヴィコフの著作は羯南のこういった警戒心、すなわち一見善良に見える道徳や、進んだ科学技術、洗練された芸術を通じて人心が「蚕食」されていくのだという恐怖を増幅することに役だったのであり、また読者に同じ恐怖心を与えることでナショナリズムに誘導することが羯南の狙いだったのである。

では、羯南の考える対抗策は何か。それは国民としての覚悟をもつことそれ自体をあくまで鼓吹する精神主義的なものであった。羯南は「トリビュ tribut」(部族といった意味)、「エター Etat」(国家)、「ナシイヨン nation」(国民)という概念を紹介し、制度としての国家があっても、「精神的組織」としての「ナシイヨン」がなければ、「蚕食」を免れないと警告する。

「国際論」は、西洋崇拝がもたらす危険を力説する割には、これから何をすべきかについての議論が手薄である。今日でも一般的にナショナリスティックな言説というのは、内部の危険分子を摘発し攻撃することに熱心な割には、外からの危険に対して具体的にどうすればよいかという点について曖昧であるが、羯南の「国際論」もそういった曖昧さから越え出る要素はもっていなかった。

2　対外硬運動と日清開戦

日本社会と家族制度の強調

政府の外交方針を批判する対外硬運動が次第に勢力としてまとまりはじめていた明治二六年夏は、政治勢力が再編成されていく状況にあり、その対立軸がわかりにくく混乱していた時期である。羯南は、仮に政府が政費節減を受け入れたとしても「民党の多数は、外国に対して文武の国務を拡張することを是とし、いやしくもこの国権拡張が実行されるならば、政費の節減に必ずしもこだわるものではない。……政費節減策は、恐らくは在野人士の心を満足させることはできなかった。近来における対外論の勃興は実にその前兆である」（明治二六年七月一日）と状況を分析していた。

これは政府と自由党主流派に対抗して、争点を対外論に移動させようとする諸勢力に肩入れした発言である。羯南は、政府と自由党との提携には反対だが、かといって最初の議会の時のような「政府対民党」や「保守勢力対進歩勢力」といった対立構図に固執することは無意味であるという考え方であった。羯南は政府に対抗する勢力として、日本の特殊性の保持や対外的な発言力の強化を望む勢力を糾合することに関心があった。

この頃、羯南のこの意図を反映するものとして、日本社会の特殊性をめぐる徳富蘇峰との論争があった。徳富蘇峰率いる民友社の『国民之友』は、自由党と政府との提携や自由党と改進党との確執といった民党の状況を嘆き、また次第に強まりつつあった内地雑居反対を叫ぶ国権主義的な勢力に批判を浴びせていた。蘇峰は『日本』とは異なる思惑から、民間世論として、西洋をモデルとした改革を主張する勢力が存在し続けることを望んでいたのである。

『国民之友』は、星亨による自由党の指導方針を批判した（これは竹越与三郎が書いた）ために自由党から「党敵」と呼ばれて困惑したこともある（『国民之友』明治二六年四月二三日など）。自由党が政府と結びつき、これに対抗するために「民党」の一翼である改進党が「吏党」の国民協会のような保守的勢力と接近することは、蘇峰の避けたい方向であった。蘇峰は「進歩主義」的勢力が協力して藩閥政府に対抗すべきだという理想に固執していたのである（米原謙『徳富蘇峰――日本ナショナリズムの軌跡』第三章）。

『国民之友』は、参加者の色分けがわかりにくい権力闘争に陥った当時の議会状況から距離をとるかのように、日本社会の古い要素がもっている悪習を摘発することに力を注いだ。明治二六年六月には「家族的専制」という論説を発表し、日本の家族制度に痛烈な批判を浴びせた。『国民之友』が日本の家族や夫婦のあり方などに批判的議論をおこなうのは、これが初めてではなかったが、日本の社会を西洋先進国型のものに改良していくべきだという原則的な主張をあらためて示したのである（徳富蘇峰「家族的専制」『国民之友』一九四号、一八九三年六月、海野福寿・大島美津子編『近代日本思想大系二〇 家と村』）。

蘇峰のこういった主張は、条約改正問題にからむ民法典編纂問題をその重要な背景としていた。明治初年から民法典の整備は、諸外国との不平等条約改正の為にも重要な課題であった。明治新政府は、整備された民法にもとづく法的保護がなければ、外国人の財産も諸権利も保障されないから治外法権は当然だという西洋諸国の主張に対抗しなければならなかったのである。既に明治二三年に民法典は一度公布されたが、有名な穂積八束の「民法出《い》デテ忠孝亡ブ」の言葉に見られるとおり、その内容には批判が多く、明治二五年の第三議会において、民法典はその施行を明治二九年一二月三一日まで延期し、その間に修正を行うことが決められていた。このため、明治二六年三月には法典調査会が設置され明治民法編纂の準備がなされた。民法典の編纂にあたっては穂積陳重《ほづみのぶしげ》・梅謙次郎《うめけんじろう》（司法省法学校の二期生）・富井政章らが様々な問題点を議論していたが、戸主の権利をどうするかといった家族制度の法的構成も重要な焦点となっていた。

徳富蘇峰は、日本の「家族制」があたかも専制的政治体制のように家父長の専横を正当化し、個人を抑圧していることを糾弾した。この制度の下では、家のために妻や娘など女性は犠牲を強いられ、有為の青年は父母の扶養や一族のしがらみのために理想をあきらめる。個人間の愛情に基づく家族関係をつくることはできない。

> 家は個人に対して、無限の専制権を有すべきだろうか。子は父の資本なのだろうか、父の餌食となっていいのだろうか。慈とは子に働かせて自分が安楽するための言葉だろうか。孝とは子が自己を犠牲にして一家を養うことだろうか。このように考えると、吾人は家族的専制に対して、一日たり

とも忍ぶべきでないと思う。しかしながら吾人はただその父母を責めるわけではない。なぜならば、これは父母の罪にあらずして、家族制の罪だからである。……故に今日における社会の本位ともいえる家族主義の制度を一変して、個人主義の制度とする以外に、到底家族専制の悪風を打破することはできない。

このような蘇峰の主張をつかまえて、『日本』は『国民之友』の唱道する個人主義の確立や家夫長権批判を過度な西洋追随主義であると攻撃した。民法典問題そのものに関しては、羯南の立場はそれほど激烈な反対論ではなく、時間をかけて必要な法典整備を考えることであれば認めるといったものであったが、『国民之友』による日本の家族制批判にははっきりと対抗した。

『日本』には、まず批判の投書が掲載された。「鉄乾坤」というペンネームによる批判で、『国民之友』の議論は日本の家族の美風を損なう無謀な西洋崇拝者の主張であるという。さらに自由党の機関誌である『自由』が「日本国民両新聞の再戦を促す」という論説でこの対立をあおったのである。羯南は、『国民之友』を批判することによって間接的に自由党をも批判できると考えたのであろう。わざわざ「与自由記者」という連載論説によって、『国民之友』と『自由』を批判する議論を展開した（明治二六年七月八〜一一日）。

『日本』の立場から見て、『国民之友』は、家族のための娘の身売りなどの極端に悲惨な事例を日本の家族制度が原因であると決めつけ、「日本社会の全体を誹議」しようとしている。社会にある問題しているという。

を過剰にとりあげて、日本の社会のあり方そのものに欠陥を見いだそうとすることは、「自称社会変革者」が西洋の個人主義的な社会を理想視するあまり、日本の人々の常識的な実感をねじまげて理解しているという。

かの『国民之友』の記者たる人々は、どこの国の家庭で成長したのだろう。いかに日本社会の旧物を嫌うからといって、いかに青年社会の歓心を得ることを切望するからといって、いかに進歩主義だからといって、いかに新社会の担い手のふりをするからといって、いかに自己の説を飾り文章を弄ぶことに努めるからといって、いかに政府批判以外の議論であれば発行停止を受ける恐れがないからといって、このような極言をなすべきであろうか。あなたたちの個人的自由論をもって断ずるならば、『日本』の評論は非となるのか。

こういった羯南の進歩主義批判を、西洋における近代的保守主義や冷静で自覚的な伝統主義の思想に似たものとして解釈しようとする思想史研究がかつてはあった。というのは、同じ論説に次のような一節があるからである。

変革論者に反対する吾輩は、もとより保守論者である。…吾輩は旧社会の道徳法に改めなければならない点があることを知る。社会の道徳法も他の事物と同じく錆びが生ずることを知っている。しかしながらこの錆びを取り去るには、吾輩は斧を用いることを好まず、ヤスリを以てすることを欲する。家と個人との関係は、それに慣れ親しむこと、実に我が国の年齢と共に久しい。一部分の状況と特別の場合とを見れば弊害なしとはいえない。このような弊害があることを以て、社会を根底から変革する理由とするならば、どんな社会でも革命を必要とすることになろう。

たしかに、理念としての個人主義や自由主義による啓蒙主義的な改革を無理に進めて、歴史的に蓄積のある社会のあり方に過度の負担をかけるよりは、多少弊害があってもいままでの制度を尊重すべきだという主張としてこの一節を解釈できるかもしれない。羯南には、フランス革命思想の危険を唱えた英国のバークのような思想に共通する要素があったということも不可能ではない。しかしながら、羯南は昔からある（と羯南や多くの人が思いこんでいる）家父長の権威や家族扶養の考え方に多少弊害があるからといって、個人の利益や出世のためにそのような伝統を見捨てることを推奨するとは、日本人らしからぬ発言、という議論に持ち込むんだ。あまり冷静な近代保守主義とはいえない。

「家族主義的専制」を非難する進歩主義的主張に対する批判は、『日本』以外からも起こっており、蘇峰は防御に必死だった。『国民新聞』は、自分たちの主張は教育勅語に対する「違勅」だと言われたが、どこがそうなのだと強い語気で反論していた。

実は、この対立は社会的価値意識の対立ばかりではなかった。羯南は、蘇峰の政治的意図を見抜いていたのではないかと思われる。蘇峰は西洋社会をモデルとして日本を改革しようとする志向を「進歩的」と見なし、その旗の下に再度民党がまとまることを企図していたが、羯南はナショナリスティックな主張を軸にして反伊藤・反自由党主流派勢力を糾合することによって伊藤内閣を孤立させる方が良いと判断していたのであろう。

条約励行運動の高まり

明治二六年の秋から翌年にかけての政治状況は、政府・自由党提携に対抗する諸勢力がナショナリズム的スローガンを利用し、新聞・雑誌といったメディアと提携しながら、巻き返しをはかった時期である。既に政府・自由党主流派の条約改正方針に反対する内地雑居講究会として動いていた諸勢力が、明治二六年一〇月には大日本協会を結成し、さらにこの運動が議会内では「硬六派《こうろっぱ》」と呼ばれる党派連合として現れた。硬六派とは、西郷従道と品川弥二郎が率いる国民協会、中村弥六《なかむらやろく》ら同盟倶楽部、安部井磐根《あべいいわね》・神鞭知常《こうむちともつね》らの政務調査会、同志倶楽部、改進党、自由党を脱退していた大井憲太郎の率いる東洋自由党の連合である。

「硬六派」に集まった人々は、必ずしも西洋への反発に凝り固まっているわけではないため、「内地雑居尚早論」でまとまることは難しかったが、『日本』が主張する現行条約励行論は、そういった多様な勢力がまとまりやすい論理であった。これは、現行の不平等条約において、外国人の居住の自由や経済活動の自由が制限されているため、現行の不平等条約を厳格に守らせ、外国人に不都合を実感させることで、日本と対等条約を結んだ方が得になると諸外国に悟らせようとする方策であった。もっと強く西洋の脅威を主張する国権主義的勢力にとっては、この主張が結局将来の内地開放を前提としているだけに本意にそぐわない面もある主張であったが、極端な排外主義をとらない勢力やむしろ西洋化の志向をもつ改進党との協調のためには調度良い議論であった。たとえば、改進党は内地雑居尚早論に対しては、「保守派の非雑居論の迂腐なる」、「無学無識にして且つ外交の事務に通ぜざる附和雷同の徒」、（『立憲改進党党報』明治二六年五月一〇日、一二月五日）といった見解であったが、自由党と対抗するためには「対外硬」に加わる必要があると判断したのである（坂野潤治『明治憲法体制の成立』八四頁）。また、この運動を通じて、もともと日本の近代化についてのビジョンの違いがあり、西洋諸国とどうつきあっていくべきかについて、その主張に大きな隔たりをもっていた羯南と蘇峰は、次第に接近していくこととなる。

そもそも羯南は、『日本』の主張が排外主義ととられることを嫌っていた。単純な西洋脅威論とは異なるものとして主張された現行条約励行論は、羯南が療養をしていた明治二六年春から羯南と高橋健三とが協力して次第に形をなしていた主張であった。官職を辞して『大阪朝日』に移っていた高橋は外国人居留地の問題を取り上げ、日本の国際法上の権利が侵害されていることを嘆いていた。しかし、次第に熱を帯びてくる内地雑居反対の運動に、高橋はそれほど共感していない。羯南が高橋について語る回想によれば、「当時内地雑居尚早論を主唱する大日本協会というものが東京で発起したが、政府およびその周辺の自称開国派は、これを誤解し又はこれをおとしめて攘夷論者の団結と決めつけ、我ら条約励行論者をもこの協会の同類と目して、種々の悪名を負わしめた。自侍君〔高橋〕はこのことを憂えて、大日本協会派の志はよしとするともその説は非なりと言って、条約励行論の真意を知らしめることを望んだ」という。このように高橋の大日本協会への懸念は強かった。高橋は、大日本協会派には頑迷な排外主義者ととられても仕方のない人々が多く加わっており、それらと一緒に動くことは『国民新聞』などからの格好の攻撃材料になるから、「第二日本協会」でもつくれればよいのだが、とまで述べていた（羯南「自恃庵の書柬」に引用された明治二六年一〇月の高橋からの書簡）。

羯南自身も同様に、大日本協会に対して一定の距離を置く発言をしていた。たとえば、大日本協会の内地雑居尚早論に対して、「我々の主張は内地雑居尚早論というわけではないのだが、また世の風潮に逆らって大日本協会なる者に同情を表することをおしむわけではない」（「答客問三則」『日本』明治二六年一〇月一六日）といった評価をしているとおりである。素朴な排外論に見える内地雑居反対についてもそれほど与することはできないが、政府の方針に反対するという点からに同情に値するといったところであろう。

このように、排外主義的な気分と外国に対する権利主張とは別問題と考えていた点で、羯南のジャーナリストとしての理性的な姿勢は評価されるべきである。かつて大隈条約改正案の時は西洋脅威論が強く出ていたが、この条約励行論の時点では、いたずらに西洋の脅威を煽ることを戒めている点で、ジャーナリストとしての成長を感じさせる。ただし、内地雑居反対より現行条約励行を強調することで、改進党との共闘が可能になったことを考えると、はじめから政治的意図があったわけではないとしても、この主張の政治戦略的効果が、ある時点、おそらく二六年一一月からは『日本』の存在意義を高めたということはできる。

議会戦術としてのナショナリズム

明治二六年一二月、第五議会において佐々友房らは「外国条例取締法案」を提出した。この法案の第一条は、「外国人は、条約又は法令に於て特に認許したるものを除き、私権を享有せず」といった強硬なものであった。さらに一二月一九日に安部井磐根は「現行条約励行建議案」を提出した。この条約励行案については、高橋健三が働きかけた成果であったと羯南はいう。内地雑居反対に凝り固まっていた安部井らに、「条約改正と雑居は別物」であり、日本の国際社会での権利主張として「国際主権」の問題がいかに重要であるかを説得したのが高橋であった。

これに対し政府は議会を一〇日間停会し、一二月二九日には陸奥宗光外相が条約励行案反対の演説をおこなった。陸奥がおこなった条約励行案反対の演説は「維新以来、国家の大計・国是の基礎として採用された開明主義によって、国家が進歩してきたか、いかに国民の幸福が増進してきたか」を陳述したものであった（中野目徹『政教社の研究』二一九頁）。また政府は大日本協会に対して政社法を適用し、解散を命じ、さらに一二月三〇日には議会解散となった。

伊藤内閣と陸奥外相のこの強硬な態度には背景があった。議会勢力の配置から見て、改進党が賛成すれば、安部井の案が衆議院を通過することは確実と見られていた。当時、条約改正交渉のためにドイツからイギリスに向かっていた青木周蔵は、日本の「反外国運動」に対して西洋列強が不快感を示しており、改正交渉に差し障るという電報を陸奥に送っていた。反伊藤・反自由党で合流した勢力の動きは、条約改正交渉そのものをつぶしてしまう可能性があった。政府が議会解散という強硬な手段を用いてでも、反対派を封じ込めようとしたのはこのためである。

しかし、政府の強硬策は火に油を注いだようなもので、衆議院内部のみならず、貴族院においても、近衛篤麿らが衆議院解散を批判し、谷干城ら懇話会のメンバーが条約励行運動に加わるなど反対が強まった。『日本』の論調も、世論は自分たちに味方していると勝ち誇り、「多数の意見はこれ輿論なり。しからば対外硬派は今日にあって正しく輿論の代表者というべし」（明治二七年一月四日）と、いつもの木鐸としての矜持からすると少しおかしいが、ともかく鼻息の荒いものであった。

明治二七年三月の総選挙では、自由党が議席を八一から一一九と大幅に伸ばし、国民協会は八〇から二六と激減したものの、依然、改進党を含めると条約励行勢力がやや優勢で、政府は解散総選挙後も事態を打開できなかった。この手詰まり状況は、ある意味で近代日本の議会政治の原型のような姿を見せている。自由党が選挙で強かったのは、政府と提携する与党の役割を果たす自由党に対し、地方への利益配分を期待する地主・名望家からの支持があったためである。現行条約励行運動は、外交問題であるためメディアや知識人や政府関係者の間で関心が盛り上がっても、実際の投票には必ずしも直結しない。だが、政府の対応によっては中央政局を揺さぶることは期待できるため、そこに期待をかける非政府派勢力にとっては重要であった。

またこのような状況を利用して、新聞雑誌メディアは自己の政治的影響力の組織化も試みた。総選挙直後の三月二八日、東京府下新聞雑誌記者連合は会合を開き、「第一に前議院の解散を失当と認め、第二に条約の励行をうながし、第三に条約改正の急成を期し、第四に国民の対外自主的精神を発揮し、第五にこの精神に一致する責任内閣の成立を希望する」という方針を確認した（『国民之友』明治二七年四月三日）。この会合に集まったのは『日本』・『二六新報』・『郵便報知新聞』・『中央新聞』・『読売新聞』・『毎日新聞』・『国民新聞』・『国民之友』・『国会』などの代表者である。立場上は相容れないはずの羯南と蘇峰の提携ですら、この時は成立したのである。

一般に新聞雑誌メディアは、ナショナリズムを抑えることはなかなかできないが、火をつけるのは簡単であり、また利益にもなる。特にあれほど内地雑居反対論を嫌っていた蘇峰がこの新聞連合の斡旋役をしていたことは、興味深い。警視庁がかぎつけた情報によれば、「国民新聞記者たる徳富猪一郎は、ひそかに大隈伯の内嘱を受けて、政府による第五議会解散に正当な理由がないことを責めようと、近頃日本新聞陸実を説き、これに同意した両名が頻りに奔走して、議会開会前後、各新聞鋒を連ねて攻撃しようと相談中である」とされていた（「大日本協会及国民協会ニ対スル処分ノ件」自明治十九年至同三十一年、『公文別録』内務省、国立公文書館所蔵、別―一六六、中野目徹『政教社の研究』二二二頁、小宮一夫『条約改正と国内政治』二三〇頁以下）。

さらに、四月二二日には芝の紅葉館で貴族院の三曜会と懇話会、改進党、国民協会、公同倶楽部、旧大日本協会、政務調査所、同盟新聞記者による八派連合懇親会が開かれた。この時選ばれた発起人には、羯南、蘇峰、政教社の志賀重昂が含まれた。この一連の過程は、反伊藤内閣・反自由党勢力がナショナリズムを梃子にして議院内外の勢力を結集することに、羯南や蘇峰など政論記者が大きな役割を果したこと、あるいは政治過程にメディアの威力が公然と現われてきたことがわかる。しかもこのメディアの力は、政党に従属するものではなく、それ自体が世論を喚起する力をもった新しい政治的な勢力として現れて来た。

『蘇峰自伝』における回想では、蘇峰は羯南の「策士」ぶりを強調している。

羯南は善い意味で、はかりごとを好んだなかなかの策士であった。彼は政界の裏面になかなかよく動いた。自身のことはともかく、政治上の判断についてかなり融通が利いていた。彼は谷、鳥尾、三浦等といふ国粋論者、もしくは保守論者たる旧将軍連とも懇意であった。また神鞭知常、高橋健三等とは兄弟同様の親しみを持っていた。さらに井上毅、杉浦重剛、小村寿太郎その他、政界の浪人者、有志者等にも知己朋友が多かった。私もまたその一人に数えるべきであろう。私は当時専らこの運動については陸君と相談した。そして相談する毎に、陸君の思慮はなかなか周到で、私のごときおおざっぱな者が、とても追付くところではないと考えた事が何度かあった。

（『蘇峰自伝』二八四頁）

甲午農民戦争と朝鮮への派兵

第六議会は招集直後から大混乱だった。まず明治二七年五月一七日、衆議院において反政府派から弾劾上奏案が提出された。不信任案には、政府が「外政に至りては偸安姑息、ただ外人の歓心を失わんことをこれ畏れる」といった主張が述べられていた。自由党と中立派の多くが反対にまわったため、この上奏案は一四四対一四九で否決された。翌一八日にも硬六派が政府不信任案を提出しやはり否決された。ところが、自由党も一七日に外交問題には触れずに、政府批判の体裁を示すため予算問題だけを根拠として政府弾劾上奏案を提出しており、これが五月三一日に一五三対一三九で可決されてしまった。実は、星亨の強力な指導の下に政府との提携を進めてきた自由党は、その内部で与党路線と反藩閥路線とで分裂があった。星は第五議会では議長でありながら対抗勢力の攻撃と内部の分裂が背景となって議員除名処分を受けていた。明治二七年三月の第三回総選挙で再選され、五月には自由党に復帰するものの、再び自由党を取り仕切るところまではいっていなかった。

このような状況で、追いつめられた政府は、六月二日に再び議会を解散するという強硬手段に出る。この頃政府は英国との交渉に目途がついてきており、何としても早く条約調印を実現したかった。

ところが同じ六月二日の閣議に、農民蜂起の鎮圧のため朝鮮政府が清に派兵を依頼したことを報じる電報が到着した。この蜂起は、かつては一般に東学党の乱と呼ばれてきたが、実際には東学党に限らない大規模な農民蜂起で、東学党によって指導された農民がそれに含まれていたために東学軍による暴動と見なされてきた。今日では実態に合わせて、甲午農民戦争と呼ばれることが多い。

伊藤内閣は、速やかに朝鮮への出兵を決定した。従来、陸奥宗光の『蹇蹇録《けんけんろく》』の記述から、この六月二日の閣議決定は、清が派兵するものと見なして、それへの対抗のため、清との戦争をも覚悟して行なわれたという解釈が強かった。しかし、今日の研究では、この時点では清が朝鮮政府の要請に応じて派兵するか否かは確定しておらず、また、伊藤博文は清との協調を模索して内閣及び軍をよく統制しており、政府の迅速な出兵決定は、少なくとも最初の時点では、日本と清とが協調して朝鮮の内政改革を進めることを主眼としたと指摘されている。陸奥の後日の回顧は、日清戦争開戦への誘導を自己の功績として見せようとする意図から再構成されたといわれる（大澤博明「日清開戦論」東アジア近代史学会編『日清戦争と東アジア世界の変容』下巻、高橋秀直『日清戦争開戦過程の研究』）。

実際にはむしろ反伊藤内閣勢力とそれに味方する多くの新聞メディアの方が、朝鮮の動乱を好機ととらえ清との対決を煽っていた。陸奥自身、熱くなった世論が危険なものと感じられたことを『蹇蹇録』に記している。これまで、政府・自由党を厳しく批判していた対外硬勢力は、政府の出兵の決定をよりナショナリスティックに解釈し、政府の朝鮮出兵に強い支持を示した。つまり、政府側が戦争前夜という雰囲気を作り出して、政府と議会の危機を回避しようとしたというよりは、政府への反対勢力が積極的に事態を戦争前夜として喧伝しようとしたのであり、少し意地悪く見れば、議会開会直後の再度の解散という泥沼化した政局から抜け出すために、反伊藤内閣勢力が挙国一致の雰囲気を演出したのかもしれない。

羯南は、もともと朝鮮をめぐる日本と清との勢力関係について危機的な意識をもっていた。たとえば既に明治二六年夏に、「支那は外国に向って自主的に行動することが期待できる国ではない。信義を重んじる国でもない。また、日本に向って同盟を欲する国でもない」と警戒心を顕わにしていた。ただ、「支那は富国であり、国利上失うべきではない。また支那は隣邦であり、国家の安全上失うべきではない」と、その地政学的重要性は無視できないので、日本は強気で交渉して清が日本に親睦を求めるように仕向けるべきであると主張していた（「対清如何」『日本』明治二六年六月八～九日）。したがって、「清韓に対する善隣の道は、一歩も譲らず、一毫も仮さず、我が威信を強めるにある。日本の威信が両国に伸張すれば、おそれて我国を敬するであろう。真誠の外交関係はここから興起するものである」（「対客問」『日本』明治二六年六月二〇日）といった方針こそが日本の清および朝鮮に対してとるべきものであるという。既に明治二六年前半には、朝鮮において「斥倭洋倡義」（＝日本と西洋を排斥せよ）の旗を掲げて二万人余が集まったという事件や、日本の貿易商人による穀物の朝鮮からの輸出を朝鮮政府が制止したことに対する賠償請求事件などがあり、朝鮮政府に対する不信感と朝鮮に対する清の影響力を排除したいという気分は、世論に浸透しつつあった。

そういった背景から見ると、明治二七年六月の朝鮮派兵決定は、ナショナリズムの波に乗りたいメディアにも歓迎すべきことであった。政局面での対立構図との整合性などは大した問題ではなかった。『日本』は、派兵決定のあった六月二日から八日まで発行停止処分を受けていたが、処分が明けた六月九日の社説では、伊藤内閣が清国の正式の派兵通告を待たずに、日本側の速やかな派兵を決定したことに賛成していた。羯南によれば、朝鮮への派兵は単に居留人を保護するために重要なのではなく、「東洋の均整」を保つために必要なことであり、「今回の韓変に対する事については、すこぶる同意を表し、あわせて一歩を進め、対外硬政策の実演を充分ならしめんことを望む」としていた。

開戦とメディア

羯南は、朝鮮におけるクーデタを起こそうとする民間の謀議に関わることもあったと言われている。この動きの要とも言える立場にあった福本日南の回想によれば、明治二七年七月頃、朝鮮内政改革のため大院君を摂政に就かせ、清に撤兵を要求することを目的としてクーデタを起こす実行部隊を送り込もうとする動きがあり、「高橋健三、頭山満《とうやまみつる》、佐々友房、陸実、古荘嘉門、田中賢道、柴四朗、国友重章、朴泳孝」らが関わったとしている。この計画は荒尾《あらお》精《せい》（陸軍軍人として清で諜報活動をおこない、さらに軍籍を離脱して上海に日清貿易研究所を設立していた）を実行部隊のリーダーとし、資金は西郷従道が二万円を用意したという（酒田正敏『近代日本における対外硬運動の研究』六九〜七〇頁、葛生能久『東亜先覚志士記伝』福本誠の項）。

ただし、七月二三日に日本軍が朝鮮王宮を占領し、朝鮮国王に圧力をかけ大院君を国政総裁に就かせたので、民間の志士が動く必要がなくなってしまった。高橋は、開戦後の羯南あて書簡で「福本氏の企図も、この際は機会後れの姿に属すようではあるが、この後内政改革の一方に尽力するならば、多少の効能はあるかもしれない。到底今の政府のみに一任するならば、朝鮮の革新は覚束ない」（明治二七年八月二二日、前掲「自恃庵の書柬」より）と述べている。

こういった裏での動きと、『日本』の論説での表だった主張は異なっていた。『日本』では、大陸志士的な「革命」論は抑制され、国際政治上の勢力バランスを重視するという大きな視点が強調された。そこでは、朝鮮の内政改革は末事であり、「朝鮮の独立を実践上より明確に国際史に印す」ことこそ目標である（「清国の慣手段（捨名取実）」『日本』明治二七年七月一五日、この論説は主張が挑発的だったためか抹消された字句が多い）と論じるなど、清を牽制することの戦略的重要性を論じ続けた。もちろん、当時の他の多くの論者と同様に、羯南も日本が東洋における先進国であるといった主張をしていた。

しかし、たとえば福澤諭吉が、日本の主眼は、朝鮮の国事の改革を促して自立させようとするもので、「吾々の心事は、公明正大、一点の私あることなし」(「我に挟む所なし」『時事新報』明治二七年七月二七日)と述べ、清を「懲らしめる」といった論調をとっていたことと比べると、羯南は、東アジアにおける日本と清との勢力均衡が最も重要であることを繰り返し論じていた。文明の理念より現実のパワーバランスの方に強い関心があったように見える。そして、そのパワーバランスの維持のためには、戦費の負担や通商の損害などをやむを得ないと考える点では、経済的利益より地政学的均衡を重視するという立場に立っていた(「対清策は必ず決戦を要す」『日本』明治二七年八月二日、など)。

また『日本』は、朝鮮における危機が国内の政府と議会との対立を棚上げにする口実にされるべきではないと主張し続けていた。「軍国大事、議会無用、憲法中止」といった論は政府におもねる勢力の妄言であり、総選挙に向けてますます対外硬の主張を国民に浸透させねばならないと羯南は主張していた(「国難と議院の関係」『日本』明治二七年七月二七日など)。

清との戦争の意味づけについて、一方で、この戦争の動機は「猛獣的欲望」でもなく「聖人的心情」でもない「普通の戦争」であるという時もあれば(八月二二日)、他方「大目的は東洋の進歩を図るために、支那という野蛮を征する」(八月一六日)という時もあり、論調にブレが見られる。これはおそらく戦術的な使い分けであって、前者は戦争のコストと戦後どうやって清を押さえ込んだままにするかを早めに考えておくべきだといった政策的な見通しを論じた文であり、後者は西洋列強の干渉をはねつけるための外交的な理論武装を提案したものであった。これは一般読者には少し細かすぎるレトリックの使い分けで、裏の意味をかぎ分けることのできる政府関係者の反応を期待していたのではないかと思われる。

戦争によって、新聞全体の発行部数は増大していた。明治二六年の東京の新聞全体で、年間発行部数が約一億六〇〇〇万部であり、同二七年には約一億三五〇〇万部となっていて、主要紙はそれぞれ一〇〇〇万単位、『東京朝日』などは四〇〇〇万近い伸びを示していた。『日本』も、明治二七年七月一六日には、新しい印刷機を導入し、対外問題や政局だけではなく、読者を楽しませる社会面や娯楽記事も充実させるという「紙面拡張」を宣言している。古島一雄も日清戦争のおかげで『日本』の財政状況が改善したと回想している。

ただし、他紙の景況に比べるとそれほどの伸びでもなかった。もともと『日本』は明治二三年でも年間五〇〇〇万部（つまり一日あたり一万五〇〇〇部以上）近い部数を誇っていた。明治二六年には年間六五〇〇万部、一日あたりでも一万九〇〇〇部近く発行しており、これは『東京朝日』や『都新聞』といった大衆向けを意識したいわゆる「小新聞」系の新聞を除けば、非常に高い発行部数である。ところが明治二七年には年間六四〇〇万部と少し減少している。これは発行停止処分のため発行回数が減ったことが主たる原因で、実際には明治二七年の一日あたり発行部数は二万を超えている。『日本』は高級政論紙の割に発行部数は小さくなかったので、かえって劇的に部数を伸ばすのは難しかったかもしれない。

正岡子規と『日本』

日清戦争へと向かう時期には、戦争関連記事とあいまって、新聞業界全体が新しい読者層をひきつけようとする努力をしていた。『日本』もまた同様である。

ちょうど正岡子規が『日本』にかかわるのは、このような新聞の性格の転換期であった。子規が『日本』で期待されたのは、ナショナリズムの主張に文学的な面で貢献することであった。

子規は、羯南の司法省法学校以来の親友である加藤拓川の甥（拓川の姉、八重の子）である。子規が松山から東京にやってきたのは明治一六年、翌年大学予備門に合格し、加藤の紹介で羯南を訪問したのは明治一八年である。当時羯南は太政官文書局にいた。上京当初は当時よく見られた政治熱に駆られた青年であった子規も、一八年頃は哲学に関心を持ち始めたという。あまり哲学的な気分をもたない羯南と共鳴するところがあったかどうかはわからない。

羯南の回想によれば、「浴衣一枚に木綿の兵児帯、いかにも田舎から出たての書生っこであったが、どこかに無頓着な様子があって、加藤の叔父がいけといいますから来ましたと云って外《ほか》に何も言はぬ」（「子規言行録序」『全集』第九巻）といった調子であった。その後しばらくは特に交流は見られないが、明治二四年に突然子規は、以前羯南がいた団子坂か現在の根岸に適当な下宿はないかというぃさかぶしつけな手紙を羯南に出した（明治二四年一〇月二二日、『子規全集』第一八巻）。この年、子規は文科大学哲学科から国文科に転科しており、哲学から文学へと志望を変えていた。六月に受けた学年試験の点が足らず（精神的な不調で試験期間途中で帰省）、追試を受け、結果待ちの頃である。いかにも唐突な依頼だが、新聞人として著名になった羯南に、自分の世話をする気があるかどうか打診しているると考えられる。

羯南は、親切にも即座にこの打診に応答した。子規は、明治二五年二月二九日に根岸の羯南宅の西隣に転居した。三月には、子規が書いた小説「月の光」を、高橋健三を通じて二葉亭四迷（官報局で高橋の部下であった）に渡して評をあおいでいた。さらに五月二七日から六月四日まで木曾の旅行記「かけはしの記」を『日本』に連載した。これが子規の『日本』初登場である。この時点では子規はまだ学業を続ける気持ちが残っていたかもしれない。しかし、六月の試験では、哲学の科目を受験放棄し、六月二六日から「獺祭書屋俳話」の連載が始まる。この頃から羯南も日本新聞社内も子規を迎え入れるかどうかを検討し始めたのではないだろうか。

古島一雄の回想によれば、『日本』の「主義発揚の上や乃至《ないし》は新聞政略の上から」俳句入りの文章もいいだろうという程度には見ていたが、一般的に大学卒は役に立たないと考えていたという。「新聞経済」の上からして「深奥なる一科専門の学者よりは寧ろ八百屋的に勧工場《かんこば》（多様な商品を陳列して売る商店）的に奥行よりは間口の広い融通のきく人間を欲しがる」からである。ところがその古島が子規を気に入ることになった。その年の九月一日に『日本』が発行停止になった際に、「君が代も二百十日は荒れにけり」という句をつくって古島に見せたためであるという。

羯南は一〇月に、子規が家族を呼び寄せるよう奨めた。日本新聞社で使おうという判断を示したわけである。この時子規は叔父の大原恒徳（加藤拓川の兄）に許可を求め、『日本』の「半社員」となっていると伝えている。一一月には「毎日出社」することが決められ、初出社は一二月一日である。月給は一五円であった。羯南は子規に、生活に困るなら個人的に余分に援助しよう、またこの月給で不満なようなら『国会』や『朝日』の仕事を世話しようとまでいっている。これに対して子規はいくらもらっても他社に行く気はないと答えた。羯南に対して強い感謝の念を持ったのであろう（「大原恒徳宛書簡」明治二五年一一月一九日、『子規全集』第一八巻）。

明治二六年から二七年は『日本』にとっては、対外硬運動と日清戦争という政治的熱気の盛り上がった時期であり、また同時に、新聞社としての事業拡大をはかっていた頃でもあった。そこで、本紙の硬い紙面とは別の、文芸欄を拡充した家庭向け新聞『小日本』が発行されることになった。この『小日本』は明治二七年二月一一日に創刊され、子規は編集責任者をまかされることになった。古島の回想によれば、これは家庭への普及をはかると同時に、『日本』が発行停止処分を受けたときに代替紙の役割も期待して始めたものである。しかし結局、『小日本』は成功せず、七月一五日で廃刊となる。『小日本』は『日本』の代替紙としての性格のために、本紙と同様に政治記事を載せることもあり、発行停止を命じられることが多かったのも原因のひとつである。またそのため、子規の文学的な感覚を編集に十分に反映させることは難しかったであろう。なお後に近衛篤麿の側近となる五百木《いおき》良三《りょうぞう》が日本新聞社に入社したが、これは同郷で親しかった子規が推薦したことによる。

『日本』に戻った子規は、責任は楽になったが、紙面が次第に日清戦争関連の記事で埋め尽くされるようになると、文芸欄の影が薄くなってきたことに不満を覚えたかもしれない。子規は日清戦争での従軍記者を志望するようになった。これには羯南はじめ社内も反対だったが、結局子規が押し切り、明治二八年の三月に従軍となった。しかし、この従軍が健康への負担となり帰国の船で喀血し、帰国後しばらく入院を余儀なくされた。

この後、子規の健康は次第に悪化し、毎日出社して原稿を書いたり編集作業をしたりすることは困難になっていくが、羯南の配慮によって、この後も社員として月給を受けている。

しかし、子規が文学者として成熟するのはむしろ日清戦争の後である。特に明治三〇年代に子規は、俳句における「写生」の重要性を掲げ、芭蕉のように情感を浅薄に表現しようとする傾向や、ことさらに理想を俳句に織り込もうとすることを拒否した（坪内稔典『正岡子規——想像の共同性』）。子規の俳句における「写生」論は次のような言葉に集約される。

日本では昔から写生という事をおろそかに見ていたために、画の発達を妨げ、また文章も歌も、すべての事が皆な進歩しなかったのである。……画の上にも詩歌の上にも、理想という事を称える人が少なくないが、それらは写生の味を知らない人であって、写生といふ事を非常に浅薄な事として排斥するのであるが、その実、理想の方が余程浅薄であって、とても写生の趣味の変化多きには及ばぬ事である。

（『病牀六尺』明治三五年六月二六日）

この子規の「写生」論は、『日本』紙面の性格に合っていた。大げさに理想論を煽り立て、読者を興奮させることを羯南が嫌ったように、子規は日本の絵画や文学における安易な情感の誇張や理想主義の干渉を嫌った。しかし、この後の『日本』の苦境を見ると、羯南の方針はジャーナリズムの事業としての発展にはかみあわないものであった。

「挙国一致」との距離感

日清戦争がはじまり、大元帥としての天皇と大本営が広島に移されると、各新聞社は総力を挙げて戦争取材をおこなった。徳富蘇峰は自ら広島に赴き、あるいは『東京日日』の朝比奈知泉は、明治二八年三月の下関における李鴻章との講和会談の模様を自らレポートした。しかし、羯南は東京にあって戦時にしてはかなり慎重な政治論を書き続けていた。

もちろん『日本』も戦争報道には力を入れ、井上亀六《いのうえきろく》、鳥居素川《とりいそせん》、国分青崖、そして正岡子規といった面々を従軍記者として派遣した。本来『大阪朝日』の仕事のためではあったが、高橋健三も広島や下関に行き、状況を詳細に記した手紙を羯南に送っている。無理して従軍を認めてもらった子規は大連に着いたときには講和になってしまい、実戦を見ることなく終わり、しかも帰国途上で喀血して長い病床生活のきっかけをつくってしまった。このような『日本』の努力にもかかわらず、報道への資力と人材の投入は他紙の方が遙かに上回っていた。

部数の伸び率の鈍さの原因には、社説の論調もあるかもしれない。概して『日本』の社説の主張は地味である。また『日本』は、戦時下の総選挙と議会のあり方についても辛口でいわば玄人向けの論評が多かった。

一〇月一五日に広島で招集され、二一日に閉会した第七臨時議会を羯南は冷ややかに見ていた。羯南は、その「挙国一致」に基づく速やかな予算案の通過と戦争遂行のための議会による政府激励の建議に対して、皮肉たっぷりに「内閣も安心、議会も安心、言わば儀式と同じである。ゆえにいわば、議会の役割は無用の用であり、無用の用があるのは理外の理があるからである。……とにかく、おめでたさの極みである」という言葉を投げつけている（『日本』明治二七年一〇月二三日）。

また、明治二七年一一月二一日、旅順要塞が陥落し、一二月には清が欧米を通じて講和への動きを見せ始めるが、羯南は「今、征清の壮挙に眩惑されて、軍事以外の国務を言うことを嫌い、官民共に耳目を戦信外報に傾けて他の事を考えないのは、まるで盆花の爛漫を賞してこれの栽培の功を忘れるようなものである」（「軍事以外の国務」『日本』明治二七年一一月三〇日）、「大旗が一たび動いて以来、世を挙げて皆な軍国多事を口にして、再び責任内閣を説くことなく、地租軽減を説くこともなく、民力休養を説くこともなく、人権の隆替と自由の消長を説くこともない。これ実に日本国民の特有長所といえるも、他の一面より見ればあるいは、欧米人が評するように日本国民の短所でもある」（「立憲政体の冷熱」『日本』明治二七年一二月二四日）といった批判をしていた。ナショナリズムの熱気に舞い上がって、政党がこれまでの政策論を置き去りにしたままになっていることを警戒せよというのである。

対照的に、徳富蘇峰率いる『国民新聞』は、星亭との言い争いで懲りたのか、政府や政党への細かい注文よりも、読者の気分を盛り上げることに精力を注いだ。その年間発行部数は、明治二六年の約三四〇万部から二七年には四九〇万部ともなっていた。『国民新聞』は、派兵決定の頃から「日本国民の膨張性」（明治二七年六月三日）を論じ始め、さらに「東洋において国民的膨張の根拠を作る」（七月二三日）、などと大々的に日本の「膨張」の必然性を主張し、またこの戦争が「獣力的現象」なのではなく、道義的意味があるものであって、「世界における頑迷主義に一大打撃を与え」（一一月六日）るものであると元気よく論陣を張っていた。そして一二月には、「征清は確かに我邦の歴史に新紀元を開いた。つまり、国民的生活より一躍して、世界的生活に入らしめたるということである……国民的より世界的に入るとは、国民的精神を土台として、世界的経営に入るということである……経営とは何か。兵略において、商略において、政略において、国家的動作において、個人的動作において、物質的において、精神的において、すべての関係において、我が大日本を世界に繋ぐことである」(「征清の真意義」『国民新聞』明治二七年一二月一四日)と、読者に向けて仰々しい宣言をして見せる。『日本』と『国民新聞』とでは、明らかに言論の果たす役割認識そのものが異なっていた。

もっとも『日本』にも、「皇道の本義は、むしろこの弱い国を狼呑蚕食しようとする列強を降伏せしめ、もしくは和睦せしめて、世界の人類をして仁愛義侠なる皇道の化に浴せしむることである」(「皇道之敵」『日本』明治二八年一月一日)といった、大仰な言葉が踊るときもあった。戦争目的を美しく飾り立てることが新聞に期待されていることを、羯南はそれなりに受け入れていた面があったことがわかる。

第八章　日清「戦後経営」と『日本』

1　戦後処理問題

三国干渉の衝撃

明治二八年四月一七日、日清講和条約が調印され、朝鮮の独立承認、遼東半島・台湾・澎湖列島の割譲、賠償金二億両、欧米なみの通商条約締結、威海衛の賠償保障占領が取り決められた。しかし、四月二三日にはドイツ・フランス・ロシアの公使が外務次官林董《はやしただす》に対して遼東半島の清国への返還を勧告する覚書を提出した。これが三国干渉と呼ばれる列強からの圧力である。これに対しては英国も明治政府に対して助言できないと通告し、明治政府は五月四日に遼東半島還付を決定し、一〇日に詔書として発表した。

明治二八年五月一五日、二七日の『日本』には、三宅雪嶺による「嘗胆臥薪《しょうたんがしん》」と題する署名入りの「論説」が掲載され、「嘗胆臥薪」あるいは「臥薪嘗胆」の語はこの三国干渉の屈辱を記憶するためのスローガンとして広く流布した。

『日本』は、早くから戦後処理と戦後の列強の圧力に注意すべきことを論じていたが、ロシアに対しては比較的楽観的な見通しをもっていたので、この干渉は本当に屈辱的であった。ただし、批判の先は内閣に向いていた。遼東半島の占領がロシアを刺激することは、以前から羯南が懸念していたことであり、むしろロシアとは協調姿勢をとり、台湾を占領していわゆる「北守南進」の方針をとるべきことを論じていた(「外政策」『日本』明治二七年一〇月一八〜二四日など)。明治二七年暮れ頃のものと思われる羯南の谷干城宛書簡では、「支那内地への侵入が深くなればなるほど、諸強国の警戒は高まる。その警戒は、もっぱら日本の侵略を制限することに集中し、各強国は一致した方針をとるだろう。これはいたずらに欧米諸国を駆りたてて連合させる愚策である」(『全集』第一〇巻、六六頁)。そして、むしろ台湾を占領して英国と対抗すれば、ロシア・フランス・アメリカは日本を密かに応援するかもしれないと述べている。そもそも『日本』は親英的立場を排する傾向があるので、いわば英国への対抗力としてロシアとの関係重視を期待していており、また、福本日南は南進論を強く主張していたため、羯南の判断もこのようなものになったのであろう。

羯南は、明治二八年五月に、内閣の動向を探るためわざわざ伊藤はじめ内閣のメンバーが当時滞在していた京都に出向いており、そこから谷干城にあてて、政府内部での意見の対立の様子を報告していた(五月六日付け書簡、『全集』第一〇巻、六六〜六七頁)。それによれば、川上操六と樺山資紀は「土地占領論者」であり、松方正義、山県有朋は「償金倍増論者」であって、伊藤博文と陸奥宗光は困り果ててその折衷の結果が講和条約であったという。羯南は、清の領土割譲にこだわることは危険だと判断しており、谷干城も同様の意見であった。谷干城は、既に五月二日に伊藤博文に対し、「そもそも東洋の平和を目的とすると申しながら、支那において最も緊要なる部分を割かしめるのは、公平な観点から見ると全く自家撞着之論にして、東洋の平和を破る将来の準備にして、直に砲口を北京に向けるようなものである」と忠告していた（『伊藤博文関係文書』第六巻、一六九頁）。

羯南は戦後処理の見通しについて、谷干城と共通するところがあった。このため、羯南は「遼東分割取は、当局の軽挙に出るものであり、一層外国との軋轢を生み、したがって結局遼東を還付せざるをえなくなり、これによって外国の侮蔑を招くことになる」（「遼東還地の時局に対する私議」『日本』明治二八年五月二七日）とし、遼東半島還付決定となってからは、ロシアの干渉そのものより、それを招いた政府の判断の甘さを糾弾した。

戦後処理問題をめぐって、羯南の近辺では再び政府批判運動が熱をもちはじめた。六月一五日には、内閣を批判する対外硬派が政友有志会として集会をもち、決議を発表した。この会合には志賀重昂が中央政社のメンバーとして、三宅雪嶺が党派外有志として参加し、他に立憲革新党・中国進歩党・改進党・大手倶楽部・自由党・財政革新党（田口卯吉が加わっていた）などが参加していた。政府は政友有志会に対し集会政社法による解散を命じたが、名前を変えてこの運動は続いた。この動きは「責任内閣論」すなわち内閣は議会に対してこの外交的失敗の責任を負うべきであるという主張に結びついていった。また政府の責任を明確にするために秋の臨時議会の開催を要求した。世論の支持を背景に内閣を追いつめようという力が強くなってきていたのである。

羯南がこういった動きに対し具体的にどれほど関わったのかは不明確であるが、志賀や三宅といった政教社のメンバーが積極的であったことや、決議の内容が『日本』の主張とも近いことから、この動きを支持していたと見てよいだろう。ただし、志賀が自ら進んで政治的実践の中で役割を担おうとしたのに対して、羯南はあくまで言論人にとどまることを自己の責任と考えていた。志賀は、政友有志会が結社禁止になった際に、公判中の東京地方裁判所の控え室から陸羯南に書簡を送り、「僕もまたあなたのいうような政略党人の仲間入りをなし、例の政社法違反によってたった今罰金二十円の宣告を受け入れました。お笑いください」(『日本』明治二八年七月二日)と、書いていた。これは「政略家」を嫌う羯南に笑われるだろうとの照れくささが現れた文面だが、同時に『日本』はこの書簡を紙面に掲載することで、新聞としての立場と対外硬派との役割の違いを読者に示して見せていたと考えることができる(中野目徹「政治家としての志賀重昂」『生誕百三十年記念誌　志賀重昂—回想と資料』)。

反伊藤内閣勢力は、戦後処理の失敗に対する内閣の責任を追及し、臨時議会を開こうとしない伊藤内閣の非をあぶりだすという方針であった。『日本』の社説は基本的に反伊藤勢力の狙いに則して展開されたものの、焦点をあてたのは政策のブレであって、愛国心の欠如や国家の体面ではなかった。たとえば、政府の外交方針が弱腰で信頼できないため、軍備拡大についてもその前に何をターゲットにした軍拡かを明確にするべきだとする主張がある。伊藤内閣やそれに協力する自由党が、いつのまにか戦前の地租軽減と軍拡慎重論から財政拡大・軍拡へと転換した、その曖昧さを厳しく批判していたのである(「政界今後の奇観」『日本』明治二八年七月二七日など)。

さらに、『日本』と『東京日日』は、七月から八月にかけて「責任論」をめぐる論争をした。この当時、内閣書記官長伊東己代治は、積極的に『東京日日』など政府系の新聞を利用して内閣批判の言論に言論で対抗する戦術をとっており、伊藤内閣は世論操作に本格的に力を入れ始めたわけである。論戦は、政府が列強の動向を充分に予測せずに領土割譲を要求したことに責任があるとする『日本』に対し、そのようなことは予測不可能であり、遼東半島の還付は現実的には妥当な判断なのだから、内閣の責任は問えないとする『東京日日』の朝比奈知泉との、あまり生産的とは言えない水掛け論であった。

領土割譲に対する慎重論は、先に見たように谷干城が伊藤に説いていたところであり、また閣内にあった松方正義も支持していた考え方であっただけに、伊藤内閣として見れば、『日本』のような議論が世論に蔓延すると、その議論の妥当性そのものというよりは、伊藤の政策選択の余地がせばめられ、リーダーシップが発揮できなくなることが危険であった。逆にいえばそのような伊藤の戦略は、谷や松方、あるいは伊藤内閣に批判的な党派にとっては、自分たちを政策決定過程に寄りつかせないという点で許し難いものと見えた。こういったきわめて政治的な思惑のからんだ問題であったために、『東京日日』の内閣擁護論も要領を得なかったのである。

伊藤内閣は、自由党および国民協会と提携して、政府包囲網状況を打開しようとしていた。自由党は、『日本』の「北守南進」論にブレがあり、また外交策として現実的ではないと、強い批判をおこなった。自由党が『日本』を攻撃したのは、伊藤および自由党を攻撃する諸勢力の機関新聞的な役割を『日本』が果たしていると考えたからであろう。ただし、自由党による批判は当たっている面もある。「北守南進」を主張する一方で、朝鮮を日本の勢力範囲内にしっかり押さえ込むべきだとも主張する『日本』の議論には整合性がないという自由党のぶつける疑問はもっともだからである（『自由党党報』明治二八年八月二五日）。これには『日本』にも明確な答えはない。

ともかくも『日本』と、政府を擁護する『東京日日』や自由党との間に繰り広げられる論戦は、『日本』が気骨のある反政府的新聞であるという印象を、実際の社説の内容以上に読者に強めることになったと思われる。また、世論操作に敏感になった政府が頻繁に発行停止処分をおこなったことが、かえって『日本』と羯南に対するある種の期待感を高めた面があろう。明治二八年の平均一日当たり発行部数は二万一〇〇〇部を超えており、発行停止が計七回、三〇日以上に及ぶことを考えると非常に好調な売り上げであった。部数だけから見ると、開戦の時より、戦後処理が意識された時の方が『日本』の人気は高い。

ただ紙面をよく見ていると、同時期の『日本』にはいわゆる戦後処理失敗の「責任論」への執着は無益だという社説も見られた。「責任論」は政局を熱くするための党派的思惑から出ているので、あまりかかわりたくないという姿勢を示している。『日本』の外から見たイメージとは違いがある。羯南は、『日本』の主張が完全に政局地図に対応したものと見られることを警戒したのではないかと思われる。

松方正義への接近

明治二八年八月一五日付の松方正義蔵相の意見書には、日本の勢力拡大を警戒する西洋列強の動きに対応するために、軍備の「倍増」が必要であると書かれていた（伊藤博文編『秘書類纂財政資料』中巻、五六頁、坂野潤治『明治憲法体制の成立』一〇一頁）。しかしながら松方は、この軍備拡大については、健全財政を堅持した上で実行すべきことと考え、そのための臨時議会開会を要求したため、伊藤と意見が合わず、八月二七日に辞任した。

この少し前から、志賀重昂などは松方に接近をはかっていた。対外硬派グループは、伊藤を攻撃するために議会開催を要求しており、松方と組むことも可能と考え始めていた。同様に、高橋健三も松方をかついで、伊藤首相を追いつめる手だてを考えていた。羯南宛の書簡にも、松方の立場がはっきりしないことを心配した後、「近日『日本』の紙上で、往々松方に対する不平の語が見られることは、まったく同感です。さりながら、あまりはげしく言うことは、かえって伊藤一派のためになってしまうことで、もっと面白くないことになると思われ、ご注意すべきかと思います」（陸羯南宛高橋健三書簡、明治二八年七月二日、『全集』第一〇巻、一五三頁）などと記していた。

他方、戦後の伊藤内閣・自由党・国民協会の協力関係を悪いとは考えていなかった品川弥二郎も、次第に政党を基盤にした内閣構想の方向へ政府も対外硬派も動いていることを強く警戒していた。品川は「誰が組織してもよいが、政党内閣を元老の一人が着手する姿（姿だけであればいいのですが）となってしまっては、国のためまことに悲憤にたえられません」と山県に訴えていた（山県有朋宛品川弥二郎書状、明治二八年一一月一五日、国立国会図書館憲政資料室「山県有朋関係文書」、伊藤之雄『立憲国家の確立と伊藤博文』一八八頁)。内閣が政党や議会内勢力を利用することは良いが、議会政党を基盤にした内閣へと性格を変化させることは、品川にとって許し難いことであった。

伊藤は日清戦争の勝利によって急激な軍備拡大を要求するようになった軍に配慮をしようとした。しかしそのためには戦争の賠償金だけでは足りず、増税などによる歳入の増大が伊藤内閣の戦後経営の重要課題となった。『日本』はこれに反対であった。伊藤内閣の方針に対し、軍備拡張が歳出の中で突出することを警戒し、財政バランス重視を要求した。

たとえば、「諸強国の軍事費」(『日本』明治二八年八月一九日)という社説では、『国家経済会報告』に掲載された統計数字を引用しながら、列強に比べて日本の歳出に占める軍事費が多いことを批判している。この説明はなかなか周到で、ドイツや英国の軍事費も多いが、ドイツは連邦国なので民政費は州政府が負担しているため、国家の歳出に占める軍事費が多めに見えること、英国は植民地が多いため世界各地に軍を置いておく必要がありそのため費用がかさんでいることを丁寧に説明している。

『日本』は、政府とあくまで戦う硬派といったイメージとは逆に、非常に緻密な政策論を展開していて、その主張の筋が捉えにくいことを注意しなければならない。その主張は、読者を煽るためのわかりやすいスローガンとは異なるものであった。またこういった議論の性格は、羯南が以前から行政理論や財政学に関心を持っていたことを背景にしている。たとえば、前述したルロワ=ボーリューの『今世国家論』の中にも、議会が予算決定を通じて政府を束縛しようとする傾向に対抗して、政府は軍事費増大によってその権力を大きくしようとする傾向があることを指摘しており、こういった知識が『日本』の社説に活かされていると考えられる。

既に初期議会の頃から、羯南には『予算論』『行政時言』といった著作があったが、日清戦後の行政問題を論じた場合も、基本的に発想は同じで、政府と議会との権力闘争に眼を奪われず、社会の安定に行政が積極的に関与する方策を重視せよといったものであった。

社会は草木のようなもので、一旦植付けられれば自然に生長する。しかしながら、もし培養の力を加えれば、自然的生長に放任するよりも一層の結果を見ることができる。吾輩が思うに、この十年間の日本社会はほとんど野生の草木のようなもので、培養者たり保護者たるべき行政の功というものがまったく見られない。（「今後の行政如何（十年来の休止を醒起せよ）」『日本』明治二八年七月六日）

つまり、羯南は基本的には政府が社会に対する「培養者たり保護者たる」役割を積極的に果たすことを求めていた。ただしそれは政府による強力な社会への干渉を求めることとは少し異なる。羯南が主張する政府による「培養」は、政府主導による工業化や開発を志向するものではなかった。

伊藤内閣の打ち出した戦後経営は、軍備拡大を支えることとの出来る工業化や交通などのインフラ整備による「民力」増強の方向、およびそのための酒造税や煙草専売、営業税新設といった新しい財源確保を企図したものであった。これに対して羯南は、対外的には台湾や朝鮮の開発に力を注ぐべきことを強調し、他方国内についてはともかく一般民衆に対する増税に徹底して反対し、政府の冗費削減によって財源を得よと主張した。つまり羯南は「戦後の大経営というについて、吾輩の想像した所を挙げれば、新たに領有した台湾澎湖の経営を第一とし、あるいは朝鮮における鉄道の計画、あるいは支那における工業の保護、またあるいは外洋航路の拡張、こういった類を意味するものと考えた」（「戦後経営の新歳」『日本』明治二九年一月一日）というように、アジアの開発を通じた日本の国力増大を要請していた。他方、軍備拡大のために国内の零細農民や都市下層民の負担を増やし、それを「軍人及財主の機嫌を取」るように軍備や国内の大資本に集中的に投下する開発案には反対であった（「戦後経営の閼典（上・下）」『日本』明治二九年四月一三、一四日など）。

なお、朝鮮問題と『日本』との関係についていえば、明治二八年一〇月に三浦梧楼公使が指揮した閔妃暗殺事件に、国友重章が加わっていた。『日本』は前々から朝鮮に対する日本の影響力が弱まることを警戒する社説を載せていたが、少なくとも文面上は、はじめは閔妃殺害が朝鮮内部の争いであるかのように論じ、また三浦公使の責任が明らかになりつつあっても、三浦を擁護するかのような社説を載せていた（「帝国対韓の位置」『日本』明治二八年一〇月二四日など）。佐々友房あてには「三浦氏ほか有志を救出のことは最早第一之急と相成候。近来之対韓策なれば犬死は愚なり」（佐々宛、明治二八年一二月一九日）と、この関係者が政府にどう処分されるかを心配していた。

社説や残された書簡などを見ても羯南がこの事件の本当の事情を知っていたかどうかはわからない。ただしこの事件以降、『日本』の論調はロシアの朝鮮進出にさらに警戒的になっていった。「ロシアは朝鮮を併呑する力をもっているかもしれないが、朝鮮を改革するには向いていない」（「朝鮮と日露」

『日本』明治二八年一二月三日）として、また『国際論』を想わせる言葉を使いながら、あくまで日本が朝鮮の改革を進める主勢力になるべきことにこだわった。これは、これまでの「北守南進」の主張との整合性が怪しくなるが、ある意味では、羯南が外交情報の入手と分析の難しさを間接的に認めていた証拠ともとれる。対ロシア策の転換については、自ら「露西亜との隣交」（『日本』明治二九年三月九〜一六日）という長い社説で、「国際関係の転化また常なきを見る」、「今はむしろロシアに憤り、一国が焦土となったとしても時宜によっては開戦せざる可からずとまで決心せり」（三月一五日）などと書いていた。

松方内閣への協力

伊藤の考える戦後経営は、日清戦争の賠償金・補償金に加えて増税を打ち出すことで、国家主導の近代化を加速することであったが、増税を達成するには議会の支持が不可欠であった。逆に、伊藤に反対する改進党や対外硬派諸勢力は、この点をとらえて攻撃をし、『日本』の社説もその路線に従っていた。改進党と対外硬派は、明治二九年三月一日に合同して進歩党を結成した。進歩党の趣意書起草は志賀重昂に委託された。

この時の政界地図は、大まかにいえば、伊藤と自由党の提携、進歩党結成に加わった対外硬派およびそれと与して利用しようとする薩派、政党の勢力拡大に警戒的な山県有朋系の軍人・官僚といった三つが主要な勢力であった。羯南の位置は、進歩党に協力する対外硬派と、品川弥二郎などの山県有朋に近い勢力との微妙な中間点であるが、ある時点で品川および国民協会とは少し距離をおいたのではないかと思われる。

閔妃事件の後日本の影響が弱化した朝鮮で、明治二九年二月に国王がロシア公使館に入り親露政権ができると、対外硬派と国民協会は伊藤内閣の問責決議案を衆議院に提出したが、結局伊藤が山県と取引し国民協会は自らこの案を撤回した。こういった事態から、羯南は、進歩党結成について、「国民協会に欺かれた百余名の議員は、政府の対外進為の虚影に追随したにもかかわらず途上に置き去られてしまった人民の真代表者である」(「新政党の樹立」『日本』明治二九年三月二日)と見なしていた。ここで国民協会を批判し、進歩党および薩派に協力することを決断したわけである。

第九議会をなんとか乗り切った伊藤は、松方を大蔵大臣に、大隈を外務大臣にして、挙国一致的な内閣をつくり、戦後経営を進めようとしたが、自由党の板垣は大隈の入閣に強く反対し、松方は大隈と一緒でなければ入閣しないと粘った。結局伊藤は調整に失敗し、辞表を提出する。この時は明治天皇が積極的に後継首相人事に介入し、結局九月一八日、松方正義内閣が成立した(伊藤之雄『立憲国家の確立と伊藤博文』二一四頁、御厨貴『明治国家の完成』三三二頁)。この内閣は、松方以下薩派系、大隈重信以下進歩党系、清浦奎吾《きようらけいご》などの山県系を組み込んだ人選になった。

内藤湖南は少し後の回想で、この頃に『日本』と進歩党との協力がはっきり打ち出されたとしている。

数年前にあって、藩閥政府の機関新聞であった東京日々、及び数種の自由改進両党機関新聞以外にあって、国粋思潮の代表として『日本』、欧化思潮の代表として『国民』(蘇峰の『国民新聞』)は全く人格と団体との現実勢力にしばられず、独立の態度を取っていた。しかし、今日にあって、『日本』は東京大坂両朝日と同じく、ほとんど進歩派の機関新聞となった観があり、また『国民』は薩派の機関新聞となってしまった。（内藤湖南「現実勢力と思潮勢力」『万朝報』明治三一年一一月四〜六日、『内藤湖南全集』第二巻、三四五頁）

『国民新聞』が薩派の機関新聞となったというのは、徳富蘇峰が松方内閣と「現内閣の正統なる唯一機関たること」を約束して、資金援助を得たことを指している（有山輝雄『徳富蘇峰と国民新聞』九二頁以下）。蘇峰は内務省参事官にも就任した。この時、高橋健三や志賀重昂も任官したが、蘇峰は松方首相との直接的な協力関係を獲得した。もっともこのため、後に松方内閣と進歩党が決裂すると、『国民新聞』は他の新聞から総攻撃を受けることになった。

この松方内閣では、高橋健三が内閣書記官長として、また神鞭知常が法制局長官として入閣した。政教社の志賀重昂も農商務省山林局長に就任した。高橋健三の入閣については「松方伯が内閣を組織すると、高橋君を内閣書記官長にと考え、人をつかわして高橋君の所在を私に問うた。私はすぐに電報して高橋君を呼びもどしたが、高橋君は就職の得失を私に問い、また新内閣の運命は予測できない、しかしながら松方伯とはかつて相謀る所あったため義理として辞すのは難しい、といっていた」（「自恃庵の書束」）と羯南は回想している。また神鞭についても「高橋、犬養、陸あたりの相談」から松方に推薦したのであろうと神鞭は推測している（『自恃言行録』に収録の神鞭知常「逸事の三十六」）。

一〇月一二日に地方官を招集して発表された「政綱的施政方針」は、高橋が羯南と相談したものを内藤湖南が文章に起こしたものといわれる。しかし、『日本』社説においては、松方が演説した「政綱」が、あまりに「尋常一様」・「平凡」であることに失望したと書かれている。当たり前のことが穏当な表現で語られているだけであるという。ただし、「言論出版集会等、憲法上人民の享有すべき権利自由は、政府厚くこれを尊重し」という箇所は、これまでの内閣になかった点だとして高く評価している（「所謂る施政の方針」『日本』明治二九年一〇月一三日）。おそらく、ジャーナリズムや政党による政府批判を嫌う山県閥とも妥協しなければならなかった松方内閣の方針をつくる中で、高橋や羯南が何とか通せた主張はこの部分くらいだったのではないだろうか。ただし、政綱にあった「帝国議会の協賛を重視する」といった文言も羯南の案によるといわれる（梅溪昇「陸羯南宛犬養毅・井上毅・近衛篤麿・内藤鳴雪の書簡」『日本歴史』一九九三年一〇月号）。

この「政綱」の成立過程については内藤湖南が詳しい回顧をしている。内藤は高橋の「お供をして先生と陸さんの家に行って二晩ほど泊った。はじめは先生と陸さんとでいろいろその主な箇条にすべき事柄を口述されて自分が一々筆記」をして、それをまとめた。それから内閣閣議で多くの批判が出たため表現が曖昧になり、当初高橋と羯南が主張したものより相当違ったものになってしまった。高橋は、それでも羯南になんとかこれを受け入れるよう内藤を通じて頼んだが、羯南は非常に怒って「あんなに骨を折って仕上げたものを、こんな風にしてしまった、どうにもしようがない、自分はもう勝手に意見を書いて今日の新聞の組に廻した」という（内藤湖南「思ひ出話」『大阪朝日新聞』昭和二年一月三、四、五、七日、『内藤湖南全集』第二巻、七四一～七四二頁）。この不満が一三日の『日本』社説に現れたと考えられる。

羯南は、帝国憲法そのものは必ずしも言論の自由を保障するのに十分ではないという、的確かつ興味深い指摘をしていた。そして、もし政権担当者が「当路者の徳義」として世論に対し責任を感じていなければ、伊藤内閣のように言論の自由を制限し、「専制政治」をおこなうこともできると皮肉っていた（「憲法範囲内に於て専制政治を行ふの秘法」『日本』明治二九年八月五日）。松方内閣への協力に際して、言論出版の自由を特に強く要求したのは、これまでの伊藤内閣の言論対策に対するそのような不満からして当然ともいえる。ただし、内藤の回顧でわかるように、松方内閣には山県派の勢力も入っており、山県派は言論の自由化を警戒していた。松方自身は、高橋・羯南等の対外硬派および、やはり言論の自由を要求する大隈派の要求を議会に於ける支持勢力としてあてにしながらも、微妙な舵取りをしなくてはならず、かならずしも高橋や羯南が期待する指導力を発揮できなかった。

『二十六世紀』事件

明治二九年一一月、高橋健三が主宰する『二十六世紀』という雑誌をめぐってトラブルがおきた。大阪で発行されていた『二十六世紀』が一〇月二五日に、土方久元《ひじかたひさもと》宮相を批判する「宮内大臣論」を掲載した。これは宮内行政や陵墓の荒廃について土方とその背後にある伊藤博文を批判するものであった。その論文をさらに『日本』が転載したために波紋が広がり、土方は内閣に対して『二十六世紀』と『日本』を、出版条例違反および新聞紙条例違反で処分することを要求し、さらに刑法の不敬罪を適用することも示唆した。

この事件の発端となった論文掲載については、古島一雄の回顧では福本日南・川那辺貞太郎・古島らが「張本人」であって、高橋は知らなかったという（『古島一雄清談』一二三七頁）。

当初松方は、この問題に対してあまり強硬な対策を採ろうとはしなかった。しかし内閣には政党の影響に危惧をもつ勢力があり、たとえば山県に近い官僚出身の野村靖逓相、清浦奎吾法相などは新聞紙条例緩和に警戒的であった。大隈はもちろんのこと、進歩党との提携を重視した松方もこの事件による発行禁止・停止は好ましいと考えていなかった。しかし、土方は宮内省から天皇への上奏も考えているという圧力をかけ、黒田清隆枢密院議長なども松方を説得し、結局一一月一四日に、『二十六世紀』は発行禁止、『日本』は発行停止処分となった。土方は、そのうえ不敬罪による起訴も求めていたが、これについては黒田も清浦も消極的で、結局この禁停止処分でこの問題はおさまった。

一見、松方は言論統制の緩和方針を進めることに失敗したように見えるが、この後、新聞紙条例改正案の検討にとりかかった。一二月二五日に衆議院に提出された政府案は、一定の仮発停権などは内相・拓殖相に残しながらも、基本的に発停禁権はこれまでの裁判所に移すことで議会の同意を得ようとしたものである。しかし衆議院は行政権に発停禁権が残ることに反対した。松方はできるだけ議会と妥協する道を選び、政府は衆議院の修正を受け入れ、行政権による発行禁止処分は廃止し、その権限を裁判所に移すことになった（佐々木隆『メディアと権力』一九六頁以下）。

羯南は、この新聞紙条例の改正を高く評価し、『日本』創刊以来の発行停止期間と日数を次頁のような表にまとめて掲載して、今後このような言論規制がおこなわれないようにと論じた。

羯南は、かつての伊藤内閣期における発行停止の多さを強く批判して、「言論の自由を傷つけ行政

『日本』被停止の統計（『日本』明治三〇年三月二二日、より）

年号	停止期間	日数
明治廿二年	自八月七日至同廿一日	一五日
明治廿二年	自九月八日至同十六日	九日
明治廿二年	自十月二十日至廿六日	七日
小計	回数　三回	三一日
明治廿三年	自五月廿一日至六月十二日	二二日
明治廿三年	自七月廿六日至八月三日	一〇日
小計	回数　二回	三二日
明治廿四年	自五月廿四日至六月十五日	二三日
明治廿四年	自十月十二日至同十七日	六日
小計	回数　二回	二九日
明治廿五年	自九月一日至同九日	九日
明治廿五年	自十月廿二日至廿九日	八日
小計	回数　二回	一七日
明治廿六年	自一月十日至同十五日	六日
明治廿六年	自四月廿九日至五月三日	五日
明治廿六年	自十二月四日至同六日	三日
明治廿六年	自十二月廿日至一月二日	七日
小計	回数　四回	二一日
明治廿七年	自一月五日至同十四日	十日
明治廿七年	自二月十日至同十四日	五日
明治廿七年	自四月十七日至同廿三日	七日
明治廿七年	自四月廿五日至同五月一日	七日
明治廿七年	自六月二日至同八日	七日
明治廿七年	自六月廿六日至同三十日	五日
明治廿七年	自九月八日至同十日	三日
小計	回数　七回	四四日
明治廿八年	自三月三日至同四日	二日
明治廿八年	自四月十五日至同十七日	三日
明治廿八年	自五月十七日至同廿六日	十日
明治廿八年	自五月廿八日至六月三日	七日
明治廿八年	自九月十日至同十六日	七日
明治廿八年	自十一月三日至同七日	五日
明治廿八年	自十二月十一日至同十五日	五日
小計	回数　七回	三九日
明治廿九年	自二月廿三日至同廿五日	三日
明治廿九年	自六月十七日至同廿三日	七日
明治廿九年	自十一月十五日至同廿一日	七日
小計	回数　三回	一七日
合計	回数　三〇回	二三〇日

内閣別の『日本』発行停止回数（『日本』明治三〇年三月二一日、より）

黒田内閣	回数……三　回	日数………三十一日間
山県内閣	回数……二　回	日数………三十二日間
松方内閣	回数……二　回	日数………二十九日間
伊藤内閣	回数……二十二回	日数……百三十一日間
松方内閣	回数……一　回	日数………七　日　間

権を濫用したことでは、伊藤内閣ほどはなはだしいものは無かった。わが『日本』は伊藤内閣のために虐遇せられたること、実に二十二回の多さであった」（『日本』「新聞停止権の廃撤　憲法実施以来の最大盛事」『日本』明治三〇年三月二一日）と記している。

『二十六世紀』事件の顛末でも明らかなように、松方内閣の中では、松方以下薩派と山県有朋系閣僚との対立を調整することは困難であり、また政党への警戒心の強い内務官僚は、薩派である樺山内相の指揮に批判的であった。逆に、松方内閣の分裂状況は、政治活動や言論の自由を要求し、さらに進歩党関係者の多くの任官ポストを求める大隈と進歩党の不満を増大させ、結果として松方が政党側から見放されることにつながった。

この事件の後、羯南は進歩党の『党報』に「政界の技術及批評」（明治三〇年五月一日）と題する一文を寄せ、松方内閣と進歩党との提携が持つ危うさを論じた。羯南によれば、かつての政党は実際に政権参加を考えるよりも「政界の批評家」であり、彼らは政治家としての「技術」修得には不熱心で、「空漠たる道理」のみを政治資源としていた。それは議会政治の未熟さを示すものではあった。しかしそれだけに「政界」も利権分配ゲームだけの場になってはいなかった。ところが明治三〇年の時点では事情が異なる。自由党も進歩党も「自ら局に当」たる経験をし、「ここに至って政党という政党は皆自ら技術家となり、今から十年前の状態とは全く相反するに至った」。

羯南によれば、これは一面、議会政治の経験がもたらした「政界の一大進歩」ではある。この「政界」の人々に期待されるのは、「自らが権勢の地位を占めて、それにより輿論を満足させる政治を行うことを努めるだけである。世の実際の事情はもちろん理想とは違うものであり、たとえ一時は意の如くならないことがあっても、それに屈せずに努力するのは、これ政界技術家の本色」といった資質である。つまり政党政治家が現実的な政策判断という「技術」を身につけることは必要とされる。しかし、これは同時に「技術家」による権力ゲーム的な閉じた世界の形成でもある。そこでは「批評」は外部からの雑音としか扱われない。その点に新聞人としての羯南は危惧をおぼえていた。

しかしながら、政界の技術家を以て自任する者は、他に批評家の存在することを忘れてはならない。もし批評家の存在を以て技術家の防害となし、この防害を除こうとして無理に批評家を政治家の堤灯持としようとするのは、これ良友を変じて幇間《ほうかん》としようと欲する者、技術家としては最も劣等の品位に陥るしかない。……今や政党は皆な技術家となった、政党の外に別に批評家はあって、たとえ同情を表することがあってもけっしておもねるべきでない。　（「政界の技術及批判」）

羯南の「批評」へのこだわりは、『日本』の松方内閣への協力が終わろうとしていることを示していた。新聞業界と政界は相互に牽制しあう別個の立場にあったのである。当時の『万朝報』は、「目下のところ、さしあたり、数多い政党機関新聞ですら、かような政党への無条件服従の新聞は無く、とくにこの数月来は、毎日、読売、朝日、日本等、いずれも内閣に対し一種の変調を現わしているようである」と報じている（明治三〇年八月三日）。

松方内閣から羯南の仲間は手を引いていった。高橋健三は、明治三〇年夏に再び健康を損ねたこともあり一〇月八日に辞職した。神鞭知常も同じく辞職した。羯南が一〇月一七日に品川弥二郎に送った書簡には次のようにある。

萩はちり芋は腐りて此ころは／見るものもなく食ふものもなし
〔中略〕さて昨年より偶然のはずみで、芋畑の番人を手伝ってきましたが、芋は思ったよりも腐敗しており、番人等ももはや呆れはて、病を理由に逃去りました。この上は小生も別段手伝の必要も無く、一年間の尻押も全く無駄になってしまいました。新たに就官の若手連には気の毒千万に思いますが、この上は芋畑の掃除をするしかないと思います。

「萩」はもちろん長州で、「芋」は薩摩のことである。松方への協力が無駄になったという愚痴であるが、これをわざわざ山県との関係が深い品川にこぼしてみせる羯南の狙いは何だろうか。

ともかくも、高橋、神鞭の辞職に続いて、大隈と進歩党は一〇月末に松方との提携を打ち切った。松方内閣は一二月二五日に辞表提出となった。天皇は伊藤博文に組閣を命じ、伊藤は大隈重信・進歩党と板垣退助・自由党の両方に入閣と協力を要請したが、この交渉は決裂した。伊藤による大隈・板垣との大連立構想については、古島の回顧によれば、羯南等が病床の高橋を見舞った際、高橋は高熱があるにもかかわらず大隈と伊藤との連立に絶対反対の意見として「伊藤排斥の大議論を吐いて」いたという(『古島一雄清談』一二三四頁)。また高橋は松方から貴族院議員への勅撰の内命を打診されていたが、これを固持した(「高橋健三君伝」(内藤湖南執筆)『自恃言行録』六九頁)。ポストで人を釣ろうという意図があまりにあからさまだったのが気にくわなかったということであろうか。

2　軍拡批判と国家的社会主義

軍拡と「社会」問題

日清戦争後の『日本』の主張の中で、言論統制批判と並んで目立つのが、軍備拡張批判と「社会」問題への着目である。軍拡批判は、谷干城が日清戦争の後さかんに主張しており、貴族院における三曜会(近衛篤麿・二条基弘ら)や懇話会(谷干城・曾我祐準《そがすけのり》ら)などが伊藤内閣の政策を批判する重要な論点となっていた。谷は松方内閣に対しては、はじめ軍備縮小・財政整理に政府を方向転換することを期待していたが。結局松方内閣は「戦後経営」を継続し、地租増徴にも踏み込もうとしたため、谷らの期待を裏切ることになった。

しかし、衆議院の「民党」すなわち自由党だけでなく進歩党も実は産業育成政策などと抱き合わせであれば軍拡にも反対ではなかったのとは対照的に、軍人出身者を含む貴族院の一つの勢力が、軍拡反対と民力休養を組み合わせて主張していたことは、興味深い現象である。これには、谷が抱いていた一種の儒教的王道理念のようなもののみならず、次第に山県閥として結集しつつあった官僚および貴族院内の山県系勢力との緊張関係など、具体的な権力闘争が背後にあった。

この貴族院内の対立関係を見ながら、羯南は「社会」という概念を強調することによって調停役的な立場を匂わせる主張を始めた。谷らの民力休養の主張と山県系官僚がもつ地方の治安維持への強い関心を、「社会」問題の解決を論じることで、ジャーナリズムの立場から橋渡しできるかもしれないと考えていたのではないかと思われる。

明治三〇年三月二二日から七回にわたって連載された「国家的社会主義」という論文がある。そこでは、「社会主義という熟語のわが国で使われるようになってしばらくたつ。しかもこの主義はほとんど破壊主義と同じく、わが国に忌み嫌われることもまた久しい」と記していたが、これからもわかるように、羯南はあえて刺激的なタイトルを採用した。

しかしながら「社会」問題は、日清戦争後の言論思想界で広く関心を集めていた。この当時の「社会」問題には、都市の労働環境、農村の疲弊、貧富の格差、医療衛生、鉱毒事件に代表される環境破壊と産業の問題、教育の普及など多種多様な問題が包摂されており、原因も処方箋も簡単ではない。たとえば徳富蘇峰は、軍備拡張は、「社会的行政」によって国民の生活の向上がなければ、国家の基礎が脆弱であるため不可能であると論じていた（「国力の安排」『国民之友』明治二九年九月三日）。アカデミックな「研究」色が強いとはいえ、金井《かない》延《のぶる》・桑田《くわた》熊蔵《くまぞう》・山崎《やまざき》覚次郎《かくじろう》・小野塚《おのづか》喜平次《きへいじ》といった東京帝国大学の教授などを含む社会政策学会が明治二九年四月（「社会政策学会」の正式命名は翌年）に発足した。羯南より古めかしいところのある池辺三山も、日露戦後だが、『大阪朝日新聞』に「社会政概論」（明治四〇年四月八〜一〇日）という社説で、社会政策は、過激な革命運動を予防するためにも必要であり、「社会主義」という言葉に懸念があるなら「仁政主義」と呼べばよいと論じていた。

羯南がわざわざ新聞社説に「社会主義」という語を使用することは、言論の自由が実際にどこまで許容されているのか政府の判断を試しているような感すらある。「主義」の語をつけることによって、「社会」問題が、政府や政党が関心をもって対処すべき政治的課題であることを印象づけようとしていたと考えられる。

「国家的社会主義」

しかし、「国家的社会主義」論の内容を見てみると、そこで主張されていることは案外単純なものである。すなわち、「国家的社会主義は『国家』といわれるものの宜しく抱懐すべき本来の主義なり」というように「社会」の危機や「国民」の分裂に対処する責任は本来「国家」にあるという原則である。いわば「社会」が内在的に保持している統合能力が衰退してきたという不安が現れている（宮村治雄「自由主義如何――陸羯南の政治思想」『開国経験の思想史――兆民と時代精神』）。

まず、軍備拡張は、国民の納税によって国家が吸い上げた資金を直接国民の生活の向上に役立たない部門に投入することであって、いわば「労役社会」を危機に陥れるものであるとし、他方、これを遂行しながら政府が産業組合法や農工銀行法によって零細な商工業者や農民を経済的に支えようとする「社会主義」的方策を取ろうとすることは、原理として矛盾していると指摘している。

この主張を補強するために引用されているのが、フランスの経済学者クローディオ・ジャンネの『国家的社会主義と社会改革』(第二版、一八九〇年)である。「国家的社会主義」の語は、この本のタイトルから採られたものであろう。羯南は、同書の中の「現代国家における軍事費と公債」という節から、軍備に使われる公債を買う余裕のある層はその利子によって潤い、その利子の本となる国富を生み出している「労働者」が過剰な国債発行による物価上昇などによって苦しむだけであるという箇所を引用している(Claudio Jannet, *Le socialisme d' État, et la réforme sociale*, pp. 564–566)。

ジャンネは、有名な社会改良家ル・プレ(Pierre Guillaume Frédéric Le Play, 1806–82)の弟子で、カトリック信仰を基盤とした経済学者・社会思想家である。羯南のこの引用文は自己の主張を補強するものとしてはうまい着眼であった。ただし『国家的社会主義と社会改革』の表紙には、ジャンネがパリ・カトリック大学 L'institut catholique de Paris の経済学教授であることが記されていたにもかかわらず、羯南は当時のフランスにおけるキリスト教と社会主義との関係にここでは言及していない。ジャンネを「欧州の社会主義者」とだけ紹介している。

もしも西洋のカトリック教会がもつ伝統的保守主義と社会改良の運動とが結びついていることが羯南にとって興味深い現象であって、そのためにジャンネを引用したとすれば、羯南の西洋社会理解に深みを与えた可能性を感じさせるが、この社説そのものからはそこまではわからない。ただし、羯南の示す西洋社会理解には、進歩や改革よりも伝統や道徳を強く読み込もうとする意思が一貫して感じられる。

ともかくも羯南は、他にも平田東助の『信用組合論』や後藤新平が衛生局長として提出した意見書などを引用しながら、「優勝劣敗」・「自由競争」の経済界に国家が必要な干渉をすることや、貧民の「国家的恤救事業」の意義を強調する。鉱毒事件の対策にも言及していた。

こういった広い意味での社会政策の必要性を「社会主義」という言葉で一種の思想的原理として提示したのは、単なる問題の羅列ではなく、世論にアピールする新たな「主義」を打ち出そうとする狙いが羯南にあったからであろう。『日本』のようなどちらかといえば西洋嫌いで保守的というイメージのある新聞で、この言葉が使用されたことは、ある種の意外感と注目を喚起したと考えられる。同様に、羯南の議論に倣いながら、国友重章も『進歩党党報』に「社会主義に就いて言ふ」（第五号、明治三〇年七月一日）を載せ、「一視同仁」・「王道政治」を主張していた。閔妃殺害事件にかかわって逮捕された国友のような人物があえて「社会主義」の語を使っていることは、「社会」問題への関心を、国権論に共鳴する保守的な読者にも受け入れられるものとして取り込んでしまおうという『日本』の方針に沿ったものであろう。

さらに羯南は、明治三〇年四月三日に発会した「社会問題研究会」の評議員にも選ばれていた。この会は、長野県松本町で木下尚江らと「平等会」という勉強会などを開いていた地元の豪農中村《なかむら》太八《たはち》郎《ろう》が上京して、著名なジャーナリストや学者などに協力を仰ぎ発足にこぎつけたもので、思想的にも社会的立場も異なる広範囲の人々がかかわりをもった（太田雅夫『初期社会主義史の研究—明治三〇年代の人と組織と運動』二二二頁以下)。

羯南があえて「社会問題」「社会主義」にこだわろうとするのは、いわゆる「戦後経営」によって、政府も政党も同様に、「主義」抜きの利益分配政治にシフトしつつあり、政府は資源を軍や特定の経済分野に集中させて、その負担を一般の国民に負わせようとしており、また、政党も自分たちの官職ポストや支持層の獲得という利益のために、「戦後経営」に無批判に便乗しようとしていると見なしたためであろう。次の論説にはその苛立ちが良く現れている。

進歩党と自由党の二党は、均しく戦後の経営を言って、共に攻撃的軍備拡張に雷同した。かの二党は均しく東洋の覇権を叫んで、亜細亜大陸の割取に雷同した。かの二党は均しく我が皇室をシーザー的にボナパルト的にしようと欲し、わが天皇を豊臣秀吉の亜流にしようと欲した。かの二党は進歩又は自由と称するにかかわらず、均しくその称に反して政府の権勢を広大にし、諸種の事業を人民より奪ってこれを国家の手に集め、結局国民協会派とその傾向を同じくするものである。かの二党は均しく中央集権を是として地方官を無用の長物にし、しかもこの無用の冗官を存置して顧みない。かの二党は財政の膨張に賛成して人民将来の疾苦を考えない。かの二党は対抗して立っているがその主義に異動はない。かの二党は主義なくして党争をなすに均しい。

(「政界漫言(上)」『日本』明治三一年一月一七日)

3　政党内閣の成立

松方内閣の後を受けた第三次伊藤内閣は自由党との提携を企図したが、自由党との交渉は決裂し、結局超然内閣を組織した。しかし、議会に多数党をもたない内閣は、明治三一年六月一〇日、「戦後経営」のための懸案である地租増徴案を第一二議会で否決され、ただちに議会解散、政府を追い詰めて勢いにのった自由党と進歩党は、六月二二日に合同して憲政党を結党した。

憲政党と第一次大隈内閣

民党連合による大きな議会勢力の成立に対抗しようとした伊藤は、政府党の組織化を図るが失敗し、伊藤の代わりに増税による財政処理という困難な課題を引き受けようとする元老も現れなかった。ついに伊藤は後継首相に大隈を推薦し、民党連合に課題を押しつけるという結果になった。これが最初の政党内閣といえる第一次大隈内閣を生む。

羯南は、伊藤や元老達の意図を読んでいた。六月二七日の社説「憲政党の危機」の中で、元老達が自ら難局に当たろうという者もないために、かりに政権を憲政党に譲って一時の困難を免れようと欲したものであるから、憲政党が政権をとったことを喜んで、政権運営に失敗すれば、「敵の術中」にはまるだけであると警告した。

実際、この内閣では旧自由党と旧進歩党勢力の対立も解消されず、また政党内閣を成立させないいために最初は留任を拒否していた桂太郎陸相・西郷従道海相が結局は留任し、大隈に軍備拡張方針を維持することを約束させた（小林道彦『桂太郎』一〇九頁以下）。

地租増徴問題

また財政的にも憲政党は手を縛られていた。羯南が皮肉を込めていうように、「宦官官吏の歓心を買おうとするために帝室費を増し、議員の歓心を迎えて歳費を加え、投機商人の歓心を迎えて公債を返還し、党中の論功行賞のために冗官官職をも温存し、閣僚間の釣合いを保とうとするために不必要の増額要求を聴き入れるのか」（「予算編成の難易」『日本』明治三一年八月四日）といった状態であった。民党は権力を手に入れることによって、皮肉にも、止まらない財政膨張と増税に対する民間の不満という矛盾した課題を一度に抱え込むことになったのである。

この点について、羯南は「仏国の経済家モリナリ氏」（Gustave de Molinari, 1819-1912）の『経済の天則』（*Les lois naturelles de l'économie politique*, 1887）を引用して、政党内閣が経済にあたえるマイナスの影響を指摘した（「政党内閣と財政」『日本』明治三一年八月一一日）。モリナリはベルギーの経済学者で、フランス語圏の経済学者では最も極端な自由主義者といわれる（Y. Guyot, 'Gustave de Molinari', *The Economic Journal* 22, March 1912）。羯南は、かつて大島貞益らの国家経済会に加わるなど、保護主義的な経済論に与したり、「国家的社会主義」に関心を持ったりしながら、他方、ルロワ＝ボーリユーといいモリナリといい、しばしばフランスの経済学諸派の中でも古典派経済学的自由主義者から引用している。この点は、羯南が経済学諸派の理論的な違いをどの程度理解していたのか危ぶませるところである。おそらく羯南の判断はきわめて実用主義的で、政党の利益誘導政治を批判するときは経済自由主義の立場を参照することが説得力を増すと直感的にとらえていたのであろう。羯南はモリナリから、「政費の増進はいずれの政体にあっても、供給者である人民の生産の進歩を超過することは確実である。同時に政治的権利がいよいよ下層に移り、いよいよ多数に移るに従って、政費がいよいよ増加するのもまた確実である」という一節を引用して、政党内閣にとっては歳出削減がいかに困難な課題であるかを強調し、それを監視する必要を唱えた。

この頃谷干城は、次のような書簡を羯南に送っていた。

財政の紊乱も外交の困難も、伊藤が自分の失策の責任をのがれて軍備の不足に責めを負わせようとするところであり、おろかにも現内閣は容易に伊藤の破産を引受けて、今日の憂目を見ることになりました。愚といえば愚ではあるが、気の毒の至りともいえましょう。……〔外遊に出た伊藤の〕帰京の後は、何とか口実を外の事に借りて、薩長連合内閣を作り、自由、国民両党をそそのかし、強硬主義をもって、増税案決行に出ることであろうと推察いたしております。（明治三〇年八月一九日）

この秋、『日本』は地租増徴批判でキャンペーンを張った。羯南は谷干城と同様、小農民の負担を重くすることによって、軍備を含む財政を拡大し、戦後不況に陥った経済界を救済するのはおかしいという立場であった。羯南は、増租問題を「都市と村里との間における利害の争論」（『地租増否論』序文、明治三一年一〇月、『全集』第一〇巻、三二〇頁）あるいは、「いずれも国費の負担を農民に加えて以て工商の利便を図らんとする策にあらざるはなし」（『続地租増否論』序文、明治三二年三月、『全集』第一〇巻、三二二～三二三頁）と見なしていた。そして軍備を理由に政府は農村から吸収した富を都市商工業者に移転しようとしていることを問題にした。つまり羯南や谷は、農業セクターから近代的工業・商業セクターへの富の移転を促す政策を批判しているのである。

『地租増否論』『続地租増否論』は、谷干城と自由主義経済論者の田口卯吉との『日本』紙上での論争をまとめた本である。田口によれば、都市実業家の危機を救うために地租増徴は仕方がない。しかし、財政整理の必要性は当然であり、また地租増徴は地主の負担増であって、小農民に負担となる間接税が増えないというメリットを考えれば、増租を容認すべきだという。ところが羯南の増租反対論によれば、日本では「金融的貴族（アリストクラシイ・フヰナンシエール＝aristocratie financière）」が政府や多くの新聞を見方につけており、西洋のような「田地的貴族（アリストクラシイ・フオンシエール＝aristocratie foncière）」が日本には社会階層として存在しないので、地方の声を政治に反映することができないという。谷・羯南と田口との間には、財政整理と小農民保護の観点では共通するところもある。

こういった議論を追えば、羯南の敵は、地租増徴により軍備拡大と経済界への梃子入れを謀る藩閥政府とその協力者ということになろう。ところがその政府協力者の中には、対外硬運動の時には羯南も協力した佐々友房と佐々を含む国民協会の勢力も含まれる。佐々は、第一二議会において圧倒的多数で否決された地租増徴案について賛成の演説をしており、国民協会は山県系官僚と接近していた。

こういった『日本』と政治家との協力関係の複雑さやねじれには、羯南の新聞人としての思惑と、権力闘争に基づく政界地図とのズレがある。たとえば谷干城は貴族院で山県系勢力と対立していたため、軍拡反対・財政整理に熱心であり、国民協会は民党に対抗して常に藩閥政府の与党となって勢力を維持することに腐心していた。他方、谷干城や貴族院の一部、国民協会の一部、民党の一部には対外硬運動に共鳴する人々がいた。もちろんナショナリズムやアジア主義的運動への共鳴は、理念だけではなくそれ自体権力闘争と関わり合っている。『日本』はそういった政治闘争のもつれあった関係に完全には絡め取られないように位置取りをし、伊藤博文とその提携勢力とだけは、常に対立することを方針としていた。

高橋建三の死

かつて羯南と進歩党との関係をつないでいた高橋健三は、松方内閣での内閣書記官長辞任以後体調を崩し、政治活動からも言論活動からも遠ざかっていた。負担のかからない形で『朝日新聞』の客員となっており、「松方内閣興亡史」といった論説も書いたが、明治三一年七月二二日に小田原で死去した。羯南は高橋をしばしば見舞い、死去の際にも枕頭にあった。

高橋が亡くなったのはちょうど、第一次大隈内閣（内務大臣に板垣退助を擁するため隈板内閣とも呼ばれる）が、来る八月一〇日の臨時総選挙に向けて準備を進めていた時期であった。大隈内閣では、ほとんどの各省次官・主要局長は政党員によって占められ、板垣は内相として地方官に政党関係者を多数採用し、またこれを巡って自由系と進歩党系で熾烈な猟官争いが発生していた。この内閣では、羯南に近い人々からは、神鞭知常が再び法制局長官に、志賀重昂が外務省勅任参事官に任官していた。

『日本』・『日本人』関係のかつての同志においても、直接政治の世界で活躍したい者と、それをあまり好ましく思わない者との分裂が発生していた。

神鞭は明治六年に大蔵省に出仕して以来二〇年に辞職するまで長く官界にあり、また大隈内閣成立の時には近衛篤麿に法制局長官をやらないかと相談に行っている（『近衛篤麿日記』第二巻、明治三一年七月三一日）。志賀は、憲政党分裂後も進歩党系の憲政本党に所属し、政党活動を続けた。三宅雪嶺は政党との距離を保ち、政教社を政党争いから引き離そうとしていた。政教社が住所を『日本』と同じ神田区雉子町《きじ》三二に移したことは、ちょうど明治三一年七月五日発行の『日本人』に記されている。志賀の政治活動に対して距離を置き、『日本人』を中心的に担うことになった三宅雪嶺と、高橋を失った羯南とは互いに協力しつつ、政府や政党の直接的な影響下に入ることを避けながら、文体が硬く西洋書の引用がしばしばあり、また細かい政策分析が織り込まれた政治評論を不特定多数の読者に供給するという困難な道をたどっていた。

尾崎行雄演説事件と「政界の変態」

羯南は、反伊藤かつ反自由党というところが、国内政治論の判断基準であっても、それ以上積極的に特定の政治勢力を応援することは避けていた。また憲政党評価で見られるとおり、議会中心主義に特に同情的であったとはいいがたい。しかし、たとえば、憲政党分裂の契機の一つになった尾崎行雄文相の「共和演説事件」では、政党内閣の欠陥や危険性を騒ぎ立てる官僚や、これを機会に進歩党系勢力をたたこうとする自由党系勢力の卑しい権力欲を批判した。これは少なくとも羯南が、議会の本来の機能である政府の監視という点を重視していたことを示している。

この「共和演説事件」は八月二一日に尾崎が帝国教育会でおこなった演説から発している。尾崎は、「日本では公共心が薄く、選挙に関して金銭的腐敗が多い。欧米では立憲政体は道徳が低下し金銭欲が支配すれば破滅すると考えられている。日本が共和政体になることは決してありえないが、もののたとえとして、もしも日本が共和政体になれば三井三菱が大統領候補になってしまうだろう」といった内容の演説で、日本社会の政治道徳の欠如を批判した（『憲政党党報』四号、明治三一年九月）。尾崎は、君主制の方が道徳的に民主制より優れているという保守的な見解を逆手にとって、西洋の君主のいない国ですら政治腐敗に敏感なのに、道徳を誇る日本で贈賄がまかりとおるのはおかしいではないかと論じた。藩閥勢力がいつも政党を私利私欲の集団と批判してきたことへの反発である。しかし、宮中や貴族院の山県系議員らは、この演説を歪曲し、日本の「国体」を否定するものとして内閣弾劾に動こうとした。尾崎は九月に陳謝の意を上奏しことを沈静させようとしたが、板垣も尾崎批判にまわり、内閣の分裂が顕在化した。やむなく尾崎は一〇月二四日に辞職した。

『日本』では、このように尾崎が辞職に追い込まれたことを「政界の変態」と評した。

立憲政体の今日において、かような失言が政界の大問題となり、大臣の進退を議するほどに至るとは思いもよらなかった。吾輩は尾崎氏一人を惜しむ者ではない。ただ政党内閣の下において、共和政治の一言が重大な問題とされたことを奇怪とするのみである。……

尾崎氏の共和政治という言葉を引例した一事にだけについて、宮内省がこれを議し藩閥党がこれを難じ、はなはだしきは憲政党の中にもこれを撃つ者があった。これは御幣担ぎ派の国体論をかりて、故意に尾崎氏の地位を動かそうと欲するものである。吾輩は、尾崎氏が今や共和政治を引例したということを理由として大臣を辞したのを見て、むしろ政府の腐敗のはなはだしさの一兆候となすところである。

（「政界の変態（尾崎大臣の退職に付き）」『日本』明治三一年一〇月二九日）

羯南が「御幣担ぎ〔迷信に凝り固まって不吉なことをきらう〕派の国体論」とからかうのは、議会も憲法も国体に反すると考える極端な守旧思想であるが、本当の問題はそのような守旧派ではなく、そういった感情を利用して政治的攻撃に利用することを恥としない官僚や政治家である。羯南の主張は、近衛篤麿や谷干城の見解とも共通していた。近衛篤麿の日記には、谷干城の話として次のように書かれている。

谷子の話によれば、曾我〔祐準〕のところへ安場《やすば》〔保和《やすかず》か〕、中村元雄、関義臣《せきよしおみ》等が行って、政党内閣の国体にもとるという事、尾崎問題等を蝶々と述べ立てたとの事だ。谷子のところへは高嶋信茂《たかしまのぶしげ》が来て同様の事、及び現内閣を倒して新内閣を起こすべし、それには谷子が文相となるべきであると主張した。谷子は答えて、我国に政党内閣あるも国体に何の関係もなし、皇室に累を及ぼすが如きことはあり得べき事にあらずと告げ、現内閣を倒して作らんとするは、自己の野心に駆られて奔走するものでしかないと、大いに叱責したという事である。
（明治三一年一〇月二七日、『近衛篤麿日記』第二巻、一七九頁）

近衛は尾崎批判の騒ぎを早くから「児戯に均しき」（九月一八日）ことと見て、尾崎に同情的ですらあった。羯南も谷も近衛も政党政治や議会権力が強まることに原理的に賛成であったとはいいがたいが、国体をもちだして騒ぎ立てることの愚かしさには極めて批判的である。これは、羯南たちにとって、「国体」が重要な価値でなかったということではなく、あるいは彼らが意外とリベラリストだったからでもなく、「国体」問題が政局を動かすための材料に使われることに我慢がならなかったからである。

第九章　対外問題と新聞経営――日露戦争前

1　アジア問題への関心

政党内閣は、財政だけでなく、清国をめぐる列強の動きへの対応という困難な課題も担わされた。明治三一年には、清での勢力拡大を狙う列強の動きがたて続き、日本の世論に危機意識をもたらした。三月には清独間による膠州湾の租借条約の成立、続いて清露間による旅順口及び大連湾租借条約成立があり、これ以降、清米間の粤漢鉄道借款契約、フランスの広州湾占領、清英間で香港境界拡張及び九龍半島租借、威海衛租借と、列強の中国への勢力拡大競争が激化した。

東亜同文会

羯南は四月に、ドイツおよびロシアの租借に反対する議員および民間有志による抗議声明に加わり、さらに三宅雪嶺・池辺三山や犬養毅・江藤新作《えとうしんさく》らと共に東亜会という団体を組織した。また七月には近衛篤麿を中心に荒尾精の関係者など大陸浪人系の活動家などが組織した同文会にも参加した。東亜会の狙いは、清における改革派を支持し、立憲制の確立、国防の強化、科挙の廃止などを主張して「変法運動」を展開していた康有為《こうゆうい》や梁啓超《りょうけいちょう》らを応援しようとする性格が強い。東亜会結成の決議には「光緒帝を補佐して変法自強の局に当れる康有為、梁啓超等の入会を許すこと」とある（東亜同文会編『対支回顧録』上巻、六八〇頁）。他方、同文会はその主旨に「商工貿易の発達を助成」と唱え、また東京と上海での雑誌の発行、教育機関の設立など具体的な活動を企画していた。こちらは、どちらかといえば清におけるナショナリズム運動と政治改革の支援よりは、日本との関係強化を通じた清の経済力の開発と日本の利益の共栄を狙いとしている。その意味で両者は性格を異にする部分がある。

清国では、改革派に共感した光緒帝が制度改革を進めようとして、いわゆる「戊戌変法」が起こったが、早くも九月には情勢が一転し、光緒帝は西太后および保守派との権力闘争に敗れて幽閉され、梁啓超と康有為は相次いで日本に亡命し、残った変法派の人々も処刑された。この情勢を見て、九月三〇日に東亜会は康有為、梁啓超の救援を決議した。

清国の将来についての懸念が広がる中で、近衛を中心にして東亜会と同文会の合同気運が高まり、一一月二日芝公園紅葉館にて東亜同文会が発会した。この時、羯南は池辺三山（当時『東京朝日新聞』主筆）らと共に幹事に選ばれた。その綱領には「支那の保全」が謳われた。

東亜会と同文会合同の背景には、政府からの資金援助が見込めた点も考慮しておく必要があろう。一〇月一九日に大隈首相は東邦協会において「支那保全論」という演説をおこなっていた。「支那保全」は、このように高名な政治家が演説し、新聞論説で鼓吹されるときには、列強の帝国主義に対抗し、日中の連帯を強め、中国の近代化を支援するという理念であったが、それに具体的に携わる人々にとっては、外務省の裁量で使いやすい機密費が増額され、運動にかかわる大陸浪人や国内の政治運動関係者に資金が落ちてくる話であった。たとえば近衛篤麿の明治三一年七月二二日の日記によれば、柴四朗に面会し、「政府機密費として支那朝鮮の事業に投じる相談」をし、これに国友重章、池辺吉太郎等尽力し」といった話があった（『近衛篤麿日記』第二巻、一一二頁）。また一〇月一六日には、同文会の経費を外務機密費から二千円出すように犬養を通じて当局に要請すると話し合っている（同、一六八頁）。近衛篤麿をリーダーとして運動することは、政府から資金を引き出すのに役立っていた。近衛は次の山県内閣の外相青木周蔵にも交渉をして、四万円の予算を引き出した（『近衛篤麿日記』第二巻、明治三二年三月二五日）。

こういった資金を羯南が直接あてにしたということはないだろうが、運動の活性化と新聞の評判に、相互利用的な面があったことは否定できない。日清戦争後、新聞業界は冷えてきた読者市場をめぐってかえって熾烈な競争を展開することになり、天下国家を論ずることより、面白い記事・報道・読み物など大衆的な娯楽によって部数を競う方向に移りつつあった。『日本』の一日あたり発行部数は、明治三一、三二年あたりは一万部強となっている。明治二七年と比べると半分である。この部数は『警視庁統計』からとられているが、『警視庁統計』には部数が多めに表記されている新聞もあり、実質はもっと少なかったかもしれない。徳富蘇峰の『国民新聞』も売れ行き減少に苦しみ、社員を減らし、『国民之友』などを廃刊して合併するなど経営合理化に必死だった。経営面の実状はよくわからないが、この頃『日本』と『日本人』が同じ建物に場所を移したことは似たような事情かも知れない。ちなみに読み物や上流階級の腐敗暴露記事などで人気を得た『万朝報』は一日九万部を超えている。新聞の大衆化路線は止めようのない趨勢であった。

梁啓超らとの交流

東亜同文会の活動を通じて、羯南は次第に近衛篤麿とのつながりを深めていった。ただしそれは、羯南がアジア主義的なスローガンにひかれたことが主たる理由というわけでもなかった。『日本』紙上を見れば、清における列強の勢力争いの冷静な状況分析と、日本の国益のための戦略を論じ続けていた。『日本』社説には、アジア連帯の大義といった声高な論調は見られない。

羯南からすると対外事業の眼目は、清や朝鮮の近代化を手助けすることにあり、そこにこそ日本の長期的国益が見込まれるものであった。「今日の東亜は日清のみの東亜ではなく、諸強国が皆な東亜の状況を監視しているため、唯だ隣国であることを理由として勝手に清の事情に干渉することはできない」(「社交上の日清」『東亜時論』第三号、明治三二年一月、全集未収録、朴羊信『陸羯南――政治認識と対外論』参照)というように、清国への軍事的干渉や日本の軍備拡張は列強の猜疑心を刺激するため賢い方策ではなく、清国での教育、新聞、商業奨励などこそが「積極的進取的」であると主張された(「進取の対外事業(軍備拡張は到底退守的なり)」『日本』明治三二年二月四日)。

近衛篤麿自身は「人種競争」に生き延びるために日本と中国とが同盟を結ぶべきであるといった考

えをもっていた（「同人種同盟——附支那問題研究の必要」『太陽』明治三一年一月一日）が、対照的にも、羯南はこういった「人種同盟」といった議論を採用しなかった。羯南は東方協会会報に紹介されたマハンの『廿世紀概論』に触れ、そこで「東亜の大衆（人口が多いということ）」に対する「欧米人」の危機を論じていることをとりあげて、マハンの人種主義的警戒心が「野蛮思想」・「田舎風」であると揶揄していた（「欧米の野蛮思想」『日本』明治三二年二月一二日）。羯南は、人種間闘争の危機をあおることには批判的であった。

羯南は、戊戌変法が失敗した結果日本に逃れてきた梁啓超と面会したことがある。明治三二年春頃、新坂の鶯亭に、康有為・梁啓超・王照・三宅雪嶺・国分青厓ほか数名が集まった。当日、梁啓超は羯南の家を訪れたという。その時の漢文による筆談の記録がある。その中で梁啓超は、なぜ明の遺臣鄭成功の依頼に日本は手をかさなかったのかと尋ね、羯南は、豊臣氏の征韓で国内が疲弊し乱れたことを徳川家がよく知っていたので、「域外無事を以て政策としたのだ」と答えている。これは、清国の改革派に日本はどの程度援助する気があるのかという疑問に対して、あまり明るい展望がないことを羯南が暗示しているように読める（鈴木虎雄「羯南翁の事ども」『大日』昭和一四年九月一五日、『全集』第一〇巻、二八四頁以下）。この羯南の答え方は、東洋人種の連帯といった考えよりも、あまり日本政府をあてにしない方がいいという冷静な状況判断によるアドバイスであろう。

また、梁啓超の『飲冰室文集』第四二冊にある「精神教育者自由教育也」（光緒二五、明治三二年）に、羯南が梁啓超に語ったとされる教育論が記されている。それは、日本の教育は表面的に西洋文明を真似ただけで、政府はドイツ流をもって政府への服従を教育することをその中心にし、若者は「独立自重の気」を失っているといったものである（高松享明『陸羯南詩通釈』二〇〇頁）。こういったやりとりを見ていると、羯南が、鬱屈した心情をアジアへの雄飛や西洋帝国主義批判などで晴らす気分に共感するところは少なかったことがよくわかる。

羯南は、日本がこれから「帝国」として発展するといった勇壮な議論を嫌った。そのため「帝国主義」を掲げる他紙を批判することすらあった。

「帝国主義」批判

明治三二年三月に『国民新聞』は「帝国主義の真意」という社説を載せ、「帝国主義は平和的膨張主義也」という主張をした。「帝国主義」は軍事的膨張のみの印象があるが、「貿易・生産・交通・殖民」といった活動を外に広げていくことで、「民族の発達」を促すことであり、軍備はその一部に過ぎないという（『国民新聞』明治三二年三月二四日）。羯南はこの論説にかみついた。

『日本』は、中国への対外事業の発展は、中国の近代化を促進するだけでなく、日本の国益でもあるという立場であったから、『国民新聞』の主張と全く対立するというわけではないはずである。しかし、羯南によれば「帝国主義は尚武主義と兄弟の関係」であり、「帝国主義は、もともと弱肉強食である国際的状態を当然とみなして起るもので、武力すなわち権力という古めかしい原則を国際政局に応用するものである」。国民新聞の社説は、その名が帝国主義であっても、平和な手段による日本の膨張という主張をこめたものであることはわかるが、「軍人的政略家のために最好の口実を造るものになるのではないか」（「帝国主義の解（国民記者の説を読む）」『日本』明治三二年三月二五日）と厳しく批判した。つまるところ「平和的」とか「民族の発達」といったスローガンも、国家の予算が軍に流れるのを正当化するだけではないかということである。道義的に西洋型帝国主義への追随に反発したというだけではなく、勇壮な言葉を使う『国民新聞』が「帝国主義」の本当の受益者がだれかわからなくすることを羯南は批判した。

改正条約実施と「宗教問題」

明治三二年七月の改正条約実施にともなって、いわゆる「内地雑居」の実現が迫っていた。かつて「条約励行」論を展開して、政府の対外姿勢を批判した羯南だが、実際に内地開放が目前に迫ると、人種間競争のような論理はもちだされず、むしろ列強のアジアに対する利権拡大欲求自体はしかたのないものだと認めていた。むしろ重要なのはそれに対抗するべき国内の経済力の強化や経済的基盤の整備であるという。世論が西洋列強の中国進出に危機感をいだき「東亜問題」と騒ぐが、「甲国政府が乙国政府に向って権利もしくは便益を要求するのは、ただ尋常の事」であって、日本にも改正条約実施がせまっている以上、内地雑居に現実的に対応すべきであることを真剣に考えようと訴えた（「東亜問題と条約実施」『日本』明治三二年三月一九日）。

羯南は基本的に改正条約実施に際して、排外的な感情を喚起することを嫌った。たとえば、内務省が労働市場への影響と治安の心配から中国人を内地開放の対象から排除しようという動きが出たときには、これを「新攘夷論」であると批判した。日本は戦略的に中国に対して「懐柔の道」をとるのが望ましいはずであるから、外交上賢くない判断であるし、またアメリカなどの東洋人排斥と同じようなことを日本が中国に向かってするのは、「野蛮思想」であって、道義的にも問題があるという（「支

那人雑居問題（政府内の新攘夷論）」『日本』明治三二年六月二五日、「支那人問題（再）」『日本』明治三二年六月二七日）。

また内地雑居にともなって、キリスト教を政府がどう監督するかという問題が持ち上がった際も、羯南の態度は冷静であった。

キリスト教の布教活動が本格化することが見込まれ、また西洋への体面からいっても憲法の建前からいっても、信仰そのものを法的に制限したりはできない以上、教会設置や集会行為などを「公認」することにより、具体的な活動を行政の監督対象にしようという目論見が第二次山県内閣にはあった（高橋昌郎「明治三十二年改正条約実施とキリスト教会」中央大学人文科学研究所編『近代日本の形成と宗教問題』）。

これに対して羯南は、比較的長い連載論文で「宗教問題」を取り上げた。この論文の分析によれば、「宗教問題」は改正条約実施による内地雑居という事態、神道および仏教諸団体からの要求、キリスト教系学校にも教育勅語に従わせよといった教育界の要求、それらの利害にからむ政党の動きがからまった複合的な問題である。羯南の結論は、神社神官は宗教行政から独立した神社局のような機関の管理にし、宗教行政からははずす、仏教は「従来の慣例」に従い公認宗教として扱う、ただし教派神道や仏教系の諸教派のうち小規模なもの「淫祀邪教」の類は、公認からはずし宗教団体として扱わない、キリスト教も同様に公認からはずすべきであると論じている。キリスト教は外国に本拠があるのだから日本の公認宗教として管理する必要もなく、またキリスト教側にとっても干渉されないことは望ましいだろうという（「昨今の宗教問題」『日本』明治三二年七月九～一六日）。

結局山県内閣の提出した宗教法案は、キリスト教も仏教と同様に公認して管理するというものであった。つまり仏教の公認を特権のようにしないということである。そして羯南は結局それをしかたのないことと見ていた（「宗教及選挙法」（本期の最大法案ならん）『日本』明治三三年一月一三日）。神社は国家的祭祀と見なし別格にすべきだが、仏教は内地雑居による競争に耐えるべきであると言う。

羯南のこういった対応からすると、すでに「内地雑居」問題はナショナリズムの問題というよりは、行政的な管轄の範囲を確保したい政府と、宗教諸派も含めて民間の利益団体の交渉課題でしかないと見なしていたのではないだろうか。「国民」的な固有性が危機にさらされるといった論理はまったく見られない。ただし、羯南はキリスト教の中でもカトリックをやや危険なものと見ていた。なぜならば、「カトリック党及びソシイヤリスト党」は、国家を超えた組織をもっているという意味で「国際的」であり、しかも国内の政党やその教義を信ずる者を動かす影響力があると考えたからである。これは、貴族院における都築馨六《つづきけいろく》の見解に似ていて、宗教と社会主義は国家がコントロールできない可能性があると危惧をいだいていたのである。しかし羯南は、言論統制や行政機関による監視といった方策を奨励したりはしなかった。

このように『日本』の主張は冷静で争点の裏面をよくとらえており、同時に読者の感情的な高揚感に水をかけるようなところがある。新聞経営にとって言論としての質の高さは人気には結びつかなかったであろう。

2　東亜問題と「開発」の視点

明治三三年には再び中国情勢が緊張をはらむ。いわゆる義和団による外国人・キリスト教会襲撃がしだいに激しさを増し、清国政府もこれを利用して列強との対抗を企図していた。また日本国内では列国による分割競争に乗り遅れるなという議論や、義和団鎮圧への列強の動きに刺激されて、日本政府の対応の遅さを嘆く新聞も現れていた。

羯南の戦争観

しかし、羯南は「支那の分崩に至っては、むしろ自然の趨勢であって、このために日本が必要とすべき用意は、むしろ軍備以外の方面に多い。次に列国の支那に対する事業を見ても、軍国主義を国是としない英国こそが最も成功しつつあるではないか」として、国家の利益と軍の利益を見分ける必要を主張した（「国是談（帝国主義＝軍国主義の価値）」『日本』明治三三年三月六日）。

また、「ブロッチ氏」（Jean de Bloch 1836-1902 もしくは Jan Bloch とも綴る）による『将来の戦争』の紹介として、次のような引用をしていた。

今や各国の経済的関係はすこぶる深厚複雑となるが故に、その断絶は非常なる苦痛となる。各国は商業上の関係及び資本貸借上の関係に加えて、物質上の供給の関係がある。すなわち各国がその人民の生存に必要なる生産の供給については、相互いに貢納する関係を有するのであって、戦争はこの関係の破壊ともいえるが、戦争が起きれば交戦国は百万以上の大軍の糧食は勿論のこと、その人民の生存をいかにして保持できるだろうか。（「将来の戦争」『日本』明治三三年四月四日）

このブロッホの書物は、はじめロシア語で一八九八年（明治三一）に出版され、当時広く反響を呼んだものである（Grant Dawson, 'Preventing "A Great Moral Evil": Jean de Bloch's "The Future of War" as Anti-Revolutionary Pacifism,' *Journal of Contemporary History*, Vol. 37, No. 1）。ロシア皇帝が呼びかけて一八九九年六月にオランダのハーグで開かれた万国平和会議も、ブロッホのこの書物にロシア皇帝が感銘を受けたからだといわれる。同書の一部はフランス語、ドイツ語、英語などに翻訳された。フランス語訳 *La guerre : traduction de l'ouvrage russe, La guerre future, aux points de vue technique, économique et politique* が一九〇〇年（明治三三）の出版である。羯南は引用にあたって同書の「全貌はわからないが」と述べていることからして、仏語版ではなく書評記事などからその内容をくみ取ったのかもしれない。ただし後年羯南が死去した際に『国民新聞』に載った追悼記事では「ブロッホ氏の戦争論」を「在外の某氏」から贈られ、すぐに読み始めて数日で読了したという逸話が書かれている（「故陸実氏の閲歴」『全集』第一〇巻、二〇七頁）。

ブロッホは当時西洋に広がりつつあった絶対平和主義のような立場とは対立的で、むしろ国益を考えて危険な全面戦争は避けるべきだといった現実主義的な反戦論者であった（Sandi E. Cooper, *Patriotic Pacifism : Waging War on War in Europe, 1815–1914*）。その点でブロッホの書は羯南の狙いに合った主張を含んでいた。

北清事変への冷静な対応

明治三三年六月には義和団勢力が北京に入り、列国の公使館を破壊した。清廷はこの運動を利用して排外主義を強め、列国軍の北京侵攻を阻止しようとした。この時も『日本』の立場は非常に冷静であって、公館および居留民保護のための出兵には賛成だが、英国やロシアと対抗して、清国における日本の影響力拡大のために義和団鎮圧の派兵をすることには反対であった（「陸兵の派遣」『日本』明治三三年六月一七日）。

また羯南は一貫して「支那保全論」を支持した。羯南は、中国をめぐる列強の思惑を整理し、支那分割論者がロシアとフランス、保全論が英国と日本およびおそらく米国、ドイツの本音は分割論だが建前上保全論を支持するだろうと見ていた（「文明国の責任」『日本』明治三三年六月二五日）。このような状況にあって、中国の将来が列国のばらばらな思惑から、全くの混乱状況に陥ることが懸念された。「保全論」は東亜同文会の方針でもあった。近衛篤麿日記によれば、六月一九日に佐藤正《さとうただし》（一八四九～一九二〇。陸軍少将、広島市長、東亜同文会幹事長、愛国婦人会事務総長などを歴任）が、次のような方針提案をした。

一、支那保全
二、義和団の平和的説得
三、北京政府滅亡か機能不全の場合は、南方に新政府を設立し、日本も一定地域を占領

四、清国官兵の抵抗には列国に勝る軍事的制圧をおこなう
五、列国が地域占領を開始したら朝鮮を占領する
六、北京政府勢力と列国勢力がそれぞれ一定の範囲を支配した場合、日本も一定地域を占領する

その翌日の東亜同文会評議員会には羯南も出席した。会議では佐藤案に対して反対が多く、結局第一、二項および中国政府の改良のアピールを加えたものだけを採択することにした。朝鮮や中国内の一定地域の占領にはリスクが大きく、また正当性も弱いと考えるメンバーが多かったためであろう（『近衛篤麿日記』第三巻、明治三三年六月一九日、二〇日の条）。羯南も反対した側ではないかと想像できるが、確証はない。近衛篤麿自身は、この事件をきっかけになんとか政府を対露開戦に誘導しようと画策をしていた（斉藤聖二『北清事変と日本軍』一八五頁）。しかしながら『日本』の論調を見る限り、羯南は近衛とは明確に異なる判断に立っていた。

羯南は、保全論の正当性を中国「開発」のコスト計算という点に見いだした。羯南は、中国問題の中心は、分割論にせよ保全論にせよ結局、「いかにすれば支那を開発して安全に世界の大市場となすを得べきか」（「善後策の乏案」『日本』明治三三年七月三〇日）に集約されるはずであると指摘した。羯南の視点は冷静である。中国の歴史と文化の厚みからいって分割論はコストが大きすぎ、非現実的である。中国をアフリカのように分割し、西洋諸国の制度や文化を植え付けて植民地化することは、軋轢と無駄が多すぎる。中国を「世界の一大市場」にするもっとも安全かつ現実的な策は、「彼等をして

列国干渉の下ながらも支那大陸に一国を保たしむるの外なし」であるという。このように、羯南は中国問題をあくまで「開発」問題として見ることを主張し、また西洋と東洋との文明の衝突や人種的対立といった観点を持ち込むことを拒否した(「支那人の将来(善後策は此の講究を先とす)」『日本』明治三三年八月三・四日)。

羯南が示した冷静さは刮目に値する。羯南の主眼は、列国強調の枠組みを重視し、ロシアやドイツによる中国分割を牽制することにあったと見られる。

かつて「国民主義」を唱えていた時代には、ブルンチュリなどのナショナリズム論に依拠しながら、哲学的な「国民的任務」といった概念に逃げ込むことによって、西洋中心主義を批判するという論法をとっていた。当時の言葉遣いは斬新だが、論理的には安易であった。しかし、義和団事件の時点での羯南の議論は、西洋中心主義と植民地主義(ここに日本も入るのだが)は中国のような歴史的・文化的厚みのある社会を解体し支配するだけのコストを負担しきれないだろうという判断に基づいている。羯南の議論は、政治哲学としての魅力は薄くなっているかもしれないが、政治論としては明らかに成熟している。

列国の連合軍によって北京が陥落した八月一五日に掲載された「欧洲軍の紀律および勇気(必しも劣等と見るを得ず)」と題する社説は、皮肉な調子に満ちていた。今回の動乱で日本軍の紀律正しさと勇気が西洋諸国から賞賛されているが、これは実は西洋人が見下している中国人と戦って命を落とすのが惜しいので、日本人をおだてて困難な戦線の部分を戦わせたのではないかというのである。また日本軍に比べて西洋諸国の軍隊の紀律が悪かったのも、彼らが中国を相手にした場合は道徳的に振る舞う必要を見いださなかっただけではないかという。

日本国民はいたずらに日本軍の紀律正しく勇気盛なるをのみを誇ることなく、一面に眼を転じて西洋の事情を考察し、欧洲軍のコサック兵〔ロシアが利用するコサック兵のこと〕、アルゼル兵〔フランスが利用するアルジェリア兵〕と同様のものになってしまわなければ幸いだといえる。

羯南がこの戦争に関する理念的な言辞をあまり信用しないことは、日清戦後のきわめて現実主義的な社説方針と一致している。

国民同盟会の立ち上げ

ロシアは義和団事件を機に満州地帯の占領を進めたため、いわゆる「満州問題」が世論の関心を集め始めた。東亜同文会の方針は朝鮮占領と対ロシア強硬策へと傾斜していった。『近衛篤麿日記』八月二三日には、谷干城、神鞭知常、柴四朗、陸実、富田鉄之助らの会合があり、近衛によれば、ここに集まった人々は「保守派」なので「優柔不断」と思ったらそれほどでもなく、「この際露と戦う決心に同論」であると記されている。この「戦う」は、少なくとも谷干城や羯南側にとっては必ずしも戦争ではないと思われる。『日本』の論説は、近衛から見て「優柔不断」だったのであろうが、逆に言えば近衛をとりまく革命志士的な高揚した気分とは一線を画すものだった。ちなみに近衛が九月一五日の『東京朝日』で、暗にロシアを指して「世界の公敵」呼ばわりをして政府も困惑するという事件があった。

しかし、羯南は近衛と東亜同文会の政治的な活動へのかかわりを強くしていた。九月一二日に近衛と富井政章・戸水寛人《とみずひろんど》ほか「大学教授連」との会合で、山県内閣に対する対ロシア策の建言が練られたようであるが、その前日羯南が三宅雪嶺に出した書簡（『全集』第一〇巻、八九頁）では、自分もそれに出席するので一緒に出てほしいという。この「大学教授連」は、明治三六年のいわゆる七博士建白事件の面々であり、対露策について強硬な意見をもっていた。羯南の持論とは合わない点もあるのではないかと思われるが、近衛との関係から協力が必要であったのであろう。ただし、近衛の一二日の日記には、会合の記述はあるが羯南・雪嶺の名前は出ていない。

またこの頃羯南は、おそらく対外硬運動関係でつきあいのあった安岡雄吉《やすおかゆうきち》に宛てて、外交問題に関する寄稿を依頼している。安岡は土佐出身で、大同団結運動時代に後藤派の機関誌『政論』に執筆・編集していた。しかし、明治二五年の第二回総選挙で当選したものの干渉選挙による無効という訴えが裁判で確定して、当選取り消しとなっており、この時期は佐々友房などに接近していたのではないかと考えられる。後に帝国党（国民協会から分かれた）から出馬して明治三七年には国会議員に当選した。羯南は、自分が多忙で社説を毎日書くことはできず、また三宅雪嶺も筆が遅いためあまり時事論に向かないという（安岡雄吉宛書簡、明治三三年九月二一日、『全集』第一〇巻、九一頁）。近衛に近づいた分だけ、新聞の仕事から離れざるをえない状況があったことを示している。

やがて、近衛を中心に、東亜同文会関係者などにより国民同盟会が九月二四日発足した。国民同盟会には、羯南も発起人に名を連ねている。国民同盟会の方針は、ロシアに対して協調的な態度をとらないよう世論を喚起して政府に圧力をかけることにあった。ただし、羯南はこの活動にそれほど熱心ではないのではないかと推測される。一一月七日に、神鞭が三浦梧楼および羯南と協議した結果として、満州地域を「有期的列国監督地」とすべく列国と協議するよう政府に申し入れたいという提案を近衛に伝えている。この提案を近衛はあまり気に入らなかったように見える。羯南の立場は、満州問題でロシアと全面対決状態に入るのではなく、あくまで「支那保全」と列国強調の立場にこだわって、現状のこれ以上の悪化をくい止めるという所にあった。

近衛の日記を見る限り、羯南に比較的近い人物で近衛に頻繁に会っているのは池辺三山と国友重章だが、いずれもかなり以前に『日本』を離れており、もともと羯南よりはるかに中国・朝鮮問題について戦闘的な気分をいだいている。池辺の『朝日』における論説は、羯南の『日本』よりはるかに勇ましい。

この時期国内の政界地図も大きく書き替わっていた。明治三一年に憲政党が旧自由党系の憲政党と旧進歩党派の憲政本党に分裂し、旧自由党系憲政党は伊藤博文と提携して、明治三三年八月には伊藤を総裁とする政友会を結成した。また国民協会は党勢挽回を狙って明治三二年七月に帝国党を結成した。政友会はもちろんのこと、憲政本党や帝国党に対しても羯南は距離をとっていた。憲政本党には、国民同盟会運動を利用して伊藤と政友会を攻撃しようとする意図があったが、羯南はその攻撃に便乗する気はなかった。

『日本』は明治三三年一二月三日・七日に「国民同盟会の昨今」という社説を載せている。ここでは、国民同盟会の主張は、国内では政友会、列強ではロシアという支那分割を企図するものに対抗して、党派や利害を超えた連帯をしているのであり、その目標は中国人本来の「利己宗」を利用して平和的に「東亜の商工国」へと導くことにあると述べている。中国人の実利主義的傾向は、経済発展を中心課題とした国家建設に役立つはずだと論じているわけである。これから、羯南がアジア連帯主義的な理想をもとに中国保全論を唱えているのではないことがよくわかる。羯南は「同文同種」といった考え方にまったく共感していない。西洋社会が利己主義で東洋社会が道徳的だなどとは考えていないのである。

羯南の言葉によれば、そもそも「支那人は儒教の信者ではなく」、「支那人は先天的拝金宗信者にして、その官職に就きその軍隊に入る、一に皆な金銭を貪らんことを目的とし、初より国家のため公共のためと言う念慮などない」とされる。中国社会に対する当時の偏見がストレートに現れている(「支那人は儒教の信者に非ず」『日本人』明治三四年一月一日)。しかもそれが中国の発展に利用できるというのである。見栄えのいいスローガンにふりまわされやすい近衛とは体質が違う。また、この社説は、国民同盟会の主張を世に喧伝するというよりも、国民同盟会に対してある種の牽制をしているのではないかと考えられる。

明治三三年末に、満州割譲に関する露清秘密条約の噂が流れ、国民同盟会は対露強硬策の主張を強めた。これとはやや距離を置くように、『日本』の社説は軍備拡大を批判し続けている。明治三四年一月二〇・二一日の社説「拡大軍備の始末」では、「仏国人エドモン・デモラン氏」の『英人の長所』からとして、次のような引用をしている。

軍隊の拡張は社会改良に一大障碍である。それはただ国財を破壊するのみならず、青年を特別なる学校に追いやりつつ、青年をして日用の技術及び独立の職業から遠ざけてしまう。……しかしながら軍国主義が近い内にしだいに衰替していくことは予見するに難くない。それが国民に課する莫大の負担に、永く耐えられるはずがない。この点においては、平時でも殆ど戦時に同じくらいの損害を社会に及ぼすものである。

ここで引用されているのは、ドゥモラン『アングロ＝サクソンの優越性の由来』（Edmond Demolin, *A quoi tient la supériorité des anglo-saxons*, 1897）である。この本は、福本日南が明治三一年から三二年にパリを中心に外遊した時に読んだという記録があるので、福本が羯南に知らせたのかもしれない（広瀬玲子『国粋主義者の国際認識と国家構想——福本日南を中心にして』第六章）。もともと同書は、フランスやドイツに比較して英米の教育や日常のモラル、政治の仕組みがいかに優れているかを説いたもので、学問的なものというよりは、一般の人々を啓発し、社会改良運動を盛り上げようとする狙いの書物である。羯南が引用しているのは、その最終章で今後フランスがアングロ＝サクソン型の社会に転換しなければならない必然性を示す前兆を列挙した箇所の一部である。またドゥモランは、以前に羯南が引用していたジャンネと同様、フランスの社会改良論者ル・プレの弟子で、羯南がフランスの当時の社会改良論の動向に気をつけていたことがわかる。

この社説では、これだけ軍備を既に拡大し国民に負担をかけたのだから、これ以上ロシアとの無期限の軍拡競争をやるより、早めに戦争をして軍備を使った方が、このあといつまで続くか分からない軍備拡大より長期的には国民の負担が軽くなるのではないかという、冗談とも皮肉ともつかない議論を展開している。

第一五議会の焦点の一つである軍拡と連動した増税案についても、羯南は「増税は断じて不可、これに賛成しようとする議会は、ほとんど国政の何たるかを会得していない一種の政府のいいなりになる機械のようなものである。かかる政府および議会の下にある日本国民は災難に遇うものである」(「増税の不可(下)」『日本』明治三四年一月二八日)と明快である。政友会に対抗している憲政本党の内部でも軍拡を主張する勢力がやや強く、神鞭知常も増税賛成派であった。『日本』の主張が国民同盟会の軍拡論や憲政本党と明確に距離を置いていることがわかる。もっともこの後も羯南と神鞭は親しくしている。

国民同盟会の運動は明治三四年四月には衰退しつつあった。おそらく運動内部で、憲政本党の党派的活動が大きすぎ、他の勢力との折り合いがつかなくなったことと、ロシアが清国との条約交渉断念を表明して、運動の焦点がぼやけてしまったこと、また一月に伊藤内閣が国民同盟会を政社と認定し、近衛が立場上動きにくくなったことなどが理由であろう。『近衛篤麿日記』によれば、明治三四年の四月二六日には、神鞭が近衛を訪問し、羯南とも相談したが同盟会を解散する潮時かという意見を述べている。六月二六日の近衛宛羯南書簡では、大会などを開かずにひっそりと解散と事後処理を検討すべきだとしており（『全集』第一〇巻、三七頁）、また二九日の『近衛日記』にも「陸実の解散論」についての記述もある。羯南の意図の詳細がわからないが、会の運営と憲政本党の一部の勢力の思惑、および玄洋社関連一派など国権主義的団体との調整が不可能な状態に陥っていたのではないだろうか（坂井雄吉「近衛篤麿と明治三十年代の対外硬派」）。

清韓視察

羯南の言論における主張は、近衛をとりまく運動とは一定の距離をとっていた。しかし一方で、明治三四年の七月から九月初めまで近衛に同行して清国・朝鮮の視察旅行に出かける。この旅行は国民同盟会としての行事とする意見があったが、近衛はそれを望んでいなかった（『近衛篤麿日記』明治三四年六月二三日）。近衛は自分の動向があまりに政治的な運動に結びつけられることに慎重になっていた。羯南も近衛がこの旅行を国民同盟会の行事としない方がよいと考えていた。

羯南が何故近衛の随員になったのかはわからない。近衛が自分を利用しようとする党派などと距離を置くために、党派色のない羯南を選んだのではないかと考えることもできる。帰国してから羯南が谷干城に宛てた書状には「自分は出不精で、また社用も忙しいため一応辞退を致しましたが、更に再考を求められたため、小生の外に近衛公に同行する適当な者を見出かねるなどといわれまして、社中へ相談の上、遂に同行を決定いたしました」（明治三四年八月末日、『全集』一〇巻、六七頁）とある。強く要請されたので随行したというように、谷干城に対して言い訳をしているような感じがある。

清韓視察旅行　前列中央は近衛篤麿，その右は羯南。（最上義雄氏蔵）

この旅行中の八月には「一国の軍備を適当ならしめよ」（『日本』明治三四年八月一〜一〇日）という九回にわたる連載社説が『日本』に出ている。ここでの主張も羯南の持論である「兵略主義」批判だが、これは福本日南が執筆したものである（広瀬玲子『国粋主義者の国際認識と国家構想』四七五頁）。

清韓での見聞については、羯南自身が詳しく記したものはあまりない。『日本』明治三四年九月一二〜一六日に「清韓に於ける日本人と欧洲各国人」という連載があり、これが比較的詳しいが、内容は、西洋諸国に比べて日本の商品や鉄道その他の事業の進出が遅れているという内容である。日本の事業家が国内と同じように日本政府に頼ろうとするので、自力で積極的に事業を開拓していく西洋人事業家に負けるのであるという。西洋人は「傍若無人」だが、政府の保護がないと何もできない日本人は情けないと嘆いている。羯南の観察が中国の経済状態への現実的なものであるのに比較して、近衛篤麿の観察は、なぜ清の官人の私宅は立派なのに官衙はみすぼらしいのかといった、中国社会の公共意識を探ろうとする記述もある。近衛の感想の方が羯南よりも評論家的なところがある（近衛篤麿「北清視察談」草稿、明治三四年夏『近衛篤麿日記　付属文書』）。

3　新聞経営の危機と近衛篤麿との接近

近衛からの援助

近衛は『日本』を自己の機関新聞のようなものにしようと企図していたのであろうと推測される。『近衛日記』には、九月以降しばしば「日本新聞に関する件」が登場する。佐々木高美（佐々木高行の長子で近衛と親しい）と相談し、実業家森村市左衛門（後に森村商事を設立した）に『日本』への出資をもちかけたと思われる記事もある（九月二七日）。近衛の一〇月四日の日記では、公爵島津忠斉を訪問し『日本』の資金援助の打診をしているが、「われわれはただ陸実に対する義侠心と、一つにはこの新聞を我が同志の機関とする機会なりと信じて話をした」と記している。この時期『日本』は深刻な資金難の状態にあった。羯南の方では近衛に接近することによって何とか『日本』を存続させようと努力していたのであろう。

明治三四年一二月一日の『近衛日記』にある神鞭の書状によれば、陸とも話し合った上で、近衛による即時買収も検討した。しかし、維持費・人件費を考えると買収費用の上にかなりの出費になるので、将来は「公爵の手中に帰す」ものとしても、当面は四万円程度と見積もられる日本新聞社の財産一切を抵当に、三万円を陸に貸し付けるということで決したと記されている。この貸し付けには、貴族院の土曜会有志や近衛の資金団体とされる毎月会などから近衛の名で借りたものを羯南に渡した資金も含まれている。この時期、国民同盟会の活動はますます低迷し、近衛は新たな政治運動の手がかりを模索しているところであった。明治三五年には総選挙が予想されていたが、それまでに既成勢力とは別に自己の主張を喧伝するための機関新聞を用意したかったのであろう。

日英同盟締結が国内に発表されたのは二月一二日であったが、近衛は早速これについての「日英同盟の成立」という論文を『日本』二月一六日号に掲載させ、一万部増刊して全国に配布した。これは「機関新聞」化であると同時に『日本』への援助ともいえる。この「論文」は形ばかりの美辞が続く無内容なものだが、近衛の立場としては仕方がないかもしれない。

ちなみに近衛の論文と同日の『日本』社説では、今回の同盟の目的は英国との同盟が日本の名誉であるといった点にあるのではなく、「清帝国および韓帝国の独立と領土保全とを維持する事、二国において各国の商工業をして均等の機会を得せしむる事」であると述べており、領土保全と機会均等原則が守られるかどうかを注意深く見守る必要があるとしている。ただしここで、必要によってはロシアとの開戦を覚悟すべきだという考えにごく簡単に触れている。近衛が立場上はっきり書けないことをうまく社説に織り込んだのではないだろうか。多少は「機関」の役割も果たしているわけである。

また近衛の個人雑誌であった『東洋』を『日本』に組み込む案も検討されており、羯南は『日本』

につけていた週報を『東洋』と解題するのは「読者に唐突の感」を与えるので、「日本付録」という名称でその中に「東洋」という題字を入れたいと近衛に相談していた（明治三五年一月二八日、近衛宛て書簡）。

近衛からの資金援助は、三万円、一年期限、利子六分ということだったが、『日本』の売れ行きにまったく挽回のきざしはなかった。『近衛日記』には、二月四日に近衛が羯南に約束の資金の残金一万二千円を渡したという記述があるが、引き続き日本新聞社の経営難は続いた。

新聞経営と読者層の変化

日露戦争前の時期は、新聞の事業形態全体が転換期を迎えていた。日清戦争後一時期低迷した新聞販売数は、全体としては義和団事件にともなう報道競争によって挽回した。ただし、新聞業界には二極化が起こった。戦争報道だけでなく、懸賞募集や歌舞伎役者の人気投票などによって、娯楽的や要素を強め、さらには安売りや号外などで読者を取り合う意欲のある新聞社が巨大化する一方、地味な論説や格調高い文章を楽しむタイプの新聞は読者が離れ、新聞業界の分極化が顕著になった（『朝日新聞社史　明治編』三八一頁以下）。『万朝報』、東京・大阪の『朝日新聞』『大阪毎日新聞』のように一日あたり七万から一〇万部といった大部数を誇り、熾烈な販売競争を展開していた新聞とは対照的に、『日本』や『国民新聞』のように執筆者の個性に頼るだけの新聞は経営が苦しくなった。明治三三年に子規が夏目漱石にあてた手紙では、子規の『ホトトギス』の人気に比べて『日本』の売れ行きが悪いことに、子規は大変心を痛めている。『日本』の売れ行きは一万部を切っているという（「夏目漱石宛正岡子規書簡」明治三三年二月一二日、『子規全集』第一九巻）。

皮肉なことに、この時期に読者獲得に手腕をふるった新聞人は、『東京朝日』の池辺三山や『大阪毎日』の原敬である。池辺も原も新聞が世論を指導する役割を重視していたが、羯南や蘇峰とは異なり、読者層の変化と新しい読者が求めるものを敏感に捉えて、それに応えることが新聞の発展につながることをよく理解していた。池辺は、後年羯南の追悼文で、ある時「雑報の文体を変えて傍訓をつけ、外報や相場表などを詳しくするならば売れるだろう」とコメントしたら、羯南が「そんなに俗間に売らなくてもよい」と答えたという思い出を記している（『東京朝日新聞』明治四〇年九月五日）。だが俗間に売らなければ政治家に売るしかない。羯南が近衛の資金援助を受け入れ「機関新聞」化もやむなしと考えたのと同様、『国民新聞』経営で苦しむ徳富蘇峰も山県有朋や桂太郎に接近し、政府からの援助を引き出そうと画策した（有山輝雄『徳富蘇峰と国民新聞』一〇七頁以下）。商品化の道を歩むか、政治的な色をはっきりつけて生き延びるか、そのどちらかしか新聞経営の生き延びる道はなかったのである。そして政治的な支援にすがろうとした両紙とも、明治二〇年代に得た人気や評価を再び取り戻すことはできなかった。

『中央公論』明治三四年一一月号の記事に次のようなものがある。

新聞社の余業として種々の計画をなすこと、本年に入って新聞社会一般の流行となったところはすでに知られているが、近頃では次のような様子である。

理想団と茶代〔旅館での心付けなど、不明朗な費用のこと〕廃止運動（万朝）、青年会と各県地図発行（日本）、懸賞長距離競走・慈善旅行（時事）、毎月の公開演説（毎日）、安心所と夜間市内の巡戒（報知）、徒歩旅行（二六）、懸賞俳句募集（読売）

この他のいわゆる投票募集の陋劣なる銭儲け法は、中央、日出国其他二三の新聞に行はれつつある。

（山本武利『近代日本の新聞読者層』二九三頁所引）

『万朝報』の理想団や『時事』の慈善旅行や『報知』の安心所などは、少なくとも建前は一種の社会改良事業であって、「銭儲け法」とくくってしまうのは気の毒な感もあるが、新たな読者の組織化を狙っていたのも確かである。

右に紹介されている『日本』の「青年会」は、広島県の教員で後に日本青年団運動を進めた山本滝之助が、「『日本』ずきの青年」の会合を組織しようと『日本』明治三二年一二月三〇日に投書で呼びかけたのが契機になった。しかし、この会は会員の会費納入をもとにした同好会的機関誌活動が中心になっており、新規読者の開拓になっていない。むしろ減少しつつある固定的な読者が、自らの見識や趣味の良さを相互に確認するための社交の場として機能しただけであった。

第十章　日露戦争前後

1　対露開戦論への視点

近衛の思惑

日英同盟の締結は、国民同盟会の対露強硬派にとって一種のガス抜きの役割を果たした。神鞭知常が近衛に知らせた憲政本党の決議によれば、「本日、政府が発表したる日英同盟は、我党が従来唱道したる政策中、重要なる事項の実行せられたるものなり。故に我が党はここにその締約の成れるを慶す」(『近衛篤麿日記』明治三五年二月一二日)とある。四月八日に露清満州還付条約が調印され、ロシアは段階的に撤兵することになり、「満州問題」には一応の決着がついたように見えた。『日本』の社説は、これで「落着」なのであとは日英協力して清国の「開発」に力を入れようと主張していた(『日本』明治三五年四月九日)。政党にとっても国民同盟会の政治的利用価値はなくなり、国民同盟会は四月二七日に解散式を開いた。

しかしロシアによる満州での権益独占の意図と英・日との軋轢は引き続き深刻であった。ロシアが約束を守らないのではないかという疑いの声も消えなかった。そして日英同盟の締結によってロシアを牽制するためにも、日本が軍事的にロシアに対して強硬策も取り得ることを示す必要があった。近衛の周辺は強硬策への傾向を引き続きもっていた。ところが、『日本』の論調は、「平和」と「開発」にこだわっている。

日英同盟の支那における関係は、ただ支那の利益を図るだけではないことはもちろんである。その朝鮮においても同様である。しかしながら両国が提携してひたすら中国・朝鮮二国の血液を吸取ろうというのが、この同盟の目的ではない。むしろ二国をして列国の平和の間に、適切な発達を遂げさせ、かつ列国と共に未開の富源を開いて、機会均等的にその恩恵を手に入れることが、この同盟の当然の結果とならざるを得ない。

（「対外平和事業」『日本』明治三五年三月五日）

そして「軍備費に一千万を投じるよりは、むしろ商工業の補助に一百万円を投じることが、最も有益である」という。軍備よりも経済的権益の確保と中国の開発を重視せよという論調はこのあとも『日本』の社説で継続された。

明治三四年以降、『日本』の社説の量が増えており、三宅雪嶺や福本日南が執筆者として加わっている割合が高まっているのではないかと考えられるが、それだけ社説の方針を明確に守ることも難しくなっていた。既に、明治二九年一二月一九日の三宅雪嶺宛て書簡に既に分担執筆の案は出ており、それ以降は三宅や福本が執筆した『日本』社説が多数あると考えられる。実際、明治三四・三五年の時期の社説は羯南とは異なる調子の文体が一層多く見受けられる。それでも、外交論は大体筋が一貫している。少なくとも外交論については、羯南の統制が効いているのではないだろうか。

経営の危機

しかし、日本新聞社の経営はますます困難になっていった。『近衛日記』を見ると、羯南が近衛を訪問する頻度が増したことと、日本新聞社の負債整理の話題がよく出てくる。明治三五年四月一八日には羯南と富田鉄之助が近衛と会って、日本新聞社傘下の凸版印刷会社の成章堂を日本新聞社から切り離す相談をしている。成章堂はウェブスター辞典の予約出版が版権問題で失敗し、大きな損失をかかえこんでいた。成章堂は、日清戦後に事業拡大をねらってたてた印刷会社であるが、経営の見通しが相当甘かった。

そして、『近衛日記』にある七月一四日の大内暢三《おおうちちょうぞう》（後の東亜同文書院大学長）からの書状では、『日本』を「近派の言論機関」として「言論界の戦闘」に打って出るために、日本新聞社の改革を論じている。これによれば、新聞社の財政困難は、一、世間の不況、二、新聞そのものの性格、三、当事者の拙作、にあるが、根本原因は、『日本』への出資者が近衛に出資していると考えているので、出資者が新聞自体にあまり関心をもたず、他方、日本新聞社社員は、近衛と羯南との個人的つながりとしてだけ考えていて、新聞編集に近衛の意図を考えていない。新聞とスポンサーとの連帯意識がなく、「機関」としての役割を果たしていないのであるという。

ここで批判されている曖昧な関係は、近衛や出資者の直接的な口出しを嫌った羯南の意図が反映されているが、大内の意見は、これ以上そういった曖昧な状態を放置してはならないというものである。この意見は日本新聞社の社員には内密にという願いまで末尾についている。また同日の田辺為三郎《たなべためさぶろう》（近衛と親しい実業家）の書状では、三、四カ月の内にはどうにもならなくなるので、陸に対しては主筆として敬意を払い続けるべきだが、「他の社員は一度総改選して刷新経営の時期あるべし」と述べている。もはや、羯南は飾り物とされつつあった。

一向に社の経営状態が改善しないため、羯南は小村寿太郎にも接近をはかった。明治三五年八月三日の羯南の近衛宛て書簡では、小村に面会しようとして果たせなかったことと、他の筋からの話で「椿山荘《ちんざんそう》の老人（＝山県有朋）に政事用の費金三十万程があるとのこと」と記されている。山県有朋の資金を都合してもらえるかもしれないということである。これがどこから来た話か分からないが、山県と対立する谷干城との親しい関係を保ってきた羯南が山県に接近するというのは余程困っているということであろう。九月九日の『近衛日記』には、羯南が来て「小村外相から日本新聞社に補助の話がきた」という記述がある。具体的な「補助」の出所や額はわからない。小村はもともと杉浦重剛と親しく、『日本』に同情する点があったと考えられる。羯南は小村の件については、五百木、神谷といった近衛の側近にも漏らさないよう頼んでおり、羯南が政府に接近しつつあるという風に見られることを嫌ったのであろう。しかし、九月一八日には田辺為三郎が近衛と話して「陸翁の優柔を攻撃し、余（＝近衛）に断然たる処置に出るべきことを勧告した」という記述がある。近衛周辺では羯南の動きを見て、早く『日本』を完全に機関新聞化して羯南を実質的な編集からはずしたいという思惑があったと考えられる。

羯南が九月に立てたという返済案の中には、近衛からの負債金三万円についてその期限である明治三五年一二月に返せるめどがたたないので、一万八〇〇〇円は返済延期、あとは成章堂の財産引き渡しで精算、そのほか、谷干城から借りている五〇〇〇円を返すために、さらに近衛から借りたいというものがあり、とにかく谷干城からの資金は返済してしまおうという意図が見える。長年の交流があった谷干城との関係が弱まることは、『日本』の性格が変化せざるをえない兆しを示している。

明治三六年二月一日の『近衛日記』には五百木良三からの書簡で「新聞はようやく一万部にこぎつけ、昨今は九千六七百部というところです。昨年七八月以来漸次増紙の傾向にて、今一段の奮発を要することにしたい」とある。五百木は、松山出身で、同郷の正岡子規と親しく、子規が明治二七年に日本新聞社の家庭向け新聞『小日本』の編集主任を担当したときに一緒に編集に加わった。日清戦争後には近衛の雑誌『東洋』の編集に加わるなど、近衛に近かった。経営の建て直しにからんで、五百木を日本新聞社の中心に据えようと考えが近衛にあったのかもしれない。

また、明治三六年一月から三月までの『近衛日記』には、時折、日本新聞社の経営問題で『朝日』の上野理一と面会したことが記されているが、そこで話し合われた内容まではわからない。『日本』の経営について上野が何か関係するようだと、近衛の政治活動の機関新聞とする狙いとは少し違う感もある。日本新聞社の経営問題は依然として迷走していた。

この日本新聞社の経営的危機の続く中、長年病床にあってその俳句と随筆によって『日本』の文芸的な面に貢献してきた正岡子規が、明治三五年九月一九日、死去した。五月から『日本』に連載していた「病牀六尺」は死の前々日まで続いた。子規の随筆がもつある種の冷徹なリアリズムの雰囲気は、絶叫調に陥らない社説とうまく合っていたといえる。羯南が子規に対してきわめて親切であったのも、加藤拓川とのつながりだけではなく、病床にありながら、冷静な観察眼にもとづく、少し皮肉っぽい調子の句や文章が気に入っていたのであろう。

開戦論との距離

この当時、井上馨は「支那保全論」を世界の常識を知らない幕末以来の「攘夷遺伝病」と決めつけていたが、これは外交路線の対立を意図的に単純化した面がある。井上は、「支那保全論」には反対だが、軍拡に一定の歯止めをかけ国内経済を安定させるべきだと主張しており、その意味では『日本』の主張と共通する面がある。この時期の政治世界の外交論は、「攘夷」か「西洋追随」か、「支那保全」か「分割」か、軍拡の是非、積極財政か増税反対かといった、さまざまな思惑や争点が複雑な対立軸を形成しており、明らかに非難しあっている勢力の主張が非常に似ていたり、また同じ陣営内部に深刻な対立が生じていたりする。『日本』の場合、西洋追随反対、軍拡反対、増税反対、財政整理、支那分割反対、大陸への経済発展の策は必要という主張であった。適切な解を得るのが難しい諸問題がからんでいる。このためもあってか『日本』は次第に社論としての一貫性を失い始めた。

予想されてはいたが、ロシアは明治三六年四月八日の第二次撤兵の期限を守らず、満州での兵力は増強しており、清国に圧力をかけ始めていたため、近衛周辺では、対露開戦論の声が高まった。『日本』の論調も、五月にはそれまでのロシアに対する好意的な解釈をあらためようとする社説が現れた（「露国の暴政策」『日本』明治三六年五月一日）。ところが、他方ではいたずらに危機感を煽る傾向をいさめようとするところもある。五月一五日の社説「危機切迫の噂」では、開戦の噂が新聞などで広まっているが、これは新聞記者が投機業者のためにしているような感があり、「日露開戦の噂は時ならぬ活気を商界に添え」、「投機界に無上の福音」なのではないかと皮肉な見方をしている。

ちなみに、三宅雪嶺の外遊のため羯南が執筆したといわれることもある『日本人』の無署名巻頭論文の中には、日本社会の「腐敗を矯正する」ためという理由で早くロシアと戦争をした方が良いと論じているものがある（「露西亜と戦ふの利害（社会腐敗の救治策として）」『日本人』明治三六年五月二〇日）。八《はっ》太《た》徳三郎《とくさぶろう》の追悼文「吁嗟陸羯南先生」（『日本及日本人』明治四〇年九月一五日、『全集』第一〇巻、二二九頁）は、これを羯南のものとしているが、内容や文章の調子から見て、この論説は羯南の執筆ではないと感じられる。『日本』や『日本人』の執筆者には意見の対立があり、好戦的な主張と、それを危ぶむ見方とが拮抗していたのではないだろうか。

女学論とナショナリズム

興味深いことに、ロシアに対する緊張が高まっていた当時、『日本』の最も長い連載社説は、「女学考」（『日本』明治三六年四月六〜二六日）であった。この社説は、医療や教育などの分野では女性の方が向いている職業もあり、また慈善事業なども女性の役割が重要な事業があるが、なかなか「中等以上の婦女」が社会への貢献や公益に関心をもたないことを嘆く一方、他方では基本的には「主婦」・「家庭の女王」・「家政の宰相」という職分が国家と社会に益するので、婦人参政権や社会主義的な自由平等論にあまり影響されるべきではないという内容である。既存の女性観を維持しながらも、女性にナショナリズム意識を植え付けようという意図のある社説である。これは対外的緊張と無関係な話題ではなかった。

既に明治三一年に近衛篤麿が女性の「自立の心」・「報国の念」・「内助の力」を同時に必要とする講演をおこなっていた。近衛の話に筋が通らないのは、戦争によって女性が果たす役割を重視する一方、男女平等論への警戒も捨てきれなかったからである。『日本』の「女学考」も近衛の講演と似ている。

義和団事件以降、軍人遺族救護のために婦人団体の組織化の動きが次第に拡大した。近衛は愛国婦人会の設立（明治三四年二月二四日発足）に積極的に協力していた。会の事業は軍人遺族や傷病兵の支援・救護だが、「婦人の社会的教育、家庭の改良進歩を副目的」とするという（三井光三郎『愛国婦人会史』四頁、千野陽一『近代日本婦人教育史―体制内婦人団体の形成過程を中心に』）。つまり事業を通じて女性および家庭内に愛国心教育を浸透させようとする運動でもあった。『日本』の社説も基本的には、これに沿ったものといえる。しかし、『日本』の「女学考」には軍人遺族支援といった話題が直接的には出てこない。むしろ「公益」に関心をもたず「虚飾」を好む「中等以上の婦人」を批判することに重点があり、また「家庭の宰相」の職分が強調されている。

羯南の外遊と『日本』社論の分裂

羯南は、ベルリンに留学している近衛の実弟津軽秀麿を帰国させるためという理由で、近衛から旅費を提供され、六月にアメリカ経由でヨーロッパ漫遊の旅に出かけた。翌年一月までの長い外遊である。五月三日の近衛宛書簡に記されたところでは「この機会に新聞社の全体の転化をも極め、同時に御内命を奉じたいと愚考するところです」とある。近衛とその周辺によって、羯南が日本新聞社から手を引くきっかけを提供されていたというのが真相であろう。

ヨーロッパ視察旅行（明治36年7月，ベルギーにて）
羯南（左）と碁を楽しむのは加藤拓川。（最上義雄氏蔵）

羯南は少しほっとしたのかもしれない。初めての西洋旅行は精力的なもので、ニューヨーク、ブリュッセル、ベルリン、ストックホルム、モスクワ、ワルシャワ、パリなど、多くの都市を見学した。ブリュッセルにはちょうど加藤拓川が公使として駐在しており、パリには『小日本』の挿絵を担当していたことのある画家の中村不折《なかむらふせつ》が留学していた。パリに暮らす不折の方がフランス語をよく読めず、羯南が美術館の解説を読んで説明してやったという。北欧とロシアには加藤から紹介された医学者の青山胤道と一緒に回った。ロシアの印象については『日本』明治三七年六月二一日から九月一六日まで「閒文字」と題する欄に連載している。ポーランド問題やユダヤ人問題などロシアの政治に批判的な記述も含むが、全体としてロシアの歴史や社会の様子などよく調べて書かれた丁寧な随筆である。

羯南が外遊に出発する直前の六月一〇日、東京帝国大学教授戸水寛人、寺尾亨《てらおとおる》、小野塚喜平次、金井延、富井政章《とみいまさあき》、高橋作衛《たかはしさくえ》および学習院教授中村進午《なかむらしんご》のいわゆる「七博士」が対露開戦の建白書を桂首相と小村寿太郎外相に提出した。さらにその建白書は二四日に新聞紙上で公表され、世論を刺激した。国民同盟会解散後から対外硬同志会として動いていた人々は、八月に対露同志会と改称し、病気のため既に実際の活動は困難になっていた近衛を会長にし神鞭を委員長にして、政府の曖昧な対応を批判し対露開戦を主張した。『日本』は社説レベルではこの一連の動きにあまり反応していない。近衛の機関新聞化構想は、日本新聞社内の抵抗にあっているのではないかと考えられる。また近衛の健康悪化とともに干渉が弱まっていたのかもしれない。

日露開戦直後のことだが、原敬は、「我が国民の多数は戦争を欲していないことは事実である。政府が最初七博士をして露国討伐論を唱えさせ、また対露同志会などを組織させてしきりに強硬論を唱えさせたのは、このようにして露国を威圧し、これによって日露協商を成立させようと企てたのだが、意図を越えて開戦に至らざるを得ないような行き掛かりを生じたものである」(『原敬日記』明治三七年二月一一日)と、一連の世論の動きについて冷静な分析を日記に残している。原の分析では、政府は世論を操作してロシアへの威圧に利用し、できれば戦争ではなく日露協商に持ち込みたかったが、ナショナリズムを操作することに失敗したというのである。

実は『日本』社説にも「対露同志会を活用しようとして結果の思わしくないのは、もともと政界操縦が稚拙だからである」(「海戦或は開件(外交緩慢に過ぐれば)」『日本』明治三六年一〇月二日)と、対露同志会は政府が操作しているという見方が書かれている。この社説の執筆者が誰かははっきりしないが、対露開戦論への慎重な立場が維持されていることがわかる。これより先九月には、ロシアが清国に対して満州撤兵の延期を申し入れたというニュースが広がっており、対露同志会の人々は、桂首相に面会し早期開戦を強く要求していた。池辺三山は『朝日』に日本政府がロシアの横暴を許してはならないと盛んに論じていた。これに比べると『日本』の社説は慎重であった。

しかし、一〇月八日の第三期満州撤兵期限が過ぎると、『日本』社説も早期開戦論を打ち出しはじめる。幸徳秋水や内村鑑三が非戦論を展開していた『万朝報』が開戦論へと立場を決めたのも一〇月八日付の紙面であった。世論はほぼ開戦論一色になった。

世論の盛り上がりとは対照的に、谷干城は一貫して開戦反対だった。そして新聞界が容易に政府に操作され世論に迎合して開戦論を煽ったことをきびしく非難した。特に『日本』の社論が開戦論に変わっていったことを苦々しく語っている。

もし対露強硬論に反する論をなす時は、新聞も売れずまた露国の荷担をするように受け取られるので、短期間に新聞の論調も皆な変化し、日本新聞のごときは最初は平和主義を取り軍備大拡張に反対であったにもかかわらず、ほとんど対露硬派の機関のごとき看をなすに至った。

（「敵の弱点のみを挙げて自ら慰むは卑怯千万なり」、『続日本史籍協会叢書　谷干城遺稿　三』二三二〜二三三頁）

実は谷がここで嘆いた『日本』の「機関」化は、新聞の本体でなく付属の「日本週報」の方に現れていた。近衛の側近であり、対露強硬派であった神谷卓男《かみやたくお》の記述によると、近衛が「日本新聞の本紙と君（神谷）の週報とは、丸で別物のようになってしまった」、「本紙の方では対露同志会までくさしておるじゃないか」といった会話があったという（神谷卓男「病中の霞山公」『近衛篤麿日記　付属文書』四七九頁）。

また羯南がいない間の『日本』について、神谷から近衛にあてた書簡には次のようにある。

一、神鞭は陸羯南の留守中、社の事に就いて依嘱されいてます。ただし神鞭だけでは到底社のものを従わせる力はないので、公爵の方より神鞭へ宛てて、日本新聞の調子をできるだけ対外硬と同一調に出るよう尽力せよと、ご命令くだされればと思います。

一、目下のところ五百木は編集を致しておらず、古島一雄が担当しています。五百木は近頃の新聞の論調について、まったく無関係になっています。

（日付不明、明治三六年、『近衛篤麿日記　付属文書』五三四頁）

この記述では、古島一雄が何とか羯南の方針を維持しようと、近衛関係からの圧力に耐えているという様子がわかる。これに対して五百木は近衛の方針に忠実である。右の引用に関係するかもしれないが、一一月一八日の時点でも、『日本』社説には、対露同志会の中に政府実力者との関係を吹聴して消息通を気取る人間がいるが、もし結局開戦にいたらなかったらどうするのだと皮肉めいた指摘がある。「同志会は玉石混淆」ともいっている（『日本』明治三六年一一月一八日）。こういった社説があるため『日本』の社論が分裂しているように見えるのである。これは、『日本』をますます売れなくしたかもしれないが、谷干城が嘆く新聞のナショナリズム的な世論への迎合の時代にあっては、古島の奮闘は評価すべきものといえる。

2　外遊からの帰国と『日本』の帰趨

帰国と日露戦争

羯南は、明治三七年一月二四日に東京に戻った。その帰国直前の一月二日に近衛篤麿が死去した。二月六日にロシアへの国交断絶の通告があり、次いで旅順港外のロシア艦隊に対する奇襲攻撃があり、一〇日には宣戦の詔勅が発せられた。『朝日』は、早くも一〇月末には記者を佐世保、対馬、釜山などに送り込み、いつでも軍艦に乗り込めるように準備していたが、これに比べると、『日本』は機動力を欠いていた。しかし、社説は戦争熱に浮かされない雰囲気を保っていた。

帰国以降の羯南は、再び会社の建て直しに駆け回ることになった。明治三七年四月一九日付の、羯南から旧友伊藤重にあてた手紙には、次のようにある。

さて世間は意外の事にあいなりました。しばらく旅行しているうちに、近衛公は病で亡くなり、これに続いてこういった時局に立ち至り、小生は帰京早々少々まごついています。実は不在中に新聞も近衛公の手に入り、小生は客将として名を残す位という予定にしていたところ、それも水泡に帰してしまい、さりとて逃げる訳にも参らず、帰京早々貧乏社の事に奔走し、戦争が始まったために、さらに余計な累も生じて、実に寸暇も無いありさまです。（『全集』第一〇巻、一三〜一四頁）

羯南は、一時は近衛に渡したと思った日本新聞社の経営を再び担わなければならなくなった。

日露戦争の戦況に関する社説については、特に見るべきものはない。ただし、対韓方針について外国の見方に反駁する論説は興味深い。『日本』は二月の日韓議定書およびその後の政府の方針に賛成であった。韓国が自力で近代化し独立を維持する能力がない以上、日本が「指導・勧告」をし、韓国が日本に「黙従」すべきは当然と論じていた。同時にフランスの雑誌に、日本の影響力が強まり中国や韓国が日本の下に軍事的な近代化をとげれば欧米にとって脅威となるのではという意見が載ったことに反駁し、中国や韓国の社会は根本的に日本と異なるため、日本と同じ「智勇」を身につけるはずはなく、欧米の懸念は「妄想」であるという（「清韓人と露人（欧米人評論の誤謬）」『日本』明治三七年六月二七日）。アジアの連帯といった感傷が全くない議論である。また、清国および韓国の政府が日本に反発し、親ロシアになることを警戒し、したがって日本は清国や韓国に対しては威圧的な方針をとる以外にはないとしている（「支那朝鮮の政府」『日本』明治三七年七月二日）。これが羯南によるものかどうかは明らかではないが、羯南がもともとアジア一体論や欧米帝国主義への道徳的反発といった主張の立て方をしてこなかった点とは共通性がある。他方、羯南は『太陽』に寄稿して、戦局だけに眼を奪われず「商工」の発展とアジアでの利益の確保に気をつけるよう提言している（「戦争以外の国民活動」『太陽』明治三七年三月号、『全集』第九巻、六二三頁以下）。現実主義的な「開発」重視の主張は維持されている。

羯南の外遊中にもう一人、羯南が司法省法学校時代に出会って以来交遊の続いていた天田愚庵《あまだぐあん》が死去している。天田は、その前半生では、戊辰戦争の時に行方がわからなくなった父母と妹を捜して全国を放浪していた。もともと磐城国平《たいら》藩の藩士の子であったが、写真屋に弟子入りし、旅回りの写真屋となって妹を捜していた。福本日南や国分青厓と知り合い、法学校時代に東京を訪ねてきた頃は写真屋であったという。山岡鉄舟の食客となり、後に山本長五郎（清水次郎長）の養子になったりしていたが、明治二〇年には得度して、後年は京都清水や伏見桃山に庵を結んでいた。羯南はしばしば京都の愚庵のもとを訪れている。羯

天田愚庵（『愚庵全集』より）

南は天田の人柄に引きつけられるものがあったのであろう。また天田との関係は政治がらみではなかった。天田は放浪時代や山岡鉄舟関係の人脈から政界にも知り合いは多かったようだが、羯南との交遊はむしろ文人的であり、また天田愚庵の漢詩や和歌に羯南が共鳴していたのである。正岡子規も愚庵の万葉調和歌の影響を受けた。

また明治三八年六月には、羯南と長年親しい交友のあった神鞭知常が急逝した。羯南は友人としてだけでなく、政治の世界との有力なつながりをもう一人失ったわけである。

羯南はその夏から健康を崩し、それ以降『日本』社説には直接たずさわっていないのではないかと考えられる。明治三七〜三八年の期間は、古島一雄宛に細かい指示を出す書簡がいくつか残っており、これを見る限り、古島を通じてある程度の方針を指示する程度だったのではないだろうか。

明治三八年九月五日に日露講和条約が調印された。この講和条約については国民の不満が高まり、日比谷焼き討ちなどの暴動にまでいたる。しかし、この講和の条件について羯南は冷静な考えを示していた。

講和条件は不満足には違いありませんが屈辱とまではいえません。この点は三宅雪嶺も同感であろうと信じます。もし屈辱と呼ぶならば爆弾でも必要になるでしょうが、何も日本から土地を割かれたわけではなく、固有の権を奪われたるものでもなく、ただ樺太の北部をやったのがもっとも屈辱に似た姿であるだけです。屈辱という用語は〔新聞では〕避けたいものです。古島にもこのように

お話しください。（赤石定蔵宛、明治三八年九月二日、『全集』第一〇巻、三頁）

九月六日の『日本』に「国民の不満」ついての社説は載ったが、確かに「屈辱」とは書いていない。もちろん羯南にも三宅雪嶺にも小村寿太郎を擁護したい気持ちがあったであろう。しかしそれだけではなく、日露戦争前の言論の方針からしても、ナショナリズムを煽ることに躊躇するのは当然でもあった。

『日本』の終焉

明治三八年には、日本新聞社の経営もまったく見通しがたたなくなってきていた。二月に後藤新平にも資金に関して相談をしているが、後藤も『日本』とのつながりが外部に知られることをいやがっており、話はうまく進まなかったように見える（富田鉄之助宛陸羯南書簡、明治三八年五月三一日、『全集』第一〇巻、七七頁）。八月一八日付の古島宛の書簡では、この一年半、無謀ともいえる状態が続き、もはや刀折れ矢尽きた、この際「異分子との連合」しかないだろうと述べている（『全集』第一〇巻、三〇頁）。また『日本』の紙質が悪く、印刷も他紙に比べて見劣りがすると羯南は心配していた（古島宛九月一日、『全集』第一〇巻、三二頁）。

「異分子」との交渉がどのようなものであったのかは、あまりはっきりしないが、明治三九年六月に、慶應義塾出身で『時事新報』において編集や会計にたずさわり、当時日本銀行にいた伊藤欣亮《いとうきんすけ》が会社を引き受けることになった。伊藤は「従来の社中を中枢」とし、その上で新たな「発展」を目指すと『日本』の「謹告」（六月二三日以降四日間掲載）で宣言したが、やはりそれまで羯南と仕事をして

陸羯南墓碑（東京，染井墓地）

きた社員とは合わなかった。旧来の社員は、伊藤の新しい編集方針に反対して、創業者としての羯南、主筆としての三宅雪嶺、編集長としての古島一雄の三者による紙面体制を認めるよう伊藤に要求し、当然それは認められず、一二月四日には旧来の社員のほぼ全員が辞職した。

辞職した人々は政教社の『日本人』に合流することになった。明治三九年一二月の『日本人』は、『日本』を「相場新聞」としてしまった新経営者を非難し、『日本』の「精神の存続」のため翌年から『日本人』を『日本及日本人』と改めて、こちらで再出発すると宣言した。そこに退職者として長谷川万次郎（如是閑）、国分高胤（青厓）、古島一雄、三宅雪嶺ら一二一名の名が記されていた。

これ以降、『日本』は皮肉なことに政友会に近い新聞として継続し、大正三年に社が火災にあったため廃刊した。伊藤欣亮自身は、いわば福澤諭吉門下らしく当人も文筆が達者でまた経営にも優れており、それほど悪く言われる理由もないが、古島らの不満が強かったのも、伊藤との政治的な立場の違いや、『日本』のこれまでの社内の雰囲気が一変したことから、仕方のないことだった。

長い闘病の末に羯南が永眠したのは、療養のために鎌倉極楽寺の近くに建てた別荘にて明治四〇年九月二日のことである。享年五一、満年齢で四九歳であった。葬儀は九月五日に谷中全生庵でおこなわれ、五〇〇人もの人が参列したという。墓所は東京の染井墓地、法名は文生院介然羯南居士である。

終章　政論家としての陸羯南

少し長くなるが、鳥谷部春汀が書いた羯南の追悼記事から引用したい。明治のジャーナリズム界で羯南が担った役割をうまく表現した文である。

批評的眼光

たとえば彼は最も政治上に趣味を有していたが、自ら政治家たろうとする野心はなかった。これは、新聞記者であることと大臣宰相であることとは、まったくその地位に軽重があるわけではないと信じていたためであり、彼にあってはむしろ文章は経国の大業であった。人はまた彼の批評的眼光の往々偏僻に流れる傾向があることを言うものもあるが、これは彼の外皮を見て真相を見ないためである。彼の時事を論じるにあたって、単に問題の表面にあらわれた論理の当否のみを争わずして、その裏面に隠れたる感情の曲直を正そうとしていた。

されば彼は国権主義に立って大隈伯の条約改正案に反対し、対外硬派を助けて伊藤内閣の遼東還付条約を攻撃し、前者を罵って売国案といい、後者を弾劾して輔弼の責任を果たしていない不臣の徒なりとまでいったけれども、口先で忠君愛国をとなえて政敵を陥れようと悪政略を使用するものに対しては、また到底看過できない所であった。（『太陽』第一三巻第一三号、明治四〇年一〇月）

ここには鋭い指摘とちょっとした誤解とが混在している。誤解の方からいえば、本書の中で指摘したように遼東半島還付問題については、『日本』の主張は「感情」的にナショナリスティックなのではなく、むしろ外交方針がうまく統合されていない点を戦略的に批判していたのであり、鳥谷部春汀の理解は表面的である。しかし、「表面にあらわたる論理の当否のみを争はずして、その裏面に隠れたる感情の曲直を正そうとした」という部分はうまい表現である。羯南は、「論理」の姿をとって読者の「感情」をくすぐり誘導しようとする政治的かつ近視眼的な策略に批判的であった。「忠君愛国をとなえて政敵を陥れようとする悪政略」はこの後も繰り返され、あるいは現代の政治でも時折現れる、政治業界の権力闘争の常套手段である。しかもそれは、新聞というメディアにおいて一層危険な形で現われてきた。

もちろん羯南はメディア批判をすることを主眼として社説を書いていたわけではない。時代の流れを見ながら、注目されるトピックに反応して、読者に問題の所在を提示することが自分の仕事だと考えて続けていただけである。しかし、結果的には、『日本』の社説欄は、同時代の新聞がふりまく政治的な言説のあり方に対する批判となっていた。新聞の本来の役割は、読者を操作したり、煽って興奮させたりするのではなく、時代の出来事に対する批判的な思考の材料を提供し、またそのための考え方を提示してみせることであるという意識が、『日本』の社説の多くに現れている。『日本』の社説に、大げさなスローガンや、押し付けがましい結論があまりなく、その意味で一読しただけでは意図がわかりにくいのはそのためである。

羯南の歴史的役割

鳥谷部だけでなく多くの同時代人が指摘するように、羯南は政界での名声や直接的影響力にはあまり欲がなかったように感じられる。もちろん、本書で見てきたように、政界や官界との接触は十分にあり、対外硬運動や国民同盟会のように民間におけるナショナリスティックな運動の要として活動することも多々あった。蘇峰が「策士」と呼んだように、異なる意図をもった政治的な実力者の間で、巧みに動いていると感じられるときもある。しかしながら、羯南はそういった活動を通じて、『日本』を運営する以外の、強力な政治的地位や権力を追求するということはなかった。

羯南には日記や自伝の類が残されていないので、その感情生活をうかがう材料が乏しいが、『日本』の新聞社説の変遷や、書簡などから読みとれる行動の軌跡を見る限り、若い頃を別にすれば、世間の評判や、重要な地位を得たい、あるいは自分がどれほど天下国家を心配しているかわかってほしいといった類の文や詩が見あたらない。社説の文体は後年になるほど衒《てら》いがなくなる。書簡や詩も同様である。羯南の文章は、わざと議論を曖昧にしたり、はぐらかしたりして、何か深遠な思想をもっているかのように見せる効果を狙うようなところもない。つまり野心のある青年や知識人のスノビズムに訴える要素が、羯南個人の資質としても新聞の性格としても少なかった。これは、たとえ『日本』がニュースの新しさや読み物としての斬新さを狙わず、高級政論紙としてのスタイルを保持することによって個性を発揮したと言えるにしても、やはり読者の獲得と経営に寄与するものではなかったであろう。

羯南の文章に、冷静とも言える一種の政治メディア批判への傾向が見られるのは、羯南が政界の権力闘争や新聞業界での競争から超然としていたからではなく、むしろその中での政論記者としての役割に職業的プライドを持っていたからである。近代日本のジャーナリズム史の中に羯南のような政論記者を得たことは、今日の私たちが、メディアとナショナリズム、メディアと戦争といった問題について、冷静で批判的な視点を確保するために貴重な歴史的経験であるには違いない。

参考文献

陸羯南著作

『山林実務要訣』(クリノン著、陸実訳)有隣堂発兌、一八八三年。
『主権原論』(ド・メストル原著、陸実訳述)博聞社、一八八五年。
『予算論』日本新聞社、一八九〇年。
『予算弁妄』日本新聞社、一八九一年。
『近時政論考』日本新聞社、一八九一年。
『行政時言』日本新聞社、一八九一年。
『臨淵言行録』(陸実編輯兼発行)日本新聞社、一八九一年。
『原政及国際論』日本新聞社、一八九三年。
『羯南文集』梶井盛編、蟠龍堂、一九一〇年。
『羯南文禄』鈴木虎雄編、陸四郎発行、一九三三年。
『陸羯南全集』全一〇巻、西田長寿・植手通有編、みすず書房、一九六八〜八五年。
『日本』復刻版、ゆまに書房、一九八八〜九一年。

関連史料・伝記

青森県近代文学館編『陸羯南と正岡子規』（特別展図録、青森県文学館協会、二〇〇七年）。

青森市史編纂室『目で見る青森の歴史』（歴史図書社、一九七八年）。

朝日新聞大阪本社社史編修室編『村山龍平傳』（朝日新聞社、一九五三年）。

朝日新聞社史編修室編『上野理一傳』（朝日新聞社、一九五九年）。

朝日新聞百年史編修委員会編『朝日新聞社史　明治編』（朝日新聞社、一九九〇年）。

池辺三山『日本近代文学館資料叢書　第Ⅰ期　文学者の日記　池辺三山（一）』（博文館新社、二〇〇一年）。

イザベラ・バード『日本奥地紀行』（平凡社、二〇〇〇年）。

伊藤博文（宮澤俊義校註）『憲法義解』（岩波文庫、一九四〇年）。

伊藤博文関係文書研究会編『伊藤博文関係文書』全九巻（塙書房、一九七三〜八一年）。

伊藤博文編『秘書類纂　一六巻　財政資料　中』（原書房、一九七〇年）。

井上毅伝記編纂委員会編『井上毅傳　史料編』全六巻（国学院大学図書館、一九六六〜七七年）。

宇野俊一校注『桂太郎自伝』（平凡社、一九九三年）。

大町桂月・猪狩史山『杉浦重剛先生』（政教社、一九二四年）。

岡吉壽編『宮崎道正傳』（一九三一年）。

奥谷松治『品川彌次郎傳』（高陽書店、一九四〇年）。

小栗又一編『龍溪矢野文雄君傳』（春陽堂、一九三〇年）。

尾崎行雄『学堂回顧録』（実業之日本社、一九一三年）。

川那邊貞太郎編『自恃言行録』（一八九九年）。

工藤主善（外崎覺校、三島中洲評點）『他山文鈔』（小笠原精一、一八八四年）。

工藤主善『他山遺稿』（外崎覚編輯、一八九八年）。

葛生能久『東亜先覚志士記伝』上・中・下（大空社、一九九七年）。

慶應義塾編『福沢諭吉全集』全二一巻・書簡集二巻・別巻（岩波書店、一九五八～七一年）。

古島一雄『古島一雄清談』（毎日新聞社、一九五一年）。

古島一雄『一老政治家の回想』（中公文庫、一九七五年）。

『国家経済会報告』。

近衛篤麿日記刊行会編『近衛篤麿日記』全五・別巻（鹿島研究所出版会、一九六八～六九年）。

『佐々友房文書』国立国会図書館憲政資料室所蔵。

島内登志衛編、続日本史籍協会叢書『谷干城遺稿』全四巻（東京大学出版会、一九七五～七六年）。

衆議院・参議院編『議会制度七〇年史・政党会派編』（大蔵省印刷局、一九六一年）。

末廣重恭（鉄腸）『何をか政黨と云ふ』（嵩山堂、一八九〇年）。

末廣鉄腸『政治小説　雪中梅』（明治一九年）（『日本近代文学大系　二　明治政治小説集』角川書店、一九七四年）。

「大日本協会及国民協会ニ対スル処分ノ件」（自明治十九年至同三十一年、『公文別録』内務省、国立公文書館所蔵、別―一六六）。

高田早苗「大新聞と小新聞」『読売新聞』明治二〇年一〇月一二日（西田長寿編『明治文学全集　九一　明治新聞人文学集』（筑摩書房、一九七九年）。

竹内運平口述、相木司良編纂『佐々木元俊先生　郷土叢書第六輯』（大日本同士会青森県支部、一九四三年）。

辰野隆『忘れ得ぬ事ども』（朝日新聞社、一九四九年）。

『谷干城関係文書』立教大学図書館所蔵（マイクロフィルム版、北泉社、一九九五年）。

津幡敬正・工藤晃編『東奥日報百年史』（東奥日報社、一九八八年）。
坪内逍遙『柿の蔕』（中央公論社、一九三三年）。
露崎弥編『吉原三郎追懐録』（露崎弥、一九三七年）。
『独逸学協会雑誌』。
東亜同文会編『対支回顧録』上・下巻（原書房、一九六八年）。
東京市政調査会『自治五十年史　制度篇』（良書普及会、一九四〇年）。
東京大学法学部明治新聞雑誌文庫『朝野新聞』（ぺりかん社、一九八一〜八四年）。
『東邦協会報告』。
徳富猪一郎『蘇峰自傳』（中央公論社、一九三五年）。
鳥谷部春汀『春汀全集』全三巻（博文館、一九〇九年）。
内藤虎次郎『内藤湖南全集』全一四巻（筑摩書房、一九六九〜七六年）。
長谷川如是閑『ある心の自叙伝』（筑摩書房、一九六八年）。
原奎一郎編『原敬日記』全六巻（福村出版、一九六五〜六七年）。
弘前市史編纂委員会『弘前市史　藩政編』（弘前市、一九六三年）。
福本日南「原敬」（『日南集』東亜堂書房、一九一〇年）。
文献資料刊行会編『憲政黨黨報』（柏書房、一九八五年）。
文献資料刊行会編『自由黨黨報』（柏書房、一九七九年）。
穂積重威編『穂積八束博士論文集』（有斐閣、一九四三年）。
ポール・ルロワ＝ボーリュー『今世国家論』（日新叢書、八尾書店、一八九四年）。
前田蓮山『原敬伝』上・下巻（高山書店、一九四三年）。

正岡子規『子規全集』全二二巻（講談社、一九七五～七八年）。

松本三之介他編『中江兆民全集』全一八巻（岩波書店、一九八三～八六年）。

三井光三郎『愛国婦人会史』（愛国婦人会史発行所、一九一二年）。

三宅雪嶺「『日本人』と『日本新聞』」岡吉壽編『宮崎道正傳』（一九三一年）。

明治文献資料刊行会編『國民之友』（明治文献、一九六六～六八年）。

矢野文雄「改良意見書」『郵便報知新聞』（一八八六年九月一六日）（西田長寿編『明治文学全集　九一　明治新聞人文学集』筑摩書房、一九七九年）。

『山県有朋関係文書』国立国会図書館憲政資料室所蔵。

山路愛山『現代金権史』（明治四一年）（大久保利謙編『明治文学全集　三五　山路愛山集』筑摩書房、一九六五年）。

郵便報知新聞刊行会『郵便報知新聞』（柏書房、一九八九～九三年）。

読売新聞百年史編集委員会編『読売新聞百年史』（読売新聞社、一九七六年）。

「ロエスラー答議第六号」國學院大學図書館、梧陰文庫C―21。

Bloch, Jan, *La guerre : traduction de l'ouvrage russe, La guerre future, aux points de vue technique, économique et politique,* (1900).

Block, Maurice, *Dictionnaire général de la politique : avec la collaboration d'hommes d'état, de publicistes et d'écrivains de tous les pays,* (1873-1874).

Bluntschli, Johann Caspar, *La Politique,* (1879). Politik als Wissenschaft, 1876 の仏訳。

Bluntschli, Johann Caspar, *Théorie générale de l'État,* (1881). Allgemeine Staatslehre, 1875 の仏訳。

Buffon, Henri Nadault de, *Notre ennemi le luxe,* (1868).

Demolin, Edmond, *A quoi tient la supériorité des anglo-saxons,* (1897).

Greenwood, Frederick, 'The Press and Government,' *The Nineteenth Century,* (July 1890).
Jannet, Claudio, *Le socialisme d'État, et la réforme sociale,* (1890).
Leroy-Beaulieu, Paul, *Traité de la science des finances,* (1877).
Leroy-Beaulieu, Paul, *L'État moderne et ses fonctions,* (1889).
Maistre, Joseph de, '*De la souveraineté de people*,' (1794-1795), *Oevres complétes,* (1884-1886) では '*Etude sur la souveraineté*' というタイトル
Molinari, Gustave de, *Les lois naturelles de l'économie politique,* (1887).
Schulze-Gävernitz, Hermann Johann Friedrich von, *Das preussische Staatsrecht auf Grundlage des Deutschen Staatsrechts,* (1872).
Stahl, Friedrich Julius, *Histore de la philosophie du droit,* (1880).

陸羯南研究文献

相澤文蔵「明治の人々――陸かつ南おぼえがき」（第二次『道標』第二四号、一九六五年）。

相澤文蔵「陸羯南」（弘前市立弘前図書館編『郷土の先人を語る二』弘前市立弘前図書館、一九六七年）。

有山輝雄『陸羯南』（吉川弘文館、二〇〇七年）。

有山輝雄「陸羯南の寡黙」（『本郷』第七〇号、二〇〇七年）。

石川一三夫『日本的自治の探究――名望家自治論の系譜』（名古屋大学出版会、一九九五年）。

石田雄「日本における『合法性』成立過程の一特質」（『日本近代思想史における法と政治』岩波書店、一九七六年）。

石附実「近代日本のナショナリズム：陸羯南のばあい」（『神戸山手女子短期大学紀要』第八号、一九六五年）。

稲葉克夫『青森県近代史の群像』（北の街社、一九八五年）。

稲葉克夫『青森県の近代精神』第二部（北の街社、一九九二年）。

稲葉克夫「陸羯南の津軽」（その一）～（その三）（弘前学院大学地域総合文化研究所編『地域学』三巻～五巻、二〇〇五年～二〇〇七年）。

稲葉克夫「陸羯南における津軽　国民主義思想形成の基盤」（『三潮』第三〇号、二〇〇六年）。

稲葉克夫『陸羯南の津軽』（陸羯南生誕百五十年没後百年記念事業実行委員会、二〇〇七年）。

岩井忠熊「国粋主義の成立」（『日本史研究』第四七号、一九六〇年一月）。

岩瀬昌登「明治二十年代における伝統主義の性格――陸羯南について」（『日本歴史』第二〇五号、一九六五年六月）。

植手通有「史論としての『近時政論考』」（『近時政論考』岩波文庫、一九七二年）。

植手通有「陸羯南〈ナショナリズムと言論人〉」（朝日ジャーナル編『新版日本の思想家』上巻、朝日選書、一九七五年）。

植手通有「平民主義と国民主義」（『岩波講座・日本歴史一六近代三』岩波書店、一九七六年）。

植手通有「『國民之友』・『日本人』」（松本三之介編『明治文学全集三七政教社文学集』筑摩書房、一九八〇年）。

植手通有「解説――日清戦争後における陸羯南」（植手通有編『近代日本思想大系　四　陸羯南集』筑摩書房、一九八七年）。

内野茂樹「陸羯南と新聞」（『日本歴史』第四四号、一九五二年一月）。

梅田俊英「陸羯南におけるナショナリズムと社会主義」（『大原社会問題研究所雑誌』第三六〇号、一九八八年）。

梅溪昇「陸羯南宛犬養毅・井上毅・近衛篤麿・内藤鳴雪の書簡――『羯南全集』への補遺」（『日本歴史』、一九九三年一〇月）。

潁原善徳「日清戦後における陸羯南の対外政策論」(『日本歴史』第五四一号、一九九三年六月)。

潁原善徳「日清戦争期日本の対外観」(『歴史学研究』第六六三号、一九九四年一〇月)。

大久保利謙「陸羯南の思想とその立場——特にその帝国主義観について」(『歴史教育』第三巻第一号、一九五五年一月)。

大久保利謙「陸羯南・三宅雪嶺・徳富蘇峰」(『中央公論』第七〇巻第一一号、一九五五年一一月)。

大塚牧「明治二〇年代のナショナリズム——陸羯南の思想について」(『白山史学』第三四号、一九九八年)。

岡和田常忠「陸羯南とジョゼフ・ド・メーストル」(『みすず』第一一二号、一九六八年)。

桶谷秀昭「正岡子規と陸羯南——ナショナリズムにふれて」(『国文学　解釈と教材の研究』第三一巻第一二号、一九八六年)。

小野秀雄『日本新聞発達史』(一九二二年、五月書房、一九八二年復刻)。

小股憲明「近代日本のナショナリズム——陸羯南の場合」(『社会福祉評論』第四七号、一九八〇年)。

梶木剛「陸羯南という存在」(弘前学院大学地域総合文化研究所編『地域学　三巻　総特集　陸羯南』、二〇〇五年)。

片山慶隆「陸羯南研究の現状と課題——対外論・立憲主義・ナショナリズム」(『一橋法学』第六巻第一号、二〇〇七年)。

鹿野政直「国粋主義における資本主義体制の構想」(『日本史研究』第五二号、一九六一年一月)。

鹿野政直「ナショナリストたちの肖像」(鹿野政直編『日本の名著三七　陸羯南・三宅雪嶺』中央公論社、一九八四年)。

川邊眞藏『報道の先駆者　羯南と蘇峰』(三省堂、一九四三年)。

川村欽吾「『拓川日記』と陸羯南」(『東奥義塾研究紀要』第五集、一九七〇年)。

川村欽吾「伊藤重と陸羯南」(『東奥義塾研究紀要』第六集、一九七二年)。

川村欽吾「陸羯南の帰省」(『歴史と人物』、一九七三年一月)。

川村欽吾「赤石定蔵と陸羯南」(『東奥義塾研究紀要』第七集、一九七三年)。

川村欽吾「明治の津軽びと——陸羯南(一)〜(一五)」(『れぢおん青森』、一九八一年一月〜一九八二年三月)。

木野主計「日本主義時代の国史への省察——陸羯南と井上毅」(『歴史教育』第一八巻第一号、一九七〇年一月)。

木村毅・柳田泉・西田長寿(座談会)「陸羯南とその周辺」(『みすず』第一一二号、一九六八年)。

陸羯南研究誌発行委員会『陸羯南——その人と思想』創刊号(陸羯南研究誌発行委員会、二〇〇四年)。

香内三郎「明治ナショナリズムと言論——陸羯南の場合」(『道』、一九八一年一月)。

古賀鶴松「陸羯南の政治思想」(『富士論叢』第一〇巻、一九六五年)。

小寺正一「陸羯南の『国民旨義』——明治期のナショナリズム研究(一)」(『京都教育大学紀要A(人文・社会)』第四六号、一九七五年)。

小寺正一「陸羯南の対外論——明治期のナショナリズム研究(二)」(『京都教育大学紀要A(人文・社会)』第四九号、一九七六年)。

小松茂夫「近代日本思想における伝統主義の問題——日本主義に即しつつ」(『歴史と哲学との対話——同時代批判の視座を求めて』平凡社、一九七四年)。

小松茂夫「陸羯南——『国民』国家における『新聞記者』の使命」(小松茂夫・田中浩編『日本の国家思想』上巻、青木書店、一九八〇年)。

小山文雄『陸羯南——「国民」の創出』(みすず書房、一九九〇年)。

坂井雄吉「近衛篤麿と明治三十年代の対外硬派——『近衛篤麿日記』によせて」(『国家学会雑誌』第八三巻第三・四号合併号、一九七〇年)。

坂井雄吉「明治憲法と伝統的国家観――立憲主義の国体観をめぐって」（石井紫郎編『日本近代法史講義』青林書院新社、一九七二年）。

坂井雄吉「陸羯南」（『言論は日本を動かす 第四巻 日本を発見する』講談社、一九八六年）。

坂井雄吉「陸羯南と地方自治」（『大東法学』第一〇巻特別号、二〇〇一年）。

坂井雄吉「『国民論派』の使命（一）～（四）――陸羯南の初期政論をめぐって」（『大東法学』第一五巻第一号、第一五巻第二号、第一六巻第一号、第一七巻第一号、二〇〇五・二〇〇六・二〇〇七年）。

酒田正敏『近代日本における対外硬運動の研究』（東京大学出版会、一九七八年）。

佐々木隆「第一次松方内閣期の新聞操縦問題」（『東京大学新聞研究所紀要』第三一号、一九八三年）。

定平元四良「陸羯南の宗教論」（『関西学院大学社会学部紀要』第三七号、一九七八年）。

佐藤能丸「『国民主義』陸羯南」（『志立の明治人』下巻、芙蓉書房出版、二〇〇五年）。

澁谷浩「陸羯南のナショナリズム論――政治思想史的考察」（『明治学院論叢法学研究』第三七巻、一九八六年）。

澁谷浩「陸羯南の政治批評の論理」（『保守政治の論理』北樹出版、一九九四年）。

清水靖久「二〇世紀初頭日本の帝国主義論」（『比較社会文化』第六巻、二〇〇〇年）。

鈴木栄樹「『官報』創刊過程の史料分析」（山本四郎編『日本近代国家の形成と展開』吉川弘文館、一九九六年）。

鈴木忠雄「伊藤重」（弘前図書館編『郷土の先人を語る（六）』弘前市立弘前図書館、一九七〇年）。

鈴木啓孝「明治ナショナリストにおける〈自己〉意識の起源と重層性をめぐる考察」（『年報日本思想史』第二号、二〇〇三年）。

鈴木啓孝「司法省法学校『放廃社』にみる個人と結社――陸羯南と原敬を中心に」（『日本思想史学』第三六号、二〇〇四年）。

鈴木啓孝「旧藩の超越――明治一〇年代の陸羯南を題材として」（東北史学会『歴史』第一〇六輯、二〇〇六年）。

高木誠「陸羯南と条約改正」(国際基督教大学社会科学研究所『社会科学ジャーナル』第四号、一九六二年)。

高松亨明『陸羯南詩通釈』(津軽書房、一九八一年)。

翟新『東亜同文会と中国——近代日本における対外理念とその実践』(慶應義塾大学出版会、二〇〇一年)。

田所光男「翻訳の言葉と論説の言葉——ジョゼフ・ド・メストルの陸羯南への影響の序論的な検討」(『福岡大学人文論叢』第一九巻第一号、一九八七年)。

田所光男「『国民天賦の任務』への欣求——陸羯南とヨーロッパの反革命思想」(『日本及日本人』第一五八七号、一九八七年)。

田所光男「フィロゾフ批判の転生——ジョゼフ・ド・メストルの陸羯南への影響」(『福岡大学人文論叢』第一九巻第二号、一九八七年)。

田所光男「日本の使命を説く思想を支え合う在来の言葉と外来の言葉——ジョゼフ・ド・メストルの陸羯南への影響」(『福岡大学人文論叢』第一九巻第三号、一九八七年)。

田中浩「日本におけるリベラリズムの一潮流——陸羯南・田口卯吉から長谷川如是閑へ」(『一橋論叢』第九七巻第二号、一九八七年)。

田中浩「『自由国民主義者』陸羯南——日本のアイデンティティとしての『日本主義』」(『近代日本と自由主義《リベラリズム》』岩波書店、一九九三年)。

田畑忍「陸羯南の政治思想」(『同志社法学』第四号、一九五〇年)。

胆紅「陸羯南と新聞『日本』のアジア論——日清戦争まで」(『国際公共政策研究』第九巻第二号、二〇〇五年)。

全且煥「陸羯南の国際観」(西川長夫・渡辺公三編『世紀転換期の国際秩序と国民文化の形成』柏書房、一九九九年)。

遠山茂樹「陸羯南の外政論——とくに日清戦争前後の時期を中心として」(『横浜市立大学論叢』第二四巻第二・

三号、一九七三年)。

遠山茂樹「福沢諭吉の啓蒙主義と陸羯南の歴史主義」(植手通有編『近代日本思想大系 四 陸羯南集』筑摩書房、一九八七年)。

中田尚聡「陸羯南の『貴族』概念——その担い手と機能」(『道歴研年報』第五号、二〇〇五年)。

野口伐名「陸羯南と井上毅~その思想的親近性をめぐって」(一)~(三)(弘前学院大学地域総合文化研究所編『地域学』三巻~五巻、二〇〇五年~二〇〇七年)。

野口伐名『陸羯南——愛国心 教育 博愛』(弘前学院、二〇〇七年)。

野口伐名「陸羯南の教育勅語観(一)」(『弘前学院大学社会福祉学部研究紀要』第八号、二〇〇八年)。

野田良之「ボアソナードと陸羯南」(『法学志林』第七一巻第二・三・四合併号、一九七四年)。

ケネス・B・パイル(松本三之介監訳、五十嵐暁郎訳)『新世代の国家像——明治における欧化と国粋』(社会思想社、一九八六年。原著は、Kenneth B. Pyle, *The New Generation in Meiji Japan : Problems of Cultural Identity, 1885-1895*, (Stanford University Press, 1969)

萩原隆「志賀重昂の保守主義——丸山真男の陸羯南論との関連で」(『研究年報(名古屋学院大学総合研究所)』第一五号、二〇〇二年)。

朴羊信「日清戦後の日本におけるナショナリズムの展開と日本人——陸羯南を中心に」(『アジア民衆史研究』第五集、一九九九年)。

朴羊信『陸羯南 政治認識と対外論』(岩波書店、二〇〇八年)。

波多野勝「北清事変以後における対外硬運動の展開(一)(二・完)」(『法学研究』第五四巻第九号、第五四巻第一〇号、一九八一年)。

判沢弘「民主主義をどう考えるか——陸羯南をめぐって」(『思想の科学(第五次)』第九七号、一九七〇年一月)。

坂野潤治「『東洋盟主論』と『脱亜入欧論』——明治中期アジア進出論の二類型」(佐藤誠三郎、R・ディングマン編『近代日本の対外態度』東京大学出版会、一九七四年)。

坂野潤治『明治・思想の実像』(創文社、一九七七年)。

平石直昭「近代日本の『アジア主義』」(溝口雄三・浜下武志・平石直昭・宮嶋博史編『アジアから考える[五]近代化像』東京大学出版会、一九九四年)。

平石直昭「近代日本の国際秩序観と『アジア主義』」(東京大学社会科学研究所編『二〇世紀システム一構想と形成』東京大学出版会、一九九八年)。

平田小六「陸羯南その剛毅なもの(上)(中)(下)」(『日本及日本人』一四六九・一四七一・一四七三号、一九六九年一・三・五月)。

平塚健太郎「陸羯南と南アフリカ戦争——反『帝国主義』からの転換の契機として」(『現代史研究』第四八号、二〇〇二年)。

広瀬玲子『国粋主義者の国際認識と国家構想——福本日南を中心として』(芙蓉書房出版、二〇〇四年)。

ひろたまさき「陸羯南論——そのナショナリズムの論理」(『北海道教育大学紀要第一部B社会科学編』第一七巻第一号、一九六六年)。

復本一郎「子規と陸羯南・その葛藤」(『神奈川大学評論』第四〇号、二〇〇一年)。

復本一郎「陸羯南と俳句のことなど」(『神奈川大学評論』第五六号、二〇〇七年)。

本田逸夫「陸羯南の政治思想——日清戦前の時期を中心として——(一)~(三)」(『法学』第五一巻第一・二号、第五二巻第二号、一九八七・一九八八年)。

本田逸夫「明治憲法の制定と陸羯南——陸羯南の立憲政論に関する覚え書き」(『九州工業大学研究報告(人文・社会科学)』第三九号、一九九一年)。

本田逸夫「陸羯南の『人道』観に関する覚え書き」（『政治研究』第四〇号、一九九三年）。

本田逸夫「『立憲政体の冷熱』——陸羯南の立憲政観」（『法の理論』第一三巻、一九九三年）。

本田逸夫「陸羯南の立憲政論の展開——日清戦後の時期を中心に」（『九州工業大学研究報告（人文・社会科学）』第四一号、一九九三年）。

本田逸夫『国民・自由・憲政——陸羯南の政治思想』（木鐸社、一九九四年）。

本田逸夫「明治中期の『国際政治学』——陸羯南『国際論』と Novicow J., La politique internationale をめぐって」（東北大学『法学』第五九巻第六号、一九九六年）。

本田逸夫「陸羯南の『国民的特性』論——その『自由主義』論との関連を中心に」（『政治研究』第四五号、一九九八年）。

本田逸夫「近代日本の自由観に関するノート——福沢諭吉らをめぐって」（『九州工業大学研究報告（人文・社会科学）』第五〇号、二〇〇二年）。

前島省三「明治中期のナショナリズム」（河出書房編集部編『日本のナショナリズム——展開と頽廃』河出書房、一九五三年）。

松沢弘陽『日本政治思想』（放送大学教育振興会、一九九三年）。

松田宏一郎「『政論記者』陸羯南の成立」（『東京都立大学法学会雑誌』第二八巻第一号、一九八七年）。

松田宏一郎「『近時政論考』考（一）（二・完）——陸羯南における《政論》の方法」（『東京都立大学法学会雑誌』第三三巻第一号、第三三巻第二号、一九九二年）。

松本喜代子「陸羯南小論——明治二十年代ナショナリズムの一形態」（『立命館文学』第一一五号、一九五四年）。

松本三之介「明治前期の保守主義思想」（『近代日本の政治と人間——その思想史的考察』創文社、一九六六年）。

松本三之介「解説」（松本三之介編『近代日本思想大系 31 明治思想集Ⅱ』所収、筑摩書房、一九七七年。後に再

構成されて松本三之介『明治思想史　近代国家の創設から個の覚醒まで』、新曜社、一九九六年に収録)。

松本三之介「陸羯南における『国家』と『社会』」(『明治思想における伝統と近代』東京大学出版会、一九九六年)。

丸谷嘉徳『陸羯南研究』(勁草出版サービスセンター、一九九〇年)。

丸山眞男「陸羯南――人と思想」(『丸山眞男集』第三巻、岩波書店、一九九五年)。

丸山眞男・西田長寿・植手通有(座談会)「近代日本と陸羯南」(『丸山眞男座談』第七巻、岩波書店、一九九八年)。

宮田昌明「陸羯南『近時政論考』」(大塚健洋編著『近代日本政治思想史入門――原典で学ぶ一九の思想』ミネルヴァ書房、一九九九年)。

宮村治雄「自由主義如何――陸羯南の政治思想」(『開国経験の思想史――兆民と時代精神』東京大学出版会、一九九六年)。

本山幸彦「明治二十年代の政論に現れたナショナリズム――陸羯南・三宅雪嶺・志賀重昂の場合」『明治思想の形成』(福村出版、一九六九年)。

本山幸彦「明治前半期におけるアジア観の諸相」(『人文学報』第三〇号、一九七〇年)。

本山幸彦「陸羯南と三宅雪嶺」(『歴史と人物』、一九七二年三月)。

本山幸彦「明治の新聞記者――陸羯南」(日本文化会議編『日本におけるジャーナリズムの特質』研究社、一九七三年)。

安井達弥「陸羯南に於けるナショナリズム――歴史的背景との連関に於て」(『東京大学教養学部社会科学紀要』第八輯、一九五八年)。

柳田泉「陸羯南」(『三代言論人集　第五巻　田口卯吉・陸羯南・三宅雪嶺』時事通信社、一九六三年)。

山岡桂二「明治二〇年代に於ける外交意識について――陸羯南を中心として」(『大阪学芸大学紀要A人文科学』第一三号、一九六五年)。

山口一之「日清戦争後における陸羯南の外政論(一)(二)――明治二八~三〇年」(『駒沢史学』第二二号・第二三号、一九七五・一九七六年)。

山口一之「陸羯南の外政論――明治三一~三三年――(一)(二)」(『駒沢史学』第二七号・第二八号、一九八〇・一九八一年)。

山口一之「陸羯南の外政論――義和団事変と善後策」(『駒沢史学』第三五号、一九八六年)。

山口一之「陸羯南の外政論――明治三四年一月~四月――」(『駒沢史学』第三八号、一九八八年)。

山田央子「ブルンチュリと近代日本政治思想――『国民』観念の成立とその受容――(上)(下)」(『東京都立大学法学会雑誌』第三二巻第二号・第三三巻第一号、一九九一・一九九二年)。

山田央子『明治政党論史』(創文社、一九九九年)。

山辺春彦「陸羯南の交際論と政治像(上)(下)」(『東京都立大学法学会雑誌』第四三巻第二号・第四四巻第一号、二〇〇三年)。

山辺春彦「明治立憲政と徳義――合川正道と陸羯南の立憲政治構想」(『東京都立大学法学会雑誌』第四五巻第一号、二〇〇四年)。

山本隆基「陸羯南の初期政論」(『広島法学』第六巻第三号、一九八三年)。

山本隆基「陸羯南の思惟方法」(『広島法学』第一一巻第三・四号、一九八八年)。

山本隆基「陸羯南における国民主義の制度構想(一)~(七)」(『福岡大学法学論叢』第四八巻第三・四号、第四九巻第一号、第四九巻第二号、第四九巻第三・四号、第五〇巻第二号、第五〇巻第三号、第五二巻第一号、二〇〇四・二〇〇五・二〇〇七年)。

山室信一「国民国家・日本の発現――ナショナリティの立論構成をめぐって」(『人文学報』第六七号、一九九〇年)。

吉田義次『國士陸羯南』(昭和刊行会、一九四四年)。

米原謙「日本における近代保守主義の成立とその特質――陸羯南の立憲政論」(『阪大法学』第一〇四号、一九七七年)。

米原謙「ナショナリズムの思想――陸羯南」(宮本盛太郎編『近代日本政治思想の座標 思想家・政治家たちの対外観』有斐閣選書、一九八七年)。

米原謙『近代日本のアイデンティティと政治』(ミネルヴァ書房、二〇〇二年)。

李向英「陸羯南の対清認識――日清提携論から支那保全論へ」(広島大学『史学研究』第二四三号、二〇〇四年)。

蠟山政道「陸羯南の政治論」(『日本及日本人』第一巻第一号、一九五〇年)。

関連研究文献

有山輝雄『徳富蘇峰と国民新聞』(吉川弘文館、一九九二年)。

アーネスト・ゲルナー(加藤節監訳)『民族とナショナリズム』(岩波書店、二〇〇〇年)。

五百旗頭薫『大隈重信と政党政治 複数政党制の起源 明治十四年――大正三年』(東京大学出版会、二〇〇三年)。

池辺一郎・富永健一『池辺三山 ジャーナリストの誕生』(みすず書房、一九八九年)。

井田進也『中江兆民のフランス』(岩波書店、一九八七年)。

伊藤之雄『立憲国家の確立と伊藤博文――内政と外交 一八八九―一八九八』(吉川弘文館、一九九九年)。

稲田正次『明治憲法成立史』下巻(有斐閣、一九六二年)。

井上光貞他編『日本歴史大系普及版　一四　明治憲法体制の展開（上）』（吉川弘文館、一九九六年）。

井上光貞他編『日本歴史大系普及版　一五　明治憲法体制の展開（下）』（吉川弘文館、一九九六年）。

岩谷十郎「福澤における条約改正論」（岩谷十郎・西川俊作編『福澤諭吉著作集』第八巻、慶應義塾大学出版会、二〇〇三年）。

鵜飼新一『朝野新聞の研究』（みすず書房、一九八五年）。

海野福寿・大島美津子編『近代日本思想大系二〇　家と村』（岩波書店、一九八九年）。

大澤博明「日清開戦論」東アジア近代史学会編『日清戦争と東アジア世界の変容』下巻（ゆまに書房、一九九七年）。

太田雅夫『初期社会主義史の研究——明治三〇年代の人と組織と運動』（新泉社、一九九一年）。

岡義武「条約改正論議に現われた当時の対外意識」『岡義武著作集』第六巻（岩波書店、一九九三年）。

川上洋平「ジョゼフ・ド・メーストルの主権論における専制批判——『人民主権』と摂理主義」『政治思想研究』第六号（二〇〇六年）。

北原かな子『洋学受容と地方の近代——津軽東奥義塾を中心に』（岩田書院、二〇〇二年）。

木野主計「官報創刊と福沢諭吉の官報新聞発行の挫折——井上毅の画策を中心として」（『出版研究』第二〇号、一九八九年）。

小島康敬「徂徠学の実践——津軽藩の事例を中心として」魚住昌良・M・ウィリアム・スティール編『アジア文化研究　別冊七　近代化の思想的系譜——小泉仰教授古希記念論文集』（国際基督教大学アジア文化研究所、一九九七年三月）。

小林和幸「山県内閣の〈宗教法案〉と貴族院内諸会派」（『日本歴史』四七三号、一九八七年一〇月）。

小林和幸「第二次山県内閣〈宗教法案〉をめぐる諸相」『青山学院大学文学部紀要』二九号（一九八八年一月）。

小林道彦『桂太郎――予が生命は政治である』(ミネルヴァ日本評伝選)』(ミネルヴァ書房、二〇〇六年)。

小宮一夫『条約改正と国内政治』(吉川弘文館、二〇〇一年)。

斉藤聖二『北清事変と日本軍』(芙蓉書房出版、二〇〇六年)。

酒田正敏『近代日本における対外硬運動の研究』(東京大学出版会、一九七八年)。

佐々木隆『日本の近代 一四 メディアと権力』(中央公論新社、一九九九年)。

佐藤能丸「国民意識の形成――国粋主義における国民像の構想を中心にして」(鹿野政直・由井正臣編『近代日本の統合と抵抗』第一巻、日本評論社、一九八二年)。

佐藤能丸『明治ナショナリズムの研究――政教社の成立とその周辺』(芙蓉書房出版、一九九八年)。

高橋秀直『日清戦争開戦過程の研究』(神戸商科大学研究叢書 XLIII、一九九二年、非売品)。

高橋昌郎「明治三十二年改正条約実施とキリスト教会」(中央大学人文科学研究所編『近代日本の形成と宗教問題』中央大学出版部、一九九二年)。

玉井克哉「ドイツ法治国思想の歴史的構造」(一)~(五)(『國家學會雜誌』第一〇三巻第九・一〇号~第一〇四巻第七・八号、一九九〇年九月~一九九一年八月)。

千野陽一『近代日本婦人教育史――体制内婦人団体の形成過程を中心に』(ドメス出版、一九七九年)。

辻本雅史『近世教育思想史の研究』(思文閣出版、一九九〇年)。

坪内稔典『正岡子規――想像の共同性』(リブロポート、一九九一年)。

手塚豊「司法省法学校小史」(『明治法学教育史の研究　手塚豊著作集　九巻』慶應通信、一九八八年)。

鳥海靖「帝国議会開設に至る『民党』の形成」(坂根義久編『論集日本歴史　一〇　自由民権』有精堂、一九七三年)。

長尾龍一「八束の髄から明治史覗く」『穂積八束集』(信山社、二〇〇一年)。

中野目徹『政教社の研究』（思文閣出版、一九九三年）。

中野目徹「政治家としての志賀重昂」（『生誕百三十年記念誌　志賀重昂――回想と資料』編集・発行　戸田博子、一九九四年）。

中村春作「明治期ナショナリズムと『アジア』」（西村清和・高橋文博編『近代日本の成立――西洋経験と伝統』ナカニシヤ出版、二〇〇五年）。

中村真一郎『頼山陽とその時代』（中央公論社、一九七一年）。

西田長寿『大島貞益』（実業之日本社、一九四五年）。

西田長寿『明治時代の新聞と雑誌』（至文堂、一九六一年）。

坂野潤治『明治憲法体制の確立――富国強兵と民力休養』（東京大学出版会、一九七一年）。

藤村道生「初期議会のいわゆる対外硬派について――条約改正史の研究（その二）」『名古屋大学研究論集』一九六四年三月、宇野俊一篇『論集日本歴史一一　立憲政治』（有精堂、一九七五年）。

フリードリッヒ・マイネッケ（矢田俊隆訳）『世界市民主義と国民国家――ドイツ国民国家発生の研究』（岩波書店、一九六八、一九七二年）。

牧野昇・会田雄次・大石慎三郎監修『江戸時代　人づくり風土記　二　ふるさとの人と知恵　青森』（農文協、一九九二年）。

升味準之輔『日本政党史論』第二巻（東京大学出版会、一九六六年）。

松本三之介「国粋主義の国家像――政教社の人びと」（『明治精神の構造』岩波書店、一九九三年）。

松本三之介「政教社――人と思想」（『明治思想における伝統と近代』、東京大学出版会、一九九六年）。

御厨貴『日本の近代　三　明治国家の完成』（中央公論新社、二〇〇一年）。

村瀬信一「『吏党』大成会の動向」（『日本歴史』第四五四号、一九八六年三月）。

村瀬信一「第一議会と自由党——『土佐派の裏切り』考」(『史学雑誌』第九五編第二号、一九八六年二月)。

森川潤『ドイツ文化の移植基盤』(雄松堂、二〇〇五年)。

安岡昭男「東邦協会についての基礎的研究」(『明治前期大陸政策史の研究』法政大学出版局、一九九八年)。

山口輝臣『明治国家と宗教』(東京大学出版会、一九九九年)。

山室信一『近代日本の知と政治——井上毅から大衆演芸まで』(木鐸社、一九八五年)。

山室信一『思想課題としてのアジア——基軸・連鎖・投企』(岩波書店、二〇〇一年)。

山本茂樹『近衛篤麿——その明治国家観とアジア観』(ミネルヴァ書房、二〇〇一年)。

山本武利『近代日本の新聞読者層』(法政大学出版局、一九八一年)。

山本武利『新聞記者の誕生　日本のメディアをつくった人びと』(新曜社、一九九〇年)。

山本武利『新聞と民衆』(紀伊國屋書店、復刻版一九九四年刊。初版は一九七三年刊)。

米原謙『徳富蘇峰——日本ナショナリズムの軌跡』(中公新書、二〇〇三年)。

渡辺浩「『教』と陰謀——『国体』の一起源」(渡辺浩・朴忠錫編『日韓共同研究叢書11　韓国・日本・「西洋」——その交錯と思想変容』慶應義塾大学出版会、二〇〇五年)。

Cooper, Sandi E., *Patriotic Pacifism : Waging War on War in Europe, 1815–1914,* (New York: Oxford University Press, 1991).
Dawson, Grant, 'Preventing "A Great Moral Evil": Jean de Bloch's "The Future of War" as Anti-Revolutionary Pacifism', *Journal of Contemporary History,* Vol. 37, No. 1. (Jan., 2002).
Doak, Kevin M., *A History of Nationalism in Modern Japan : Placing the People,* (Boston & Leiden: Brill, 2007).
Favre, Pierre, *Naissances de la science politique en France : 1870–1914,* (Paris: Fayard, 1989).

Pirou, G., *Les doctrines économiques en France depuis 1870*, (Paris: A. Colin, 1925).

Sheehan, James J., *German Liberalism in the Nineteenth Century*, (Chicago: University of Chicago Press, 1978).

Warshaw, Dan, *Paul Leroy-Beaulieu and Established Liberalism in France*, (DeKalb: Northern Illinois University Press, 1991).

あとがき

筆者が博士論文で陸羯南をとりあげたのは、もはや二〇年近く前のことになる。その後筆者の研究関心が幕末・明治初期に移行したため、羯南および明治中後期の思想史からは少し遠ざかっていた。本書の執筆にあたっては、羯南が活躍した時代の土地勘を取り戻すために思わぬ時間がかかってしまった。

何とか最初の草稿ができあがったのは、二〇〇六年の初夏、すぐにそれを書き直して本書の原型となる第二稿ができたのは晩秋であったかと思う。福澤諭吉研究、英国思想との比較研究、幕末思想研究など別のテーマを並行して抱えていたとはいえ、執筆をお引き受けしてから既に四年ほどたってしまっていた。しかも、第二稿を書き上げてから、担当の田引勝二氏から「難しすぎます」という指摘があり、自分でもこれでは政治思想史の研究論文のようだなと反省をして、結局もう一度全面的に書き直し、特に引用文は思い切って現代語（に近い文体）に直すことにした。これは筆者にとって羯南の言いたかったことをじっくり考え直す良い契機となり、苦しいが楽しい作業だった。

かつて羯南のナショナリズム思想と政論記者としての自己認識をテーマに論文を書いた時には、あくまで羯南の思考と知識がもつ政治思想としての個性を描くことに集中していた。本書も基本的な狙いは同じだが、一般の読者に手にとってもらえる評伝となるよう、背景となる政治状況や言論世界での思潮の変化の中で、羯南がどのように自分の立場を決め、議論を組み立てていったかが明らかになるよう努力した。もっと一人の人間としての生涯の軌跡が丁寧に描ければよかったのかもしれないが、言論人の伝記であるから、やはり主たる活躍の場は言論そのものと考えて、『日本』社説と明治期の各種新聞雑誌論説が中心的な材料となったことに、読者のご理解が得られればと思う。

本書を読了された方は気付くだろうが、筆者は羯南の「国民主義」論をあまり高く評価していない。むしろそれ以降のねばり強く、地味な論説の中に羯南の魅力を見出している。これは本書のためにあらためて『日本』社説を通読した筆者の実感を率直に反映している。政治思想史の研究論文であればナショナリズムの理論化プロセスは重要なテーマであるため、見方も異なるであろう。しかし、『日本』初期の「国民主義」論には思考のリアリティが欠けていると思う。羯南はそれ以降に言論人として成長していったといえる。これは本書を書いたことで確認できた新鮮な発見であった。

本書ができあがるまでには、そもそも大学院時代の先生方や先輩友人諸氏から現在の勤務先である立教大学の同僚諸氏に至るまで多くの人々に助けられた。感謝はつきることがないが、それは別の場で個人的にお礼申し上げることにしたい。

ここではまず、貴重な写真資料などの掲載を快く認めてくださった、最上義雄氏、正岡明氏、大山謙一氏、青森県近代文学館と櫛引洋一室長、松山市立子規記念博物館、弘前市立郷土文学館、東奥義塾高等学校の関係各位に深く感謝したい。

また若手の優れた近代日本外交思想研究者である片山慶隆氏（一橋大学COE研究員）には、羯南研究文献リストの作成で大変お世話になった。片山氏のおかげで、羯南研究の現状に追いつくことができた。氏には本書の校正も手伝っていただき、筆者の思い違いや拙い表現を訂正してくださった。氏の協力がなければ、本書は羯南研究としてとても時代遅れなものになっていたかもしれない。もちろん、残されたミスや問題点がすべて筆者の責任に帰されるべきであることはいうまでもない。

ミネルヴァ書房の田引勝二氏は、筆者の遅い仕事に辛抱強くつきあっていただき、丁寧に原稿をチェックして何とか完成まで筆者を誘導してくれた。その手腕に敬意を表し感謝を述べたい。

羯南が参照した西洋文献について比較的詳しい説明ができたのは、二〇〇六年後半から二〇〇七年前半の研究休暇中に滞在したケンブリッジ大学およびライデン大学の図書館のおかげである。その他、早稲田大学図書館小寺文庫および立教大学図書館宮澤俊義文庫におさめられた一九世紀後半から二〇世紀初期の法・政治関係の洋書が非常に役立った。

羯南はジャーナリズム史だけではなく、社会科学史の中に置いてみても興味深い研究対象である。その点は、今後機会を見つけてもっと探求してみたい。

二〇〇八年九月

松田宏一郎

陸羯南年譜

（年齢は満年齢とした）

和暦	西暦	齢	関係事項	一般事項
安政　四	一八五七	0	10・14（旧暦）弘前藩士中田謙斎（藩医佐々木元龍の三男で養嗣子）と母なほの長男として、弘前在府町二十二番地に出生。幼名巳之太郎、後に実。	日米和親条約の細則（下田条約）締結。
明治　元	一八六八	11		戊辰戦争。明治改元。
二	一八六九	12		版籍奉還。
四	一八七一	14	弘前五十石町の工藤他山塾思斎堂に入る。羯南と号す。	廃藩置県。
五	一八七二	15	この年もしくは翌年、一家で富田村字大野四番戸（のち清水村富田一一八番地、通称九十九森）に転居。	
六	一八七三	16	2月東奥義塾入学。学友に珍田捨巳、伊藤重、佐藤愛麿、佐藤清明、岩川友太郎。	
七	一八七四	17	東奥義塾退学。仙台の官立宮城師範学校に入学	民撰議院設立建白書。

九	一八七六	19	2月宮城師範学校退学、上京。7月司法省法学校合格、9月開校。同期に加藤拓川、福本日南、国分青厓、原敬。	
一〇	一八七七	20		西南戦争。
一一	一八七八	21	拓川、日南、青厓と富士登山、下山後、青厓と京阪旅行。	
一二	一八七九	22	2月羯南、拓川、日南、青厓、原敬ら一月の賄征伐に関連して司法省法学校退学。帰郷。9・8陸姓を名乗る。青森新聞社に入社。	
一三	一八八〇	23	3・27本多庸一、菊池九郎らによる国会開設の建白書の起草委員に加わる。4月『青森新聞』讒謗律違反で罰金一〇円。9月青森新聞社を辞め、北海道の紋鼈製糖所（内務省勧農局所管、局長品川弥二郎、所長山田寅吉）に勤務。	国会期成同盟結成。
一四	一八八一	24	紋鼈製糖所を辞め上京。品川弥二郎から翻訳の依頼。	明治一四年政変。
一五	一八八二	25	11・11料亭開花楼で放廃会（司法省法学校退学処分組）の会合。	
一六	一八八三	26	6・13太政官御用掛となり文書局（局長平田東助）勤務、月俸給五〇円。6月クリノン著『山林実務要訣』（農商務省庶務局蔵版）翻訳出版。6月正岡子	鹿鳴館開館。

			規上京、羯南を訪問。	
一七	一八八四	27	2・18今居てつと結婚。3・26宮内省制度取調局御用掛兼勤（長官伊藤博文、局長井上毅）、ここで国友重章を知る。5・24太政官文書局勤務を解かれ制度取調局専任となる。12・27太政官文書局に戻る。	
一八	一八八五	28	9月ド・メストル原著陸実訳述『主権原論』出版。9月ビュフヲン著井上毅訳『奢是吾敵論』出版（羯南が翻訳協力）。12月内閣官報局編輯課長となる。局長青木貞三、次長高橋健三。	
一九	一八八六	29	2・24長女まき出生。	井上馨外相、各国に改正条約案提出。
二〇	一八八七	30	8・25『出版月評』創刊。徳富猪一郎『将来之日本』を書評。	徳富蘇峰の民友社、『国民之友』創刊。ボアソナード、条約改正案への反対意見書提出。
二一	一八八八	31	3・16内閣官報局編輯課長を依願退職。4・3政教社『日本人』創刊。4・9『東京電報』創刊（羯南主筆兼社長）。12・28谷干城、杉浦重剛らと『日本』発刊の計画。	
二二	一八八九	32	2・11『日本』創刊。5・31『日本』条約改正についてのタイムズ記事を紹介。7・7谷干城邸で羯南、	大日本帝国憲法発布。大隈外相、玄洋社社員来島恒喜に爆弾を投

			杉浦重剛、福富孝季ら会合、条約改正案反対を決める。8・15『日本』、『日本人』、大同倶楽部ら非条約改正委員会開催。8・22谷干城ら日本倶楽部結成。9・27次女鶴代出生。	げられ負傷。
二三	一八九〇	33	2月高橋健三渡仏、『官報』と『日本』『朝日』のために輪転印刷機を購入。3月杉浦、宮崎道正が『日本』から手を引く。品川弥二郎に資金援助依頼。7・20『日本』に「近時政論考」連載開始。10月富田鉄之助ら国家経済会設立。羯南は発起人に加わる。10・19三女いく出生。12・11『予算論』出版。	民友社『国民新聞』創刊。第一回衆議院議員選挙。教育勅語発布。第一回帝国議会
二四	一八九一	34	5月福本日南ら東邦協会設立。羯南、評議員に。6・6『近時政論考』出版。9・30『行政時言』出版。11・23代替紙『大日本』創刊。12・23『予算弁妄』出版。	大津事件。
二五	一八九二	35	3・28福富孝季を追悼した『臨淵言行録』編輯・発行。12月正岡子規、日本新聞社入社。	第二回臨時総選挙。内務大臣品川弥二郎、選挙干渉の責任問題により辞職。
二六	一八九三	36	2・13四女ともゑ出生。2月入院の後鎌倉へ転地療養。4月に帰郷。8・14『原政及国際論』出版。10月大日本協会設立。	

二七	一八九四	37	1・9徳富蘇峰、羯南と反伊藤内閣で提携。2・11家庭向け日刊紙『小日本』創刊（7・15に廃刊）。2・15『増補再版国際論』出版。3・28府下新聞雑誌記者連合が集会。条約励行、責任内閣を主張。4・22対外硬八派連合懇親会。	甲午農民戦争。清国に宣戦布告。
二八	一八九五	38	4・30三国干渉に対する政府の態度を探るため京都に滞在（5・14まで）。5月下旬子規中国からの帰途船中で喀血。	日清講和条約調印。三国干渉。閔妃殺害事件。自由党、伊藤内閣と提携宣言。
二九	一八九六	39	9・18進歩党と提携した第二次松方内閣成立（内閣書記長官に高橋健三、法制局長官に神無知常）。10・30五女志ま出生。10・31弘前で父謙斎死去。11・14『二十六世紀』事件により『日本』発行停止。	進歩党結成。
三〇	一八九七	40	4・3社会問題研究会設立。雪嶺らと参加。10・8高橋健三、内閣書記長官辞職。	
三一	一八九八	41	2・22大阪へ高橋健三を見舞う。春頃、東亜会を結成。7・5政教社が日本新聞社と同じ神田雉子町三二に移転。7・22高橋健三死去。11・2東亜同文会設立。会長近衛篤麿、幹事に羯南、池辺三山。	
三二	一八九九	42	4・23長男乾一出生。5月亡命中の康有為、梁啓超らと会談。8・11高橋健三を追悼して川辺貞太郎編	義和団蜂起。

三三	一九〇〇	43	『自恃言行録』発行。「自恃庵の書束」を寄せる。2・9長男乾一死去。2・26品川弥二郎死去。9・24国民同盟会設立。羯南も発起人に加わる。9・28富井政章、戸水寛人ら、対露強硬策意見書を山県首相に提出。	立憲政友会結成。
三四	一九〇一	44	1・4六女ますゑ出生。7・12〜9・3近衛篤麿に随行して清韓視察。12・22『日本』愛読者団体の雑誌『日本青年』創刊。12月近衛篤麿による日本新聞社への出資条件を検討。	
三五	一九〇二	45	8月頃資金援助依頼のため山県有朋、小村寿太郎などに接触。9・19子規死去。11・19小谷保太郎編『子規言行録』に序を寄せる。	日英同盟締結。
三六	一九〇三	46	2・18妻てつの兄今井真吉の四男四郎を養子にする。6・15近衛篤麿の弟津軽英麿をベルリンから帰国させるよう依頼され、アメリカ経由でヨーロッパ漫遊。ブリュッセル、ベルリン、パリ、ナポリなどを巡る。	
三七	一九〇四	47	1・2近衛篤麿死去。1・7天田愚庵死去。1・24帰国。10月入院。	ロシアに宣戦布告。
三八	一九〇五	48	2月鎌倉に転地。6・21神鞭知常死去。	ポーツマス条約。日比谷焼き討ち事件。

三九	一九〇六	49	3・17七女五十子出生。6月日本新聞社を伊藤欽亮に売却。12・4長谷川如是閑、古島一雄ら、社員二二名が趣意書を発表し退社。
四〇	一九〇七	50	1・1『日本人』が『日本及日本人』と改題。日本新聞社を退社したうち七名が政教社に入社。1月鎌倉極楽寺に別荘「浦苫屋」を新築し転居。9・2羯南死去。9・5谷中全生庵で葬儀。9・8東京染井墓地に埋葬。法名は「文生院介然羯南居士」。

人名索引

さ　行

た　行

な　行

は　行

ま　行

や　行

ら・わ行

事項索引

※『日本』は頻出のため省略した。

さ　行

た　行

《著者紹介》

松田宏一郎（まつだ・こういちろう）

1961年　広島県生まれ。
1988年　東京都立大学大学院社会科学研究科政治学専攻博士課程単位取得退学。
現　在　立教大学法学部教授（日本政治思想史）。法学博士（東京都立大学）。
著　書　『江戸の知識から明治の政治へ』ぺりかん社，2008年。
論　文　「江戸から明治へ　福沢諭吉が仕掛けた変化と連続の物語」（『大航海』No. 67，2008年）。
「戦間期の法思想と「団体」の理論構成」（猪木武徳編『戦時期日本の社会集団とネットワーク――デモクラシーと中間団体』NTT 出版，2008年）。
“Social Order and the Origin of Language in Tokugawa Political Thought”（『立教法学』63号，2003年）など。

ミネルヴァ日本評伝選

陸《くが》　羯《かつ》　南《なん》

――自由に公論を代表す――

2008年11月10日　初版第１刷発行　〈検印省略〉

定価はカバーに
表示しています

著　者　松田宏一郎
発行者　杉田啓三
印刷者　江戸宏介

発行所　株式会社　ミネルヴァ書房

607-8494 京都市山科区日ノ岡堤谷町１
電話（075）581-5191（代表）
振替口座 01020-0-8076番

共同印刷工業・新生製本

ISBN978-4-623-05280-6

Printed in Japan

刊行のことば

歴史を動かすものは人間であり、興趣に富んだ人間の動きを通じて、世の移り変わりを考えるのは、歴史に接する醍醐味である。

しかし過去の歴史学を顧みるとき、人間不在という批判さえ見られたように、歴史における人間のすがたが、必ずしも十分に描かれてきたとはいえない。二十一世紀を迎えた今、歴史の中の人物像を蘇生させようとの要請はいよいよ強く、またそのための条件もしだいに熟してきている。

この「ミネルヴァ日本評伝選」は、正確な史実に基づいて書かれるのはいうまでもないが、単に経歴の羅列にとどまらず、歴史を動かしてきたすぐれた個性をいきいきとよみがえらせたいと考える。そのためには、対象とした人物とじっくりと対話し、ときにはきびしく対決していくことも必要になるだろう。

今日の歴史学が直面している困難の一つに、研究の過度の細分化、瑣末化が挙げられる。それは緻密さを求めるが故に陥った弊害といえるが、その結果として、歴史の大きな見通しが失われ、歴史学を通しての社会への働きかけの途が閉ざされ、人々の歴史への関心を弱める危険性がある。今こそ歴史が何のためにあるのかという、基本的な課題に応える必要があろう。評伝という興味ある方法を通じて、解決の手がかりを見出せないだろうかというのも、この企画の一つのねらいである。

狭義の歴史学の研究者だけでなく、多くの分野ですぐれた業績をあげている著者たちを迎えて、従来見られなかった規模の大きな人物史の叢書として、「ミネルヴァ日本評伝選」の刊行を開始したい。

平成十五年（二〇〇三）九月

ミネルヴァ書房

ミネルヴァ日本評伝選

上代

俾弥呼　古田武彦
日本武尊　西宮秀紀
仁徳天皇　若井敏明
雄略天皇　吉村武彦
*蘇我氏四代　遠山美都男
推古天皇　義江明子
聖徳太子　仁藤敦史
斉明天皇　武田佐知子
小野妹子・毛人　大橋信也
額田王　梶川信行
弘文天皇　遠山美都男
天武天皇　新川登亀男
持統天皇　丸山裕美子
阿倍比羅夫　熊田亮介
柿本人麻呂　古橋信孝
元明・元正天皇　渡部育子
聖武天皇　本郷真紹
光明皇后　寺崎保広
孝謙天皇　勝浦令子
藤原不比等　荒木敏夫
吉備真備　今津勝紀
藤原仲麻呂　木本好信
道　鏡　吉川真司
大伴家持　和田　萃
行　基　吉田靖雄

平安

*桓武天皇　井上満郎
嵯峨天皇　西別府元日
宇多天皇　古藤真平
醍醐天皇　石上英一
村上天皇　京樂真帆子
花山天皇　上島　享
三条天皇　倉本一宏
藤原薬子　中野渡俊治
小野小町　錦　仁
藤原良房・基経　滝浪貞子
菅原道真　竹居明男
紀貫之　神田龍身
源高明　所　功
慶滋保胤　平林盛得
*安倍晴明　斎藤英喜
藤原実資　橋本義則
*藤原道長　朧谷　寿
清少納言　後藤祥子
紫式部　竹西寛子
和泉式部
ツベタナ・クリステワ
大江匡房　小峯和明
阿弖流為　樋口知志
坂上田村麻呂　熊谷公男
*源満仲・頼光　元木泰雄
平将門　西山良平
藤原純友　寺内　浩
空　海　頼富本宏
最　澄　吉田一彦
空　也　石井義長
奝　然　上川通夫
*源　信　小原　仁
後白河天皇　美川　圭
式子内親王　奥野陽子
建礼門院　生形貴重
平清盛　田中文英
藤原秀衡　入間田宣夫
平時子・時忠　元木泰雄
平維盛　根井　浄
守覚法親王　阿部泰郎

鎌倉

源頼朝　川合　康
*源義経　近藤好和
後鳥羽天皇　五味文彦
九条兼実　村井康彦
北条時政　野口　実
熊谷直実　佐伯真一
*北条政子　関　幸彦
北条義時　岡田清一
曾我十郎・五郎　杉橋隆夫
北条時宗　近藤成一
安達泰盛　山陰加春夫

平頼綱 細川重男
竹崎季長 堀本一繁
西行 光田和伸
藤原定家 赤瀬信吾
*京極為兼 今谷明
*兼好 島内裕子
重源 横内裕人
運慶 根立研介
法然 今堀太逸
慈円 大隅和雄
明恵 西山厚
親鸞 末木文美士
恵信尼・覚信尼 西口順子
道元 船岡誠
叡尊 細川涼一
*忍性 松尾剛次
*日蓮 佐藤弘夫
一遍 蒲池勢至
夢窓疎石 田中博美
*宗峰妙超 竹貫元勝

南北朝・室町

後醍醐天皇 上横手雅敬
護良親王 新井孝重
北畠親房 岡野友彦
楠正成 兵藤裕己
光厳天皇 深津睦夫
*新田義貞 山本隆志
足利尊氏 市沢哲
佐々木道誉 下坂守
円観・文観 田中貴子
足利義満 川嶋將生
足利義教 横井清
大内義弘 平瀬直樹
伏見宮貞成親王 松薗斉
山名宗全 山本隆志
日野富子 脇田晴子
世阿弥 西野春雄
雪舟等楊 河合正朝
宗祇 鶴崎裕雄
*満済 森茂暁
一休宗純 原田正俊

戦国・織豊

北条早雲 家永遵嗣
毛利元就 岸田裕之
*今川義元 小和田哲男
*武田信玄 笹本正治
真田氏三代 笹本正治
三好長慶 仁木宏
*上杉謙信 矢田俊文
吉田兼倶 西山克
山科言継 松薗斉
雪村周継 赤澤英二
織田信長 三鬼清一郎
豊臣秀吉 藤井讓治
*北政所おね 田端泰子
*淀殿 福田千鶴
前田利家 東四柳史明
黒田如水 小和田哲男
蒲生氏郷 藤田達生
細川ガラシャ 田端泰子
伊達政宗 伊藤喜良
*支倉常長 田中英道
ルイス・フロイス
エンゲルベルト・ヨリッセン
*長谷川等伯 宮島新一
顕如 神田千里

江戸

徳川家康 笠谷和比古
徳川吉宗 横田冬彦
*後水尾天皇 久保貴子
光格天皇 藤田覚
崇伝 杣田善雄
春日局 福田千鶴
池田光政 倉地克直
シャクシャイン 岩崎奈緒子
*田沼意次 藤田覚
二宮尊徳 小林惟司
末次平蔵 岡美穂子
高田屋嘉兵衛 生田美智子
林羅山 鈴木健一
中江藤樹 辻本雅史
山崎闇斎 澤井啓一
*北村季吟 島内景二
貝原益軒 辻本雅史
ケンペル
ボダルト・ベイリー
荻生徂徠 柴田純
雨森芳洲 上田正昭
前野良沢 松田清
平賀源内 石上敏
杉田玄白 吉田忠
上田秋成 佐藤深雪
木村蒹葭堂 有坂道子
*大田南畝 沓掛良彦
菅江真澄 赤坂憲雄
*鶴屋南北 諏訪春雄
良寛 阿部龍一
山東京伝 佐藤至子
*滝沢馬琴 高田衛
平田篤胤 川喜田八潮
シーボルト 宮坂正英
本阿弥光悦 岡佳子
小堀遠州 中村利則
尾形光琳・乾山 河野元昭
*二代目市川團十郎 田口章子
与謝蕪村 佐々木丞平
伊藤若冲 狩野博幸
鈴木春信 小林忠
円山応挙 佐々木正子
*佐竹曙山 成瀬不二雄
葛飾北斎 岸文和
酒井抱一 玉蟲敏子
孝明天皇 青山忠正
*和宮 辻ミチ子

徳川慶喜　大庭邦彦
*古賀謹一郎　小野寺龍太
*月　性　海原　徹
*吉田松陰　海原　徹
*高杉晋作　海原　徹
オールコック　佐野真由子
アーネスト・サトウ　奈良岡聰智
冷泉為恭　中部義隆

近代

*明治天皇　伊藤之雄
大正天皇　フレッド・ディキンソン
昭憲皇太后・貞明皇后　小田部雄次
大久保利通　三谷太一郎
山県有朋　鳥海　靖
木戸孝允　落合弘樹
*松方正義　室山義正
北垣国道　小林丈広
大隈重信　五百旗頭薫

伊藤博文　坂本一登
井上　毅　大石　眞
*桂　太郎　小林道彦
*乃木希典　佐々木英昭
林　董　君塚直隆
児玉源太郎　小林道彦
*高宗・閔妃　木村　幹
山本権兵衛　室山義正
高橋是清　鈴木俊夫
小村寿太郎　簑原俊洋
犬養　毅　小林惟司
加藤高明　櫻井良樹
加藤友三郎・寛治　麻田貞雄
田中義一　黒沢文貴
平沼騏一郎　堀田慎一郎
宇垣一成　北岡伸一
宮崎滔天　榎本泰子
*浜口雄幸　川田　稔
幣原喜重郎　西田敏宏
関　一　玉井金五
広田弘毅　井上寿一
安重根　上垣外憲一
グルー　廣部　泉

東條英機　牛村　圭
蔣介石　劉　岸偉
石原莞爾　山室信一
木戸幸一　波多野澄雄
五代友厚　田付茉莉子
大倉喜八郎　村上勝彦
安田善次郎　由井常彦
渋沢栄一　武田晴人
山辺丈夫　宮本又郎
武藤山治　阿部武司・桑原哲也
小林一三　橋爪紳也
大倉恒吉　石川健次郎
大原孫三郎　猪木武徳
河竹黙阿弥　今尾哲也
イザベラ・バード　加納孝代
林　忠正　木々康子
森　鷗外　小堀桂一郎
二葉亭四迷　ヨコタ村上孝之
巌谷小波　千葉信胤
樋口一葉　佐伯順子
島崎藤村　十川信介
泉　鏡花　東郷克美

有島武郎　亀井俊介
永井荷風　川本三郎
北原白秋　平石典子
菊池　寛　山本芳明
宮澤賢治　千葉一幹
正岡子規　夏石番矢
高浜虚子　坪内稔典
与謝野晶子　佐伯順子
*種田山頭火　村上　護
斎藤茂吉　品田悦一
*高村光太郎　湯原かの子
萩原朔太郎　エリス俊子
原阿佐緒　秋山佐和子
*狩野芳崖・高橋由一　古田　亮
竹内栖鳳　北澤憲昭
黒田清輝　高階秀爾
中村不折　石川九楊
横山大観　高階秀爾
*橋本関雪　西原大輔
小出楢重　芳賀　徹
土田麦僊　天野一夫
岸田劉生　北澤憲昭

松旭斎天勝　川添　裕
中山みき　鎌田東二
ニコライ　中村健之介
出口なお・王仁三郎　川村邦光
島地黙雷　阪本是丸
*新島　襄　太田雄三
嘉納治五郎　クリストファー・スピルマン
*澤柳政太郎　新田義之
河口慧海　高山龍三
大谷光瑞　白須淨眞
*久米邦武　髙田誠二
フェノロサ　伊藤　豊
三宅雪嶺　長妻三佐雄
内村鑑三　新保祐司
*岡倉天心　木下長宏
志賀重昂　中野目徹
徳富蘇峰　杉原志啓
竹越與三郎　西田　毅
内藤湖南・桑原隲蔵　礪波　護
岩村　透　今橋映子
西田幾多郎　大橋良介
喜田貞吉　中村生雄

上田 敏　及川 茂
柳田国男　鶴見太郎
厨川白村　張 競
大川周明　山内昌之
折口信夫　斎藤英喜
九鬼周造　粕谷一希
辰野 隆　金沢公子
シュタイン　瀧井一博
*福澤諭吉　平山 洋
福地桜痴　山田俊治
中江兆民　田島正樹
田口卯吉　鈴木栄樹
*陸 羯南　松田宏一郎
宮武外骨　山口昌男
*吉野作造　田澤晴子
野間清治　佐藤卓己
山川 均　米原 謙
北 一輝　岡本幸治
杉 亨二　速水 融
*北里柴三郎　福田眞人
田辺朔郎　秋元せき

*南方熊楠　飯倉照平
寺田寅彦　金森 修
石原 純　金子 務
J・コンドル　鈴木博之
辰野金吾　河上眞理・清水重敦
小川治兵衛　尼崎博正

現代

昭和天皇　御厨 貴
高松宮宣仁親王　後藤致人
*李方子　小田部雄次
吉田 茂　中西 寛
マッカーサー　柴山 太
重光 葵　武田知己
池田勇人　中村隆英
和田博雄　庄司俊作
朴正熙　木村 幹

竹下 登　真渕 勝
*松永安左エ門　橘川武郎
鮎川義介　井口治夫
出光佐三　橘川武郎
松下幸之助　米倉誠一郎
渋沢敬三　井上 潤
本田宗一郎　伊丹敬之
井深 大　武田 徹
幸田家の人々　金井景子
*正宗白鳥　大嶋 仁
大佛次郎　福島行一
*川端康成　大久保喬樹
薩摩治郎八　小林 茂
松本清張　杉原志啓
安部公房　成田龍一
三島由紀夫　島内景二
R・H・ブライス　菅原克也

金素雲　林 容澤
柳 宗悦　熊倉功夫
バーナード・リーチ　鈴木禎宏
イサム・ノグチ　酒井忠康
川端龍子　岡部昌幸
藤田嗣治　林 洋子
*井上有一　海上雅臣
*手塚治虫　竹内オサム
山田耕筰　後藤暢子
武満 徹　船山 隆
*力道山　岡村正史
美空ひばり　朝倉喬司
植村直巳　湯川 豊
*西田天香　宮田昌明
安倍能成　中根隆行
G・サンソム　牧野陽子
和辻哲郎　小坂国継
青木正児　井波律子

矢代幸雄　稲賀繁美
石田幹之助　岡本さえ
*平泉 澄　若井敏明
島田謹二　小林信行
前嶋信次　杉田英明
竹山道雄　平川祐弘
保田與重郎　谷崎昭男
佐々木惣一　松尾尊兊
*瀧川幸辰　伊藤孝夫
矢内原忠雄　等松春夫
福本和夫　伊藤 晃
*フランク・ロイド・ライト　大久保美春
大宅壮一　有馬 学
清水幾太郎　竹内 洋

*は既刊
二〇〇八年十一月現在